本书列入

2017年国家社会科学基金重大委托项目
“十三五”国家重点图书出版规划项目

中华传统文化百部经典

荀子（节选）

廖名春 解读

国家图书馆出版社

图书在版编目（CIP）数据

荀子：节选／廖名春解读．—北京：国家图书馆出版社，2019.6（2025.9重印）
（中华传统文化百部经典／袁行霈主编）
ISBN 978-7-5013-6695-8

Ⅰ．①荀… Ⅱ．①廖… Ⅲ．①儒家 ②《荀子》-注释 Ⅳ．①B222.62

中国版本图书馆CIP数据核字（2019）第043224号

国家图书馆出版社官方微信

书　　名	荀子（节选）
著　　者	廖名春 解读
责任编辑	潘肖蔷
重印编辑	刘鑫伟
特约编辑	任文京
封面设计	敬人设计工作室
出版发行	国家图书馆出版社（北京市西城区文津街7号　100034） 010-66114536　63802249　nlcpress@nlc.cn（邮购）
网　　址	http://www.nlcpress.com
印　　装	北京科信印刷有限公司
版次印次	2019年6月第1版　2025年9月第2次印刷
开　　本	710×1000　1/16
印　　张	25
字　　数	310千字
书　　号	ISBN 978-7-5013-6695-8
定　　价	75.00元（精装）

本册审订

王天海　　林宏星　　梁　涛

中华传统文化百部经典

编纂办公室

张　洁　　梁葆莉　　张毕晓　　马　超

编纂缘起

文化是民族的血脉，是人民的精神家园。党的十八大以来，围绕传承发展中华优秀传统文化，习近平总书记发表了一系列重要讲话，深刻揭示出中华优秀传统文化的地位和作用，梳理概括了中华优秀传统文化的历史源流、思想精神和鲜明特质，集中阐明了我们党对待传统文化的立场态度，这是中华民族继往开来、实现伟大复兴的重要文化方略。2017 年初，中共中央办公厅、国务院办公厅印发《关于实施中华优秀传统文化传承发展工程的意见》，从国家战略层面对中华优秀传统文化传承发展工作作出部署。

我国古代留下浩如烟海的典籍，其中的精华是培育民族精神和时代精神的文化基础。激活经典，熔古铸今，是增强文化自觉和文化自信的重要途径。多年来，学术界潜心研究，钩沉发覆、辨伪存真、提炼精华，做了许多有益工作。编纂《中华传统文化百部经典》（简称《百部经典》），就是在汲取已有成果基础上，力求编出一套兼具思想性、学术性和大众性的读本，使之成为广泛认同、传之久远的范本。《百部经典》所选图书上起先秦，下至辛亥革命，包括哲学、文学、历史、艺术、科技等领域的重要典籍。萃取其精华，加以解读，旨在搭建传统典籍与大众之间的桥梁，激活中华优秀传统文化，用优秀传统文化滋养当代中国人的精神世界，提振当代中国人的文化自信。

这套书采取导读、原典、注释、点评相结合的编纂体例，寻求优秀传统文化与社会主义核心价值观之间的深度契合点；以当代眼光审视和解读古代典籍，启发读者从中汲取古人的智慧和历史的经验，借以育人、资政，更好地为今人所取、为今人所用；力求深入浅出、明白晓畅地介绍古代经典，让优秀传统文化贴近现实生活，融入课堂教育，走进人们心中，最大限度地发挥以文化人的作用。

《百部经典》的编纂是一项重大文化工程。在中宣部等部门的指导和大力支持下，国家图书馆做了大量组织工作，得到学术界的积极响应和参与。由专家组成的编纂委员会，职责是作出总体规划，选定书目，制订体例，掌握进度；并延请德高望重的大家耆宿担当顾问，聘请对各书有深入研究的学者承担注释和解读，邀请相关领域的知名专家负责审订。先后约有 500 位专家参与工作。在此，向他们表示由衷的谢意。

书中疏漏不当之处，诚请读者批评指正。

2017 年 9 月 21 日

凡　例

一、《中华传统文化百部经典》的选书范围，上起先秦，下迄辛亥革命。选择在哲学、文学、历史、艺术、科技等各个领域具有重大思想价值、社会价值、历史价值和学术价值的一百部经典著作。

二、对于入选典籍，视具体情况确定节选或全录，并慎重选择底本。

三、对每部典籍，均设“导读”“注释”“点评”三个栏目加以诠释。导读居一书之首，主要介绍作者生平、成书过程、主要内容、历史地位、时代价值等，行文力求准确平实。注释部分解释字词、注明难字读音，串讲句子大意，务求简明扼要。点评包括篇末评和旁批两种形式。篇末评撮述原典要旨，标以“点评”，旁批萃取思想精华，印于书页一侧，力求要言不烦，雅俗共赏。

四、原文中的古今字、假借字一般不做改动，唯对异体字根据现行标准做适当转换。

五、每书附入相关善本书影，以期展现典籍的历史形态。

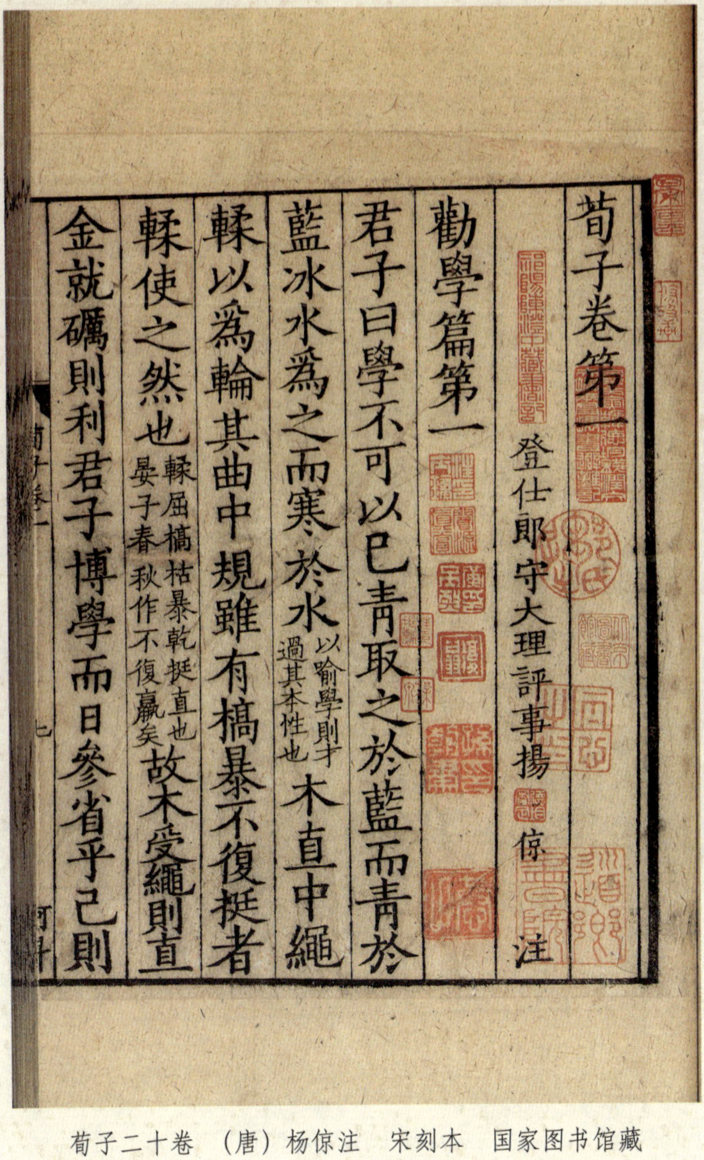
荀子卷第一
登仕郎守大理評事楊倞注
勸學篇第一
君子曰學不可以已青取之於藍而青於藍冰水為之而寒於水（以喻學則才過其本性也）木直中繩輮以為輪其曲中規雖有槁暴不復挺者輮使之然也（輮屈橈枯暴乾挺直也晏子春秋作不復贏矣）故木受繩則直金就礪則利君子博學而日參省乎己則

荀子二十卷　（唐）杨倞注　宋刻本　国家图书馆藏

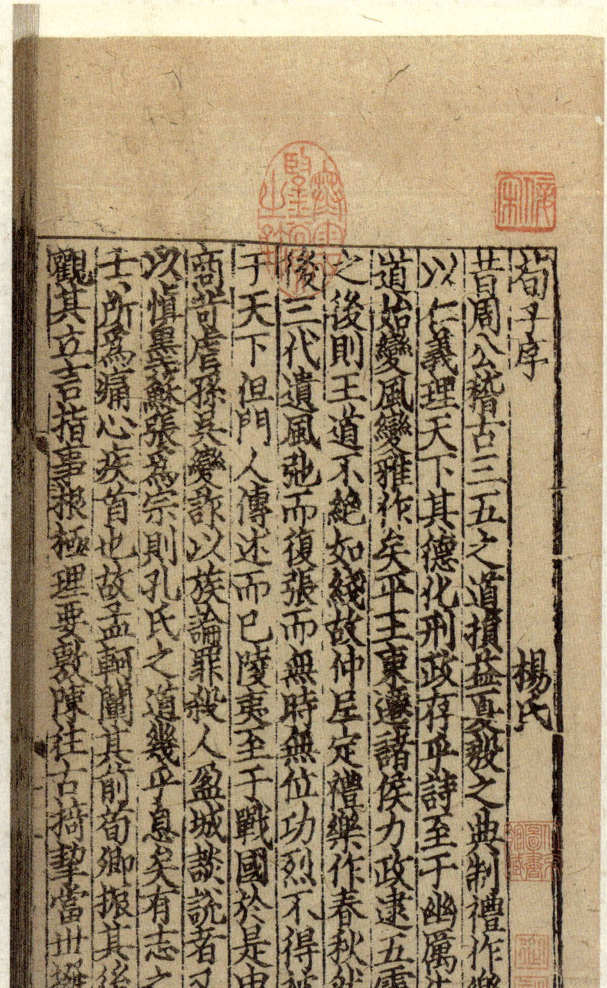
荀子序　楊氏
昔周公稽古三五之道損益夏殷之典制禮作樂以仁義理天下其德化刑政存乎詩至于幽厲失道始變風變雅作矣平王東遷諸侯力政逮五霸之後則王道不絕如綫故仲尼定禮樂作春秋然後三代遺風弛而復張而無時無位功烈不得被于天下但門人傳述而已陵夷至于戰國於是申商苛虐孫吳變詐以族論罪殺人盈城談說者又以慎墨蘇張爲宗則孔氏之道幾乎息矣有志之士所爲痛心疾首也故孟軻闡其前荀卿振其後觀其立言指事根極理要敷陳往古掎挈當世撥

纂图互注荀子二十卷　（唐）杨倞注　宋刻元明递修本　国家图书馆藏

目　录

导　读

荀　子

导　读

荀子是先秦儒学的殿军，是春秋战国“百家争鸣”的集大成者。他的思想及其著作，对后来中国的思想与学术，影响极大。

一、荀子其人其书

荀子的姓氏、名字，自古以来就有不同的说法。《史记》称其姓氏为“荀”[①]；《荀子》本书[②]和《战国策》《韩非子》《韩诗外传》《新序》《说苑》《汉书》以及刘向《叙录》等都作“孙”。

“荀”与“孙”是什么关系呢？唐人司马贞、颜师古、杨倞等人都认为是因为避汉宣帝刘询讳，才将“荀”字改写为“孙”。但证之于史实，难以成立。汉代不讳嫌名，而“询”之于“荀”，刚好是字形、意义不同而仅读音相同的所谓嫌名。

清人胡元仪又提出孙、荀并为姓氏说，认为孙、荀为两姓氏，就像陈氏改为田氏、荆氏改为庆氏一样。其实荀孙与田陈、荆庆一样，并非两姓，而只是由于方音不同造成的一姓氏的两种不同写法而已[③]。由“语音之转”而导致书写有别，这就是荀子在先秦两汉古籍中既被称为荀氏，又被称为孙氏的原因。

荀、孙既为一姓之通假异文，那么二者何为本姓，何为借字？笔者认为，荀子应该姓孙而不应姓荀。因为从先秦、两汉的文献记载看，除《史记》外，其他文献多作“孙”，鲜作“荀”。特别是《荀子》一书，都称“孙”，这即使不全是荀子亲手所写，至少也当是荀子弟子所记，他们的记载较司马迁说应更可靠。韩非为荀子学生，其著作《韩非子》称其师之姓氏也为“孙”，这与《荀子》一书的记载是一致的。所以，不管根据“名从主人”的原则也好，还是根据文献记载的时代先后、数量的多寡也好，“孙”都应该为本姓。

《史记》、刘向《叙录》都说荀子是赵人。而据郑樵《通志・氏族略》所载，荀氏在春秋、战国时有两大族系：一是郇侯之后，以国为氏；二是晋大夫荀林父之后，以邑为氏。郇国辖地在今山西临猗县内，荀邑在今山西绛县附近，战国时均属魏国辖区，即所谓“河东”地区。孙氏在当时有三大族系：一在楚国，出自芈姓，为令尹孙叔敖之后；一在齐国，出自妫姓，为陈敬仲四世孙孙桓子无宇之后；一在卫国，出自姬姓，为卫武公之子公子惠孙之后。《史记・赵世家》记载，公元前 383 年，赵国“筑刚平”，从而开始大举攻卫。前 372 年，赵国继续向卫进攻，攻取了卫“乡邑七十三”个。后七年，又攻取了卫的甄地（今山东省鄄城县北）。于是，赵国就占有了原属卫国的大部分土地；原来的卫国人，自然大部分就变成了赵国人。荀子既为赵人，又为孙氏，合乎逻辑的解释他最可能出自卫公子惠孙之后，是由卫入赵的卫国人。《元和姓纂》卷四“魂”韵“孙氏”条就说：“周文王第八子卫康叔之后。至武公生惠孙，惠孙生耳，耳生武仲，以王父字为氏。……楚令尹孙叔敖及荀况并为孙氏。”这就是说，如果严格区分姓和氏的话，荀子应该是姬姓，为孙氏，也属于周文王一系血脉。

荀子的名字，古今也有异说。荀子名况，最早见于刘向《叙录》，并且已为世所公认。《史记》只称“荀卿”。对“卿”字的理解，世有二说。司马贞《史记索隐》认为是“时人相尊而号为卿也”，今人则一般认为“卿”为荀子之字。

《荀子》书皆称荀子为“孙卿”或“孙卿子”，这能否为荀子字卿之证呢？应该不能。“孙卿子”“孙卿”等称呼在《荀子》一书中只出现于《儒效》《议兵》《强国》《尧问》四篇中。前三篇明显系荀子弟子所记录荀子言行之作，《尧问》末尾一段驳世人对荀子的攻击，为荀子的遭遇鸣不平，其为荀子弟子之作的痕迹更清楚。先秦文献中，弟子在其作品中直称其师名字的，恐怕不多见，一般是尊称其为某子，如墨子、孔子等。韩非子、李斯为荀子学生，他们皆称荀子为“孙卿”④，足见“卿”非字，当为尊称，其性质与称子同。“孙卿子”之称如同称“子墨子”“子宋子”。

荀子生于何年？文献没有记载。但《史记·孟子荀卿列传》提供了线索，说荀子“年五十始来游学于齐”。刘向《叙录》说得更清楚，道是“齐宣王威王之时”。以此推算，荀子之生年至少当在公元前 368 年左右。但《史记》又说：“春申君死而荀卿废，因家兰陵。”春申君死于公元前 238 年，荀子此时还活着，这样，荀子至少得有 130 岁。显然，司马迁和刘向的记载，必有一家的某一处出现了错误。

目前，学者们一般都认为《史记》和刘向《叙录》的“年五十始来游学于齐”有误，应按东汉应劭《风俗通·穷通》篇的记载改“五十”为“十五”，即荀子“年十五始来游学于齐”⑤。这种说法有两个毛病：一是以后出的孤证否定前人的通说，以东汉人的一家之言否定西汉人的一致记载；二是前后文不好解释。“始”是“才”的意思。它说明了荀子年长而来齐之晚，与“五十”具有逻辑联系，如改为“十五”，文意就不好理解。所以，将“年五十”改为“年十五”是不足取的。

我们认为司马迁和刘向的“年五十”之说没有错，但刘向说的此时在“齐宣王威王之时”却有误。按照战国时田齐诸王的次序，应该是齐威王之后为齐宣王，齐宣王之后为齐闵王，不应该将齐宣王列在齐威王之前。再说刘向所说的“齐宣王威王之时，聚天下贤士于稷下……号曰列大夫”与事实有相违之处，列大夫之号始自齐宣王，《史记·田敬仲完世家》说：“宣王喜文学游说之士，自如驺衍、淳于髡、田骈、接予、慎到、环渊之徒七十六人，皆赐列第，为上大夫，不治而议论。”因此，刘向原文应非“齐宣王威王之时”，而是“齐宣王闵王之时”⑥。这样，既合乎田齐诸王的次序，又能与《史记》关于以稷下学士为列大夫的记载相吻合。

因此，比较各方面有关荀子的记载，可将荀子“年五十始来游学于齐”的具体时间定在齐闵王十五年，即公元前 286 年。这样，就可推出荀子的生年是公元前 336 年，正处于战国中期。

公元前 316 年，荀子才二十来岁，就已经在燕国从事政治活动了。《韩非子·难三》记载：“燕王哙贤子之而非孙卿，故身死为僇。”这就告诉我们，早在燕王哙把君位禅让给子之时荀子就来到燕国了。韩非子将“孙卿”与“子之”并提，而且将“非孙卿”列为燕王哙“身死为僇”的原因，这暗示荀子当时在燕国身份非同一般，而是子之反对派的代表。而燕王哙之所以“非”他，冷遇他，主要就是因为荀子反对禅让。

史家大多不信荀子曾游说过燕王哙，其理由是欠充分的。韩非子是荀子的学生，他所记载的有关其师的事迹，是很难不信的。《荀子·正论篇》反复批判尧、舜禅让之说，认为“老衰而擅（禅）”说是错误的，“血气筋力则有衰，若夫智虑取舍则无衰”；又说“老者不堪其劳而休也”是“畏事者之议”。总之，“有擅国，无擅天下，古今一也。夫曰尧、舜擅让，是虚言也，是浅者之传，陋者之说也”。这些话，尽管没有点明时代背景，但显然是荀子早期的言论。我们只要把它同其晚年之作《成相篇》对尧、舜禅让的赞美一比较，就能发现两者有着相当大的时代差异。所以，我们认为这些话是荀子早年对燕王哙的规劝、对子之等人的批驳，应该是有理据的。

在燕国的游说失败后，荀子的行踪共有二十多年不清楚。但至公元前 286 年，即齐闵王十五年左右时，荀子年已五十，以“秀才”即才学卓异见称于世。此时齐国稷下之学正盛，齐闵王继齐宣王之后，招集天下贤才而“尊宠之”。田骈、慎到、接子这些著名的学者，齐聚齐国稷下学宫，都号为列大夫，享受优渥的政治和生活待遇，不治而议论，作书以刺世。荀子此时到稷下来游学，虽属姗姗来迟，但他对诸子之事，都有所批评，认为“非先王之法”。前 286 至前 285 年，齐闵王灭掉了宋国，夸耀武功，不尚德治，荀子曾进行劝谏，但不获采纳，于是他就离齐赴楚。桓宽《盐铁论·论儒》篇记此事云：“滑王奋二世之余烈，南举楚淮，北并巨宋，苞十二国，西摧三晋，却强秦，五国宾从，邹鲁之君、泗上诸侯皆入臣。矜功不休，百姓不堪，诸儒谏不从，各分散。慎到、接子亡去，田骈如薛，而孙卿适楚。”这一段话与《史记》说正可互相发明。由于荀子是“年五十始来”稷下，其声望、地位显然不如慎到、接子、田骈，故桓宽列其为最末。齐闵王不听荀子等的劝谏，一意孤行。结果前 284 年，燕上将军乐毅率燕、赵、韩、魏、秦五国之师，一举攻下齐城七十余座，陷齐都临淄，齐闵王逃窜到莒国，被其相淖齿杀死。

前 279 年，齐国即墨守将田单乘燕惠王用骑劫代替乐毅为将之机，向燕军发起反攻，一举收复失地，“迎襄王于莒入于临淄”。齐襄王复国后，吸取齐闵王的教训，又招集亡散的学士，重整稷下学宫，“修列大夫之缺”。这时，荀子在楚国，正逢秦将白起攻楚，陷郢都，烧夷陵，举国大乱，楚人仓惶迁都于陈。荀子时年五十七岁，在战乱中离楚而来齐，参加稷下学宫的恢复重建工作。由于田骈等老一辈的学者都已死去，慎到、接子等稷下旧人又不在齐国，荀子凭他的学识和才德，在复办的稷下学宫中“最为老师”，成为最受欢迎、最受尊敬的先生；一直到他最后离开齐国，曾经“三为祭酒”，多次担当学宫领袖的重任，作为稷下“列大夫”之首。《韩非子·显学》篇所谓“孙氏之儒”，即儒家中的荀子学派，其“聚人徒、主师说”，应该主要形成在这一时期。

公元前266年，范雎相秦，封为应侯。荀子时年七十。这以后，荀子曾应聘到秦国活动。刘向《叙录》说：“孙卿之应聘于诸侯，见秦昭王。昭王方喜战伐，而孙卿以三王之法说之，及秦相应侯，皆不能用也。”[⑦]《荀子·儒效篇》和《强国篇》记载的秦昭王与孙卿子的问答之语，就是这次入秦言论的记述。

荀子入秦究竟在哪一年呢？有人说一定是在秦赵长平之战以前，不能晚于公元前262年[⑧]。这是有道理的。秦、赵长平之战从前262年持续到前260年，最后赵军战败，秦军坑赵降卒四十多万于长平，接着又乘胜进军，攻陷了赵之太原郡。这次战争的规模之大、死人之多实属罕见。而荀子作为赵人，在入秦后对父母之邦的这一场惨祸竟无半点反应，反而对秦国的政治形势、自然条件大加赞赏，并向秦昭王宣传“行一不义、杀一无罪而得天下，不为也”，实在有悖常情，这只能说明其时长平之战尚未发生。

有人又说荀子入秦的时间是荀子在楚国作兰陵令以后，实不可信。前257年，秦军遭邯郸之败，范雎在秦国的政治地位发生动摇，不久罢去相位，公元前255年因王稽事坐罪死，此事云梦秦简《大事记》有记载。而荀子正是此时入楚为兰陵令，在这以后，他决无可能再见到范雎。所以荀子入秦的时间，应在前266年与前262年之间。再具体一点，就可能在前264年左右，因为这时齐襄王正好死了，而荀子是很受齐襄王尊宠的。秦国于此时聘请他入秦，正得其时。

荀子入秦，对秦国的政治、军事、民情风俗以及自然形势等都进行了考察，认为秦国“形胜”，自然环境优越；风俗淳，“百姓朴”，是“古之民也”；其吏治肃然，士大夫“莫不明通而公”；其朝廷“听决百事不留，恬然如无治者”。因此得出的结论是秦“四世有胜，非幸也，数也”，是出于必然。但是另一方面他也深感秦有所短，就是统治者过于强调霸道，即“其生民也狭阸，其使民也酷烈，劫之以势，隐之以阨，忸之以庆赏，鰌之以刑罚，使下之民所以要利于上者，非斗无由也”，尽管其“兵强海内，威行诸侯”，但“非以仁义为之也”，是“所谓末世之兵”（《荀子·议兵》）。因此他建议秦昭王重用儒士，实行“王道”，“力术止，义术行”，以达到“得天下”而“天下应之如欢”的境界。秦昭王虽然称“善”，在口头上被荀子说服了，但是由于他们君臣正忙于兼并战争，事实上正在攻韩并准备侵赵，所以荀子之说在秦国不可能得到采用，于是荀子又只好离秦而往游他国。

游秦，只是荀子“应聘于诸侯”的一站。前 264 年至前 259 年的几年里，荀子在什么地方活动，文献没有记载。但前 259 至前 257 年的这一段时间里，荀子肯定到过赵国，其证据就是《荀子·议兵篇》的记载。

《议兵篇》结尾有这样一段话：“韩之上地，方数百里，完全富足而趋赵，赵不能凝也，故秦夺之。”上党原属晋国，三家分晋后，赵、韩两国各占上党地的一部分，都在那里设郡。韩的上党郡有十七县，与秦国相邻。公元前 265 年，秦军大举攻韩，占了韩国的少曲（今河南省济源市东北）、高平（即向，今河南省孟县西）。次年又攻取了太行山南的南阳地，以断绝韩本土和上党郡之间的通道。到公元前 262 年，秦军攻取了韩国的野王（今河南省沁阳市），这样，就完全截断了韩国上党郡同韩国本土之间的联系。韩国当政者非常恐惧，想献出上党郡向秦求和。由于韩的上党郡守靳黈不肯听命，韩桓惠王就派冯亭去接替靳黈。但冯亭到任后也不愿降秦，就将韩国的上党郡十七县献给赵国[9]。这就是《议兵篇》所谓“韩之上地，方数百里，完全富足而趋赵”的过程。但至公元前 259 年时，秦军又乘长平大胜赵军之机，从赵人手中夺走了上党。《战国策 · 秦策一》记载此事说：“代三十六县，上党十七县，不用一领甲，不苦一民，皆秦之有也。”这就是《议兵篇》所谓“赵不能凝也，故秦夺之”。两年之后，即至前 257 年时，局势又急转直下，上党又为韩国所收复，重新成为韩国的一个郡。这样一直过了十年，到前 247 年 4 月，秦军才又全部攻取了韩国的上党郡，平定了赵的晋阳，重新建立了太原郡。故《史记 · 韩世家》说：“二十六年（即前 247 年），秦悉拔我上党。”

根据韩国上党郡先后易手的这些历史事实，验证《议兵篇》的记载，我们完全可以推定荀子在赵孝成王面前与临武君议兵的时间。

在公元前 257 年以前，秦人并没有攻下上党，而荀子议兵时却谈到了“韩之上地”“秦夺之”这一事件，可见将荀子议兵的时间定在前 259 年以前的种种说法都是错误的。

《议兵篇》又载有“陈嚣问孙卿曰”“李斯问孙卿子曰”等语，可知荀子到赵国还带有陈嚣、李斯等学生，与临武君议兵时他们也在。而《议兵篇》很可能就是由荀子的这帮弟子根据当时辩难、答对的内容记录整理而成的。据《史记 · 李斯列传》记载，李斯“欲西入秦，辞于荀卿，……至秦，会庄襄王卒”。秦庄襄王卒于公元前 247 年 5 月，李斯此时已抵达秦国。也就是说，自公元前 247 年 5 月以后，李斯已入秦，不在荀子身边了，当然也就不可能参与议兵。因此，将议兵的时间定在公元前 247 年 4 月以后的种种说法，与《议兵篇》的记载也是相悖的，都不可信。

那么，议兵会不会发生在公元前 257 年以后到前 247 年 4 月以前的这一段时间呢？决不会。道理很简单，因为这十年时间上党郡又属韩国所有。如果在此段时间内议兵的话，荀子决不会说出“韩之上地……

秦夺之”这样的话来。因为从荀子的话中，我们完全可以体会出当时上党已落入秦人之手这一事实。

将议兵时间定在公元前 247 年的说法虽然较以上各说为优，但同样是不可靠的。从《史记》之《六国年表》《韩世家》《李斯列传》等记载来看，秦军重新占有上党是在前 247 年的 4 月，而李斯辞别荀子而抵达秦国的时间是同年 5 月，中间仅止一月。如前所述，在 4 月以前，荀子是不会说“秦夺”“韩之上地”之类的话的，因为上党郡仍在韩人手中。在 5 月以后，李斯已到秦国，不会参与议兵。所以如将议兵定在前 247 年的话，那也只能发生在 4 月到 5 月这一段时间内。在这短短的一个月时间内，荀子就将上党易手的最新情报融入自己的论说之中，作为说服临武君与赵孝成王的论据；李斯参加议兵后辞别老师，就从赵国赶到了秦国。在当时的交通情况下，这几乎是不可想象的。

笔者认为，荀子议兵应定在公元前 259 年至前 257 年之间。其理由如下：第一，在这段时间内，韩之上党刚好为秦人从赵人手中夺去，符合荀子所说的“趋赵”“秦夺之”这两度变化。第二，在这段时间内，李斯尚未“入秦”，仍陪侍在荀子身边，有参与议兵的机会，符合《议兵篇》关于“李斯问孙卿子”的记载。第三，在这段时间内，荀子尚未居楚为兰陵令，正是其携带李斯等门人“应聘于诸侯”之时，符合《史记》《叙录》关于荀子事迹的记载。

荀子议兵，尽管以“王兵”折服了“诈兵”，使得赵孝成王和临武君都不得不称“善”，但处于“争于气力”的当时，赵王“卒不能用”，所以他只好离赵而另谋出路。

离开赵国后，荀子又回到齐国。这时齐王建当位，但朝政由“君王后”（襄王后）控制。荀子向齐相进言，论述齐国内外大势，劝他“求仁厚明通之君子而托王焉，与之参国政、正是非”，并对“女主乱之宫，诈臣乱之朝，贪吏乱之官”的弊政进行了批评。结果，“齐人或谗荀卿”。

荀子诤言进谏反而受到谗言的攻击，因此他在齐国也呆不下去了。于是他转而赴楚，正碰上楚灭鲁，新得兰陵之地，因而就被春申君任命为兰陵令。这是公元前 255 年之事，荀子时年八十一。

荀子在楚为兰陵令也不是一帆风顺的。他任职不久，就有人向春申君进谗，于是他不得不去楚而往赵。《战国策·楚策四》详细记载了这段经过，说："客说春申君曰：'汤以亳，武王以镐，皆不过百里以有天下。今孙子，天下贤人也，君藉之以百里之势，臣窃以为不便于君。何如？'春申君曰：'善。'于是使人谢孙子。孙子去之赵，赵以为上卿。"进谗之人将荀子治兰陵与汤居亳、武王居镐相比，并以此动摇了春申君对荀子的信任。这至少说明：荀子的卓越才学，此时已为世所公认；而春申君对荀子的信任，此时也还有限，不然，何至于因一人之言而怀疑荀子？

荀子在赵国，受到了较高的礼遇。《战国策》《韩诗外传》都说"赵以为上卿"，《后语》说他为"上客"，措辞有别，但实质相同，都是指"致禄甚厚"，"礼秩如卿，不治事"。而楚国，不久又有人劝谏春申君："昔伊尹去夏入殷，殷王而夏亡。管仲去鲁入齐，鲁弱而齐强。夫贤者之所在，其君未尝不尊，国未尝不荣也。今孙子天下贤人也，君何辞之？"春申君接受了意见，"于是使人请孙子于赵"。荀子对离职尚不能释怀，他致信辞谢，对楚政多所批评，其内容许多都是影射春申君的。他还为之作赋，说："以瞽为明，以聋为聪，以是为非，以吉为凶。"无疑是指责春申君良莠不分，听信谗言。春申君得信后，很后悔，又一再坚请荀子。荀子可能是为春申君的诚意所动，"乃行"，春申君又复任他为兰陵令。

前 247 年，李斯"至秦，会庄襄王卒"，作了秦相吕不韦的舍人。此时荀子已有八十九岁。

前 238 年，楚考烈王卒，李园伏死士杀死春申君。《史记·孟子荀卿列传》说："春申君死而荀卿废，因家兰陵。"这时他年已九十八岁。

荀子废居兰陵后，“著数万言而卒，因葬兰陵”。他卒于春申君死后何年？文献缺载，难以确考。

有人根据《荀子·尧问篇》中“孙卿迫于乱世，鰌于严刑，上无贤主，下遇暴秦”一段的说法，认为荀子活到了秦始皇统一中国以后。其实，所谓的“上无贤主，下遇暴秦”，特别是下文的“诸侯大倾”，正是说的战国争雄的景象。

反映荀子生平事迹最晚的一条史料是《盐铁论·毁学》篇的记载：“方李斯之相秦也，始皇任之，人臣无二，然而荀卿为之不食，睹其罹不测之祸也。”人多以为此说不可信，如梁启超就认为：“《盐铁论》云云，或因李斯述荀卿‘物禁太盛’一语而增益附会之。”[⑩] 梁启超说“物禁太盛”是李斯述荀子语，这是正确的。但怀疑《盐铁论》之说是因《史记》语而增益附会之，则缺乏根据。李斯相秦的时间，人们一般都说在公元前 219 年至前 213 年间，如果荀子生于前 336 年的话，那么他见到李斯相秦而为之不食，至少就得有一百一十七岁以上，这是不可能的。但《史记·李斯列传》又记载了李斯被杀前在狱中曾上书给二世皇帝，说：“臣为丞相，治民三十余年矣。”这是秦二世二年，即公元前 208 年之事。当时李斯正被治罪，他要渲染、夸大他对秦王的贡献，以打动二世，本属人之常情；但此事若无一点根据，恐怕二世也不会承认。本传先前说：“秦王乃除逐客之令，复李斯官，卒用其计谋。官至廷尉。二十余年，竟并天下，尊主为皇帝，以斯为丞相。”这是说秦始皇二十几年称始皇帝时，李斯就任丞相了。但《秦始皇本纪》又记载秦始皇二十八年（即前 219 年）立琅邪石刻，上书“丞相隗林、丞相王绾、卿李斯”。这是说秦始皇二十八年时，李斯还与二十六年一样，仍为卿，即廷尉。本纪和列传的这几处记载，不无矛盾。我们认为，李斯为丞相，确实是秦始皇二十八年立石以后事，本纪记载不误。但李斯在秦始皇时代，早在他未当丞相，还是为卿时，就主持朝政，“人臣无二”，实际上已充当了丞相的角色，这恐怕也是事实。李斯将其为“假相”，任卿的时间加在一起，故说“臣为丞相，治民三十余年矣”。如以此为据，从李斯下狱上书上推三十年，那么李斯相秦当在前 237 年左右，正是秦免除吕不韦相职，也是荀子废居兰陵之时。

司马迁、刘向都说荀子废居兰陵后，“著数万言而卒”，即荀子在死前还过了一段写作生活，这是可以肯定的。我们不能说荀子的所有著作都写于此时，但他确在此时写下了一部分著作，例如《成相篇》中有“春申道缀基毕输”一语，说春申君的政策被废止了，基业完全被毁坏了，这显然当写自春申君被杀以后，很可能就是荀子废居兰陵时的最后之作。我们假设荀子在春申君死后又活了两年，即至公元前 236 年才辞世，那么，在这两年里，他既见到了李斯相秦，也在兰陵写下了《成相》等著作。其年寿高达一百岁。《庄子 · 盗跖》篇说上寿百岁，《礼记 · 曲礼》称百年曰期颐，荀子弟子张苍享年百有余岁。依此看来，荀子寿达百岁，也是可信的。

总的说来，荀子出生于赵国，年轻时曾到燕国游说过燕王哙。五十以后至八十岁左右，他主要在齐国活动，是稷下儒家学派的代表人物。这中间，他也到过楚、秦、赵等国，但逗留时间都不太长。八十岁以后，荀子主要居住在兰陵，一边从政，一边从事著述。春申君被杀以后，荀子废居兰陵，不久去世。

根据以上的考证，我们可知荀子生活于战国中期和末期。荀子的思想和学说，就是在这一特定时期的政治经济文化背景下产生的。

荀子著作已知的最早整理者是西汉的刘向，其《孙卿书叙录》云：“（向）所校雠中孙卿书，凡三百二十二篇，以相校，除复重二百九十篇，定著三十二篇，皆以定杀青简，书可缮写。”[11]《汉书 · 艺文志》于儒家类中记录：“《孙卿子》三十三篇。”又于赋家类载：“《孙卿赋》十篇。”《隋书 · 经籍志》于子部儒家类载：“《孙卿子》十二卷。”又于集部别集类载：

“楚兰陵令《荀况集》一卷。”并附注曰：“残缺，梁二卷。”唐人杨倞是第一个为《荀子》作注的，其《序》云：“以文字繁多，故分旧十二卷三十二篇为二十卷，又改《孙卿新书》为《荀卿子》，其篇第亦颇有移易，使以类相从云。”⑫

这些关于荀子著作的记载有三点值得注意：

首先，荀子书应当正名。从上面的考证中可知，荀子应为孙氏，将孙卿称为荀卿是一种错误。其著作的名称也是如此。从刘向到班固，从《七录》到《隋书·经籍志》，荀子的著作一直被称为“《孙卿书》”“《孙卿子》”，一直到唐元和年间的杨倞，才将其“更名《荀子》”。所以，根据“名从主人”的原则，我们应该以刘向、班固说为是，应将荀子书称为《孙卿书》或《孙卿子》。

其次，从刘向《叙录》来看，早在刘向校定《孙卿书》以前，荀子的著作就已编定。由于荀子弟子众多，所以编定的《孙卿书》并不止一个本子，至少当有十个以上。刘向所做的工作，一是校雠，二是去除重复，三是编定三十二篇之次序。这即是说，早在刘向之前，现存《荀子》的各篇都已经形成了，它们并不是刘向拼合调整而成。

第三，刘向所见到过的、整理过的荀子著作，基本上都没有散佚。这在先秦诸子中，也是很难得的。

《荀子》三十二篇大约可分为三类：一是荀子亲手所著；二是荀子弟子所记录的荀子言行；三是荀子所整理、纂辑的一些资料，其中也插入了弟子之作。这里的第一类和第二类都是研究荀子思想和学说的主要依据，第三类则只是间接材料。

属于荀子亲手所著有：《劝学》《修身》《不苟》《荣辱》《非相》《非十二子》《王制》《富国》《王霸》《君道》《臣道》《致仕》《天论》《正论》《礼论》《乐论》《解蔽》《正名》《性恶》《君子》《成相》《赋》等。它们尽管不免有错简等问题存在，但都是荀子围绕一个论题而撰写的论作，都真实地反映了荀子的思想。

属于荀子弟子所记录的荀子言行的篇目有《儒效》《议兵》《强国》《仲尼》等。它们虽然经过了荀子弟子之手的整理，但其思想却基本上是荀子的，其价值就好像《论语》对于研究孔子、《孟子》对于研究孟子一样。所以，也应视为研究荀子的可靠史料。

《宥坐》《子道》《法行》《哀公》《尧问》五篇，杨倞注认为“皆荀卿及弟子所引记传杂事”，这是非常正确的。具体说来，除《尧问篇》末尾一段“为说者曰‘孙卿不及孔子’”云云为荀子弟子评论其师之辞外，其余都是荀子所纂辑的一些历史资料。这些材料如果没有经过荀子的整理，或者没有被荀子反复利用过的话，荀子后学是不会将其与荀子联系到一起的。因此，对于研究荀子思想也有一定作用。

二、荀子的思想与学术

《荀子》书以性伪之分、明分使群、隆礼重法、天人之分、虚壹而静、兵以壹民附民为本、名以指实等说最为出名。

人性论是荀子理论的逻辑起点，是其思想体系中最富有性格的部分。

荀子说：“凡性者，天之就也，不可学，不可事。”（《性恶》）又说：“不可学、不可事而在人者谓之性[13]。”（《性恶》）认为人性的所有内涵，都是自然生成的，都不是后天的学习、人为所能有的。这种“天就”之性，也就是天然属性。荀子在“性”前加一“凡”字表示统括，也就排除了人性中有非天然属性的存在，肯定一切人性皆属天然。

荀子以性恶论闻名。荀子性恶的内容是什么？性恶是不是荀子所谓人性的全部内容？这些问题对于全面、正确了解荀子的人性学说都是至为重要的。

荀子十分强调人性本恶，他说：“今人之性，生而有好利焉，顺是，故争夺生而辞让亡焉；生而有疾恶焉，顺是，故残贼生而忠信亡焉；生而有耳目之欲，有好声色焉，顺是，故淫乱生而礼义文理亡焉。然则从人之性，顺人之情，必出于争夺，合于犯分乱理而归于暴……用此观之，然则人之性恶明矣。”（《性恶》）“好利”“疾恶”“好声色”是人生而有之的，“从”之、“顺”之，就会出现争夺、犯分乱理，这就是荀子论证性恶的逻辑。

荀子也承认人有善的一面，有“辞让”“忠信”“礼义文理”，但他认为这些并非人的本性，而是后天的人为。他说：“今人饥，见长而不敢先食者，将有所让也；劳而不敢求息者，将有所代也。夫子之让乎父，弟之让乎兄，子之代乎父，弟之代乎兄，此二行者，皆反于性而悖于情也。然而孝子之道，礼义之文理也。故顺情性则不辞让矣，辞让则悖于情性矣。”（《性恶》）

荀子所说的人性，是不是只有性恶的一面呢？还有没有其他的内容呢？我们可从《性恶篇》入手进行分析。

《性恶篇》突出地论述了性恶问题，但它并不止论述了人性恶的一面，还论述了人性中有可以知善之质、可以能善之具。如果说该篇前一部分的内容主要是论性恶，那么后一部分的内容就是侧重谈如何利用人性中的可以知善之质、可以能善之具去克服人性中恶的一面。所以，《性恶篇》不止是论述人性恶，而是全面论述人性的问题。

《性恶篇》提出的第一个问题是“人之性恶”。这一命题在全文中强调了多次。人们一直将这一命题当成全称肯定判断，认为它的主词是周延的，指的是人性的所有内容，这种理解是错误的。其实，这一判断的主词是不周延的，指的只是人性的一部分内容。

荀子认为，人的天性有恶的一面，但是，他又承认人还具有另外一种天然的本能。他说：“‘涂之人可以为禹。’曷谓也？曰：凡禹之所以为禹者，以其为仁义法正也。然则仁义法正有可知可能之理，然而涂之人也，皆有可以知仁义法正之质，皆有可以能仁义法正之具，然则其可以为禹明矣。今以仁义法正为固无可知可能之理邪，然则唯禹不知仁义法正，不能仁义法正也。将使涂之人固无可以知仁义法正之质，而固无可以能仁义法正之具邪，然则涂之人也，且内不可以知父子之义，外不可以知君臣之正。不然。今涂之人者，皆内可以知父子之义，外可以知君臣之正，然则其可以知之质，可以能之具，其在涂之人明矣。今使涂之人者以其可以知之质，可以能之具，本夫仁义之可知之理、可能之具，然则其可以为禹明矣。”（《性恶》）

荀子这段议论，反复论证了人“皆有可以知仁义法正之质，皆有可以能仁义法正之具”；这种“质”和“具”，既是“涂之人”都有的，具有普遍性，又是一种天生的本能。因此，无疑应属于所谓人性的内容。《解蔽篇》说：“凡以知，人之性也；可以知，物之理也。”“凡以知”就是“皆有可以知”，荀子称之为“人之性也”。因此，将这里的“可以知之质，可以能之具”归入荀子的人性范围之内，是完全应该的。

这种“凡以知”的人性，这种“可以知之质，可以能之具”是不是恶的呢？荀子并没有说，而且一再强调这种“可以知”“可以能”的对象是“仁义法正”，可见这种“人之性”绝对不会是恶的。

这种“知”的人性，荀子既然没有肯定其为恶，那么，它是否为善呢？荀子并没有如此说。所谓“可以知”“可以为禹”，是指人有一种向善的可能性，而并非指人性中天然就具有一种现实性的善。它只是“可以知”“可以能”，而不是“必然知”“必然能”。这种“知之质”“能之具”既存在着“知仁义法正”“能仁义法正”的可能性，也存在“知”别的什么、“能”别的什么的可能性。这种“质”“具”就像一张白纸一样，既可施之于朱，也可加之以墨。所以，视荀子的知性说为性善说，是完全错误的。

由此可见，荀子的人性概念是一个多层次的意义结构，它的最一般的意义是指人生而具有的本能；它的第二层意义是二元的，由恶的情欲之性和无所谓善恶的知能之性组成。

强调人性恶的一面是荀子人性论的特点，但荀子人性学说中最有价值的是他“化性起伪”的人性改造论。荀子认为“性也者，吾所不能为也，然而可化也”（《儒效》），“化”就是改造人性。他说：“凡人之性者，尧、舜之与桀、跖，其性一也；君子之与小人，其性一也。”（《性恶》）具体说，无论尧、舜、桀、跖，还是君子、小人，他们的本性都有“好荣恶辱，好利恶害”的一面。但是，“圣人之所以异过众者，伪也”。这种“伪”，就是“化性”，即通过后天的努力改变其本性中恶的一面。对性，是顺、是纵，还是化、伪，这是圣人之所以成为圣人，小人之所以成为小人的关键所在。所以，荀子虽然讲性恶，但其目的和重心是在“伪”，是在突出礼义对于人的重要性。

荀子的“化性起伪”说，历来人们都认为存在着悖论：“人生来是坏蛋……假使真是那样，那么善或礼义从何而出，那就苦于解答了。”从上可知，此说的大前提是错误的。荀子强调“人之性恶”，是说人生有恶的一面，并非说人性全恶。荀子认为“凡以知，人之性也”，人性而有“可以知之质，可以能之具”，圣人凭着这种知性，可以化掉恶性而选择善。所以，礼义之善并非从恶性中产生，而是产生于知性，是“知有所合”的结果。

荀子的社会政治理论也非常深刻。荀子认为，人作为自然界的一部分，而又能支配自然界，使役万物，关键就在于人有着与自然界的其他生物不同的特点，这种“人之所以为人者”“人之异于禽兽者”就是人“能群”而动物不能“群”。他说：“力不若牛，走不若马，而牛马为用，何也？曰：人能群，彼不能群也。”（《王制》）

人类的社会组织是如何构建起来的呢？荀子提出了“明分使群”说。荀子认为，人之所以“能群”，是由于有“分”，“分”是“群”的基础。

所以他说："人何以能群？曰：分。"（《王制》）在荀子看来，"分"是人类社会存在和社会组织的根本。他说："分则和，和则一,一则多力，多力则强，强则胜物，故宫室可得而居也。故序四时，裁万物，兼利天下，无它故焉，得之分义也。"（《王制》）反之："群而无分则争，争则乱，乱则离，离则弱，弱则不能胜物。"（《王制》）由此，荀子得出了"明分"才能"使群"的结论。他说："离居不相待则穷，群而无分则争，穷者患也，争者祸也，救患除祸，则莫若明分使群矣。"（《富国》）

"明分"以什么为准则呢？荀子的回答是礼义。他说："分何以能行？曰：义。"（《王制》）认为"义"是"分"能实行的根据。又说："分莫大于礼。"（《非相》）礼是最大的"分"，所以荀子认为"明分使群"，"不可少顷舍礼义"（《王制》）。

作为礼义的具体体现的这种"分"，包括三个方面的内容：第一，它指的是社会的分工分职，即"农分田而耕，贾分货而贩，百工分事而劝，士大夫分职而听，建国诸侯之君分土而守。"（《王霸》）

为什么要分工分职呢？荀子指出："百技所成，所以养一人也。而能不能兼技，人不能兼官。"（《富国》）"相高下，视垸肥，序五种，君子不如农人；通财货，相美恶，辩贵贱，君子不如贾人；设规矩，陈绳墨，便备用，君子不如工人。"（《儒效》）而君子，虽"非精于物"，却能"精于道"（《解蔽》）。所以，人类社会无论农人、贾人，还是君子、工人，都缺一不可。这种重视社会分工的思想，与孟子是一致的。

第二，"分"又是社会伦理关系。荀子继承孔子的思想，认为君臣、父子、兄弟、夫妇等社会伦理关系是永恒的，是宇宙的"大本"。对于这些伦理关系的每一个社会角色，他都依据礼义，作了规范性的界定。一句话，就是"君君臣臣，父父子子，兄兄弟弟"，人各有别，这里的伦常关系是不能逾越的。

第三，"分"的核心是等级关系。荀子讲的士农工商的分工分职，君臣父子兄弟夫妇的伦常，都贯穿着等级之分。分等级是荀子“明分”的核心。士农工商虽说是一种社会的分工分职，但荀子认为其中有贵贱之等，士为贵，农、工、商为贱；有君子、小人之等，士为君子，农、工、商为小人。君臣父子兄弟夫妇，荀子之所以视之为伦理关系，也是从贵贱之等、少长之等出发的。荀子认为，对不同等级的人，应该给予不同的政治待遇。“由士以上则必以礼乐节之，众庶百姓则必以法数制之”(《富国》)。而“少事长，贱事贵，不肖事贤，是天下之通义也”(《仲尼》)。

荀子所谓“分”，不但指政治上的等级区分，还包括对分配物质财富的“度量分界”。这种“度量分界”完全是一种适应等级制度的分配原则，这就是荀子所说的“制礼义以分之，以养人之欲，给人之求”(《礼论》)。荀子认为要解决“欲恶同物，欲多而物寡”的矛盾，就必须在“养人之欲，给人之求”方面，“制礼义以分之”，确立按照贵贱等差进行物质生活资料分配的“度量分界”，按照贵贱之等、长幼之差、智愚之分，分配物质生活资料，有区别地满足人类欲望，“使欲必不穷乎物，物必不屈于欲，两者相持而长”(《礼论》)。所以，荀子的所谓“分”，不仅是社会等级的差别，同时也是对于不同等级的财富占有的保障。前者是为建立新兴政治秩序而言的，后者是这种等级制度在生活资料分配上的体现，使生活资料的分配有个界限和标准。

这种贯穿着森严的等级区别的“分”，荀子认为是不齐之齐，不平之平，是合乎“人伦”，顺乎“天理”。荀子看到了“明分”对“使群”的必要性，肯定了社会等级制的存在。但是，他又认为这种等级的“分”并不是不可改变的。他说：“贤能不待次而举，罢不能不待须而废……虽王公士大夫之子孙也，不能属于礼义，则归之庶人。虽庶人之子孙也，积文学，正身行，能属于礼义，则归之卿相士大夫。”(《王制》)可见，在荀子的眼中，“分”固然重要，但职位的高低、贫富贵贱的等级差别却是可以改变的。变与不变，就取决于是否能服从礼义和是否贤良。他说："我欲贱而贵，愚而智，贫而富，可乎？曰：其唯学乎。彼学者，行之，曰士也；敦慕焉，君子也；知之，圣人也。上为圣人，下为士君子，孰禁我哉！"（《儒效》）只要掌握礼义、实践礼义，贱可变贵，贫可变富，上可成为圣人，下可成为士、君子。这种"分"的改变，谁也禁止不了。

由此可见，荀子的"明分"既具有肯定社会等级制的内容，也含有社会等级制可变的思想。这样，就将"明分使群"说建立在一个较为进步的基础上。讲荀子的"明分使群"说只强调其肯定等级制的一面，忽视其等级制可变的思想，是有片面性的。

荀子是第一个从理论上较为系统地、明确地对天给予自然的解释的思想家。天是什么？荀子认为，天就是客观现实的自然界，就是唯一实在的物质世界。他说："列星随旋，日月递炤，四时代御，阴阳大化，风雨博施，万物各得其和以生，各得其养以成，不见其事而见其功，夫是之谓神。皆知其所以成，莫知其无形，夫是之谓天。"（《天论》）天就是恒星运转、日月照耀、四时变化、阴阳风雨、万物生成。这种天，也就是运动着的物质自然界，就是自然。

天地万物的本源是什么呢？荀子说："水火有气而无生，草木有生而无知，禽兽有知而无义，人有气、有生、有知，亦且有义，故最为天下贵也。"（《王制》）荀子这里把自然界分为五个层次："最为天下贵"的最高层次是有气、有生、有知、有道德观念的人；第二层次是有气、有生、有知而无道德观念的禽兽；第三层次是有气、有生而无知、无道德观念的草木，即植物；第四层次是有气而无生、无知、无道德观念的水火，即无机物；第五层次也即最基本的层次是构成所有这一切的物质元素——无生、无知、无道德观念的气。这样，荀子就把无机界同有机界、人类同自然界的物类在"气"这个基础上统一起来了。

荀子不仅以"气"为万物的本源，而且还对形神关系作了客观的解释。他说："天职既立，天功既成，形具而神生，好恶、喜怒、哀乐臧焉，夫是之谓天情。耳目鼻口形，能各有接而不相能也，夫是之谓天官。心居中虚，以治五官，夫是之谓天君。"（《天论》）"天官""天君"这些自然形成的形体、器官，是人类精神运动的物质基础。"形具而神生"，先有了这些物质的形体，然后才产生了精神活动。这样，就揭示了精神对形体的依赖关系。这是先秦时代关于形神关系最卓越、最深刻的理论成果，是荀子对古代形神观的重大贡献。

荀子还进一步揭示了宇宙运动变化的原因："天地合而万物生，阴阳接而变化起。"（《礼论》）这是说天气和地气相结合，产生万物；阴阳二气的接合和交互，引起了自然界的运动变化。这是从气本源说出发，从事物自身的矛盾来揭示自然界运动变化的原因，进一步论证了"天"的物质性，排除了主宰之"天"的存在。

天是客观存在的自然界。那么，自然界有没有它固有的必然规律呢？荀子的回答是肯定的。其《天论》第一句就说："天行有常。"又说："天有常道矣，地有常数矣。"这些命题尽管表述有异，但其旨皆同，都是肯定自然界有它本身所固有的规律。这种规律是什么？荀子说："天不为人之恶寒也辍冬，地不为人之恶辽远也辍广。"（《天论》）天道"不为尧存，不为桀亡"。规律性的存在是不以人的意愿、好恶为转移的，它具有永恒性、客观必然性。一方面，人们不能把自己的任何主观的成分、主观的性质附加给自然界；另一方面，天也没有任何主观的私怨私德，它不能干预人事。因为"道者，非天之道，非地之道，人之所以道也，君子之所道也"（《儒效》）。天道并非人道，自然界的规律不能决定社会的变化。这种思想，就是所谓"天人之分"说。

从此出发，荀子明确提出人类社会的治乱兴废，并不取决于自然界。他说："治乱天邪？曰：日月、星辰、瑞历，是禹、桀之所同也，禹以治，桀以乱，治乱非天也。时邪？曰：繁启蕃长于春夏，畜积收臧于秋冬，是又禹、桀之所同也，禹以治，桀以乱，治乱非时也。地邪？曰：得地则生，失地则死，是又禹、桀之所同也，禹以治，桀以乱，治乱非地也。”（《天论》）天、时、地等自然条件，在大禹和夏桀的时代是相同的，但社会政治却有一治一乱的不同。这种比较说明社会的治乱主要不取决于自然，实际上已把社会治乱的根源由“天命”转移到人事上来了。

荀子提倡“天人之分”，强调天不能干预人事，天道不能决定社会的变化。但他又认为天、人之间也有相互联系、相互影响的一面，只不过这不是天支配人类社会、主宰人类社会，而是人类社会利用和顺应自然界。两者之间，人是主动的，天是被动的；人是治者，天是被治者；人是有意识的主体，天是无意识的客体。

荀子的这种思想，主要内容有二：一是主张顺应自然规律。为此，他提出“天养”“天政”的概念。他说：“财（裁）非其类，以养其类，夫是之谓天养。”（《天论》）“君子生非异也，善假于物也。”（《劝学》）人与自然界，就是养与被养、假与被假的关系。他还进一步论述：“顺其类者谓之福，逆其类者谓之祸，夫是之谓天政。”（《天论》）“天养”只能“顺”而不能“逆”，这个自然原则说明，自然界尽管是无为而无意识的，但它作为人类生存和发展的基础，对人类的生活起着客观的制约作用。因此，人类对自然界，“应之以治则吉，应之以乱则凶”（《天论》），思想和行动只能适应其规律，而决不能违反它。

二是主张人成天生，利用自然。荀子说：“天地生君子，君子理天地。……无君子则天地不理，礼义无统。”（《王制》）君子，就是自觉的人。天地生君子，也产生其他的人和物类。荀子认为，与其他的人和物类相比，君子最大的特点是“理天地”。也就是说，君子和自然界的关系是理和被理的关系，君子不是匍匐在自然界膝下的奴仆，而是自然界的主人。这种“理”，荀子也称之为“治”。《天论》说：“天有其时，地有其财，人有其治，夫是之谓能参。”天之时、地之财对人类生活有所制约，但这种制约是无意识的，而人类之治，却是主动的。这种“理”“治”不但有顺应自然之意，也有利用自然之旨。

荀子的这种思想在《天论》的这两段话中表现得更为清楚：“如是，则知其所为，知其所不为矣，则天地官而万物役矣。”这是说，人们只要掌握和认识了客观规律，人类就能利用自然。“官”和“役”正表达了人类对“天地”“万物”的主动性。正因为如此，荀子认为“大天”“颂天”不如“制”天、“用”天。他说：“大天而思之，孰与物畜而制之？从天而颂之，孰与制天命而用之？望时而待之，孰与应时而使之？因物而多之，孰与骋能而化之？思物而物之，孰与理物而勿失之也？愿于物之所以生，孰与有物之所以成？故错人而思天，则失万物之情。”“物畜而制之”“制天命而用之”“应时而使之”“骋能而化之”“理物而勿失之”，其实质是突出人作为自然界主人的自觉。将自然之物大规模地生产出来而供人所用（“制天命而用之”），这种“人成天生”思想的提出，在先秦思想史上是划时代的，是中华民族认识发展史上的一大飞跃。荀子的天人关系论，是先秦哲学思想的最高成果之一。

荀子在认识论问题上有许多精到的见解。他提出了“形具而神生”（《天论》）说，“形”指人的形体，即耳、目、鼻、口、形体等感觉器官；“神”指人的精神，认识能力。人的认识是在形体的基础上产生的，自然，认识是从感觉开始的。因此，他将人的认识过程区分为两个阶段：

第一个阶段是“天官意物”或“缘天官”。“天官”即人天然就具有的感觉器官，它们包括人的耳、目、鼻、口（舌）、形（身）。“意”即感觉，“物”指客观世界，“缘”即依靠。荀子认为，要认识事物的同异，首先就必须凭借感觉器官，通过感觉器官来反映客观事物。他肯定人通过不同的感觉器官可以得到关于对象的不同的感觉，感知事物的不同属性。比如，“形体、色、理以目异”，用眼睛（视觉）可以区别出不同的形状、颜色、纹理；“声音清浊、调竽奇声以耳异”，用耳朵（听觉）可以区别出清晰或混杂、巨细不同的声音；“甘、苦、咸、淡、辛、酸、奇味以口异”，用口舌（味觉）可以区别出甜、苦、咸、淡、辣、酸等不同的味道；“香、臭、芬、郁、腥、臊、洒、酸，奇臭以鼻异”，用鼻子（嗅觉）可以区别出香、臭、芬、腐、腥、臊等不同的气味；“疾、养、沧、热、滑、铍、轻、重，以形体异”，用形体（触觉）可以区别出痛、痒、冷、热、润滑、枯燥、轻、重等不同的感触。（《正名》）所谓“目辨白黑美恶，耳辨音声清浊，口辨酸咸甘苦，鼻辨芬芳腥臊，骨体肤理辨寒暑疾养”（《荣辱》），这些人“生而有之”的感觉器官对颜色、声音、味道及气味、感触的辨别，就是感觉经验。认识就是从这种感觉经验开始的。

荀子虽然重视“天官意物”得来的感觉经验，但是他认为由于各种天官的职能不同，只能感知它所能感知的属性，所以它们各自所提供的感觉、印象，免不了有其局限性，这种局限性表现为表面性和片面性。如果受其支配，就会产生错觉和误会，陷入各种各样的“蔽”之中。

为了避免“蔽于一曲而闇于大理”（《解蔽》），荀子又提出了认识的第二阶段，即“心有征知”。他说：“心有征知。征知则缘耳而知声可也，缘目而知形可也。然而征知必将待天官之当簿其类然后可也。”（《正名》）“征知”就是在感官感知的基础上，对感觉印象进行分析、辨别和验证。荀子将思维器官称作“天君”，或称作“心”。认为“心”有“征知”即验证认识的作用。但是“征知”必须通过感官接触各种事物才能作出抉择，“是之则受，非之则辞”（《解蔽》），可见“征知”就是在感性认识的基础上进入到理性认识阶段。

在荀子看来，“天官意物”与“心有征知”是人们形成认识不可缺少的两个阶段。“意物”必须“征知”，否则得来的认识是不可靠的；“征知”又必须以“意物”为基础，不然“征知”就失去了依据。但是，心和目、耳、口、鼻、形这五官的地位和作用并不是等同的。心是“天君”，而目、耳、口、鼻、形五官只是“天官”。在认识中“天君”的地位和作用比“天官”更为重要。两者是君与臣、治与被治的关系。

鉴于人们在认识上容易陷于表面性和片面性之弊，荀子提出了“虚壹而静”的“解蔽”方法。荀子所谓“虚”，指不以已有的认识妨碍再去接受新的认识；“壹”，指思想专一；“静”，指思想宁静，正确的认识保持不变。荀子认为“心”要知“道”，就必须做到虚心、专心、静心。他说：“人生而有知，知而有志。志也者，臧也。然而有所谓虚，不以所已臧害所将受谓之虚。”（《解蔽》）所谓“臧”，指已获得的认识。荀子认为，不能因为已有的认识而妨碍接受新的认识，所以“虚”是针对“臧”而言的。他又说：“心生而有知，知而有异。异也者，同时兼知之。同时兼知之，两也。然而有所谓一，不以夫一害此一谓之壹。”（《解蔽》）“心”有分辨差异，同时“兼知”多种事物的能力，可以同时得到多种不同的认识，这就是“两”。但另一方面，要深刻认识一种事物、精通一门学问，就必须专心一意、集中思想，不能因对那一种事物的认识而妨碍对这一种事物的认识，这就是“一”。“一”和“两”的这种辩证统一就是“壹”。荀子强调：“心枝则无知，倾则不精，贰则疑惑。以赞稽之，万物可兼知也。身尽其故则美！美不可两也，故知者择一而壹焉。”（《解蔽》）“择一而壹”也就是专一、专心，这是一时的正确的选择。荀子还说：“心，卧则梦，偷则自行，使之则谋。故心未尝不动也，然而有所谓静，不以梦剧乱知谓之静。”（《解蔽》）心是动的，不动就不能思维，但要正常思维就必须排除各种干扰，让思想静下来。所谓“静”就是不让各种胡思乱想和烦恼来扰乱思维，其深层义就是将“择一而壹”的正确选择长时间坚持下去，不让其被“梦剧”所破坏。

荀子认为，正确处理好“臧”与“虚”、“两”与“壹”、“动”与“静”三对矛盾的关系，做到“虚壹而静”，将正确的选择进行到底，就能达到“大清明”的境界，做到“坐于室而见四海，处于今而论久远，疏观万物而知其情，参稽治乱而通其度，经纬天地而材官万物，制割大理而宇宙里矣”（《解蔽》）。从认识形式到认识方法，荀子的辩证思维水平，确实是他那个时代无人能及的。

荀子也是先秦最有成就的逻辑学家之一。荀子在逻辑研究上的贡献，主要在概念论上。

荀子首先揭示了思维活动的四种形态，他说：“实不喻然后命，命不喻然后期，期不喻然后说，说不喻然后辨。故期、命、辨、说也者，用之大文也，而王业之始也。”（《正名》）认为命、期、说、辨是实际运用中的四种重要思维活动，是成就王业的起点。

与这四种思维活动相联系，荀子又明确提出了名、辞、辨说三种思维形式。“名”是“命”所产生的直接结果。荀子给“名”下了一个定义：“名也者，所以期累实也。”（同上）认为概念是抽象反映一类事物共同属性的思维形式。又说：“若有王者起，必将有循于旧名，有作于新名。”（同上）认为名不是一成不变的，有“循旧”，也须“作新”。但名的变与不变，其要求都是“名以指实”，即名实相符。“辞”则是“期”所产生的直接结果。荀子说：“辞也者，兼异实之名以论一意也。”（同上）这是说，辞的作用，不是简单地指称事物，而是表示一个思想。这不仅揭示了辞的本质，而且从思维形式的结构和作用上说出了辞和名的区别和联系。

“辨说”是解说、辩论这些思维活动所产生的直接结果。荀子对其也下了一个定义：“辨说也者，不异实名以喻动静之道也。”（同上）“辨说”，即推理论证。“不异实名”，名实一致，指同用一个概念和事物。“动静之道”，指运动变化之道。这是说，推理论证是使用自我同一的概念来说明它的运动变化规律的一种思维形式。

荀子认为，名是思维的细胞，有了名才能下判断，才有辞；有了名和辞，才能进行推理和论证，才有辨说。名、辞、辨说各以前面的思维形式为前提，越来越趋于复杂。从思维的作用上说，无论名辞，还是辨说，都是为了喻实的，其中名更为根本。“命不喻”然后才有期，“期不喻”然后才有说，“说不喻”然后才有辩。可见，辞和说辩都是为名服务的。

那么，制定正确的名的要领和方法是什么呢？荀子在《正名篇》里提出了五条。

第一是“同则同之，异则异之”。事物相同，其名也同；事物相异，其名也异。

第二是“单足以喻则单，单不足以喻则兼”。如果用一个字就可以把某种实表达清楚，就只用一个字表达；如果用单名不足以表达清楚，就用一个字以上的复名（即兼名）。

第三是遍举用“共名”，偏举用“别名”。荀子说：“单与兼无所相避则共，虽共，不为害矣……故万物虽众，有时而欲遍举之，故谓之物。物也者，大共名也。推而共之，共则有共，至于无共然后止。有时欲遍举之，故谓之鸟兽。鸟兽也者，大别名也。推而别之，别则有别，至于无别然后止。”荀子不但阐述了一个制名的方法，而且也是对名的推演关系和分类理论的一个创造。“推而共之，共则有共”，共名沿着“共”的方向推演，是名的概括。概括的结果，使名的外延扩大。“推而别之，别则有别”，别名沿着“别”的方向推演，是名的限制。限制的结果，使名的外延缩小。荀子认为，这种概括和限制又都不是无止境的。“共”至一定程度则不能再“共”，这就出现“无共”。无共是最后的共名，也是外延最大的共名，即大共名。“别”至一定程度也不能再“别”，这就出现了“无别”，“无别”是最后的别名，也是外延最小的别名，即大别名。所以“无共”“无别”指对概念概括和限制的最大限度。荀子认为共名与别名既相区别又具有同一性，这实际上表达了概念上下间的逻辑关系。“推而别之，别则有别”，是说一个别名之下还有更小的别名，前者相对于后者，也就从别名转化成了共名。“推而共之，共则有共”，是说一个共名之下还有更大的共名，前者相对于后者，就从共名转化成了别名。

那么，处于这个推演系列中的任何一个共名或别名，除处于两极的大共名和大别名外，它们本身既都是别名，又都是共名；既都是属，又都是种，无不具有两重性。

第四是“约定俗成”和“径易不拂”。荀子说：“名无固宜，约之以命，约定俗成谓之宜，异于约则谓之不宜。名无固实，约之以命实，约定俗成谓之实名。名有固善，径易而不拂，谓之善名。”这里提出了三个重要的观点。一是“名无固宜”，即说表达概念的语词与它所反映的对象之间没有天然的、必然的联系。二是“约定俗成”，说明名与实的关系是后天的、人为的，是社会选择的结果。三是“名有固善”，即肯定名的“约定俗成”又有其内在的合理性，这种“定”与“成”要为社会所接受又是有条件的，即要做到“径易不拂”，简单明了而又不自相矛盾。

第五是“稽实定数”。荀子说：“物有同状而异所者，有异状而同所者，可别也。状同而为异所者，虽可合，谓之二实。状变而实无别而为异者，谓之化。有化而无别，谓之一实。此事之所以稽实定数也。”“稽实定数”，就是通过考察事物的多少来制定数量之名。实质上提出了从空间（“所”）、时间（“化”）和事物的性质、属性（“状”）诸方面去分析事物实体数量的思想。

此外，荀子还批评了“以名乱名”“以实乱名”“以名乱实”等“三惑”之论，捍卫了“名以指实”的原则。

荀子的战争观出自孔、孟，其认识的深度则超过了孔、孟。对于战争，孔子、孟子虽然都用“征”“伐”“诛”“讨”“围”“入”“灭”等字眼表达过自己对某一具体战争的褒贬，其中孟子还提出过“春秋无义战”（《孟子·尽心下》）的观点。但是，他们从来没有对战争的目的下过一个明确的定义。而荀子则把儒家对战争目的的认识凝聚成“彼兵者，所以禁暴除害也，非争夺也”的命题，并且从逻辑上论证了仁义与战争的必然联系。这一思想，不但是先秦儒家战争观的最高理论表述，而且比起《老子》的“兵者，不祥之器”，《孙子》的“兵者，国之大事，死生之地，存亡之道，不可不察也”（《计篇》），《尉缭子》的“兵者，以武为栋，以文为植；以武为表，以文为里；以武为外，以文为内”（《兵令》篇）来，认识更为正确、深刻。

战国是一个“力政争强，胜者为右”的时代，富国强兵是战国政治家、军事家梦寐以求的理想。如何才能强兵？荀子和他的学生李斯以及赵将临武君之间曾发生过激烈的思想交锋。

约公元前 259~257 年间，荀子与临武君在赵孝成王前讨论军事问题。临武君认为，“用兵之要术”在于“上得天时，下得地利”，在于“观敌之变动，后之发，先之至”。为什么呢？因为“善用兵者，感忽悠暗，莫知其从出”。著名的军事家孙武、吴起他们“无敌于天下”，就是这样干的。临武君这是就军事而论军事，以“权谋势利”为用兵的关键。荀子不同意临武君的看法，他认为：“凡用兵攻战之本在乎壹民。弓矢不调，则羿不能以中微；六马不和，则造父不能以致远；士民不亲附，则汤、武不能以必胜也。故善附民者，是乃善用兵者也。故兵要在乎善附民而已。”（《议兵》）在荀子看来，军事问题实质就是政治问题，要解决军事问题就应从政治问题入手。因此，他提出了“用兵攻战”，也就是强兵的本末问题。

荀子从两个方面对强兵的本末问题进行了论述。第一，通过“仁人之兵”与“盗兵”的比较，论证就强兵而言，政治上人心的向背为本，军事上的权谋机变为末。荀子认为：“仁人上下，百将一心，三军同力；臣之于君也，下之于上也，若子之事父，弟之事兄，若手臂之扞头目而覆胸腹也。”（《议兵》）国内“壹民”“附民”影响所及，势必成为别国之民人心所向。所以：“仁人之用十里之国，则将有百里之听；用百里之国，则将有千里之听；用千里之国，则将有四海之听；必将聪明警戒，和抟而一。”（《议兵》）政治上的优势化为军事优势，就是：“仁人之兵，聚则成卒，散则成列；延则若莫邪之长刃，婴之者断；兑则若莫邪之利锋，当之者溃；圜居而方止，则若盘石然，触之者角摧，案角鹿埵陇种东笼而退耳。”（《议兵》）

这么一支军队，“不可诈也”，是不能用“权谋势利”打垮的。而崇尚“诈术”的“盗兵”，都是“干赏蹈利之兵”，实行的是“佣徒鬻卖之道”，“君臣上下之间涣然有离德”，百姓“反顾其上，则若灼黥，若仇雠”。建立在这样的政治基础之上的军队，“胜不胜无常，代翕代张，代存代亡，相为雌雄耳”。也就是说，“是事小敌毳则偷可用也，事大敌坚则涣焉离耳，若飞鸟然，倾侧反覆无日”。荀子将属于“盗兵”行列的“齐之技击”“魏氏之武卒”“秦之锐士”，属于“和齐之兵”的“桓、文之节制”，与汤、武仁义之兵进行了比较，结论是：“齐之技击不可以遇魏氏之武卒，魏氏之武卒不可以遇秦之锐士，秦之锐士不可以当桓、文之节制，桓、文之节制不可以敌汤、武之仁义。”（《议兵》）为什么呢？因为“齐之技击”“魏氏之武卒”“秦之锐士”，他们都是崇尚功利、奉行诈术的军队。他们彼此间进行争斗，是“以诈遇诈”，所以有巧拙之分。而以汤、武为代表的仁义之兵，奉行的是礼义教化，是有本统的军队，君臣之间，上下之间，人心齐一，“民之亲我欢若父母，其好我芬若椒兰”。用诈术去对待这样的仁义之兵，其结果只能是“若以焦熬投石”，“犹以锥刀堕太山”，“若以卵投石，以指挠沸；若赴水火，入焉焦没耳”！所以，就强兵而言，政治上的人心向背是本，军事上的权谋势利是末。

第二，通过对“大王”与“将率”在强兵问题上所起作用的比较，突出君主的决策决定“将率”的具体指挥。荀子认为，对于强兵而言，“凡在大王，将率末事也”。为什么呢？因为“君贤者其国治，君不能者其国乱”，“治者强，乱者弱”；“上足仰则下可用也，上不足仰则下不可用也”，“下可用则强，下不可用则弱”。“好士”“爱民”“政令信”“民齐”“赏重”“刑威”“械用兵革攻完便利”“重用兵”“权出一”，这些都是增强兵势的重要因素；而“不好士”“不爱民”“政令不信”“民不齐”“赏轻”“刑侮”“械用兵革窳楛不便利”“轻用兵”“权出二”，这些都是削弱兵势的重要因素。荀子认为决定它们取舍的是“大王”而不是“将率”。在《富国篇》中，荀子同样坚持这一观点，他说：“观国之强弱贫富有征：上不隆礼则兵弱，上不爱民则兵弱，已诺不信则兵弱，庆赏不渐则兵弱，将率不能则兵弱。”兵弱还是兵强，由是否“隆礼”“爱民”决定，由“诺”是否“信”、“庆赏”是否“渐”、“将率”是否“能”决定。“隆礼”“爱民”取决于上，这是荀子明言的；而“诺信”“庆赏渐”“将率能”，实质最后也取决于上，这又是荀子不言而明的。所以，对强兵而言，君主的政治决策是本，而将率的具体指挥只是末。

荀子对强兵本末问题的这一分析，其眼光见识显然超过了临武君，所以，临武君和赵孝成王不得不称善，表示心悦诚服。

荀子和他的学生李斯在强兵以何为本上发生了又一场争论。这一争论起端于如何解释“秦四世有胜，兵强海内，威行诸侯”这一事实。李斯对其师强兵以仁义为本的观点不以为然，他实质赞同临武君之说，所以用事实反驳荀子：“秦四世有胜，兵强海内，威行诸侯，非以仁义为之也，以便从事而已。”（《议兵》）这就是说，秦人不施仁义，不善附民，怎么有利就怎么做，也能四世称雄。

对这一严峻的现实的挑战，荀子并没有从理论上后退，他解释说：“女所谓便者，不便之便也。吾所谓仁义者，大便之便也。”（《议兵》）荀子从两个方面对“秦四世有胜”这一现实进行了剖析。

从兼并战争的角度而言，荀子认为秦国的形势不容乐观。尽管“秦四世有胜”，但他们仍“諰諰然常恐天下之一合而轧己也”。尽管他们有“坚甲利兵”“高城深池”“严令繁刑”，但由于不得人心，皆“不足以为胜”，“不足以为固”，“不足以为威”。例如楚国，尽管有“坚甲利兵”，“犀兕以为甲，坚如金石；宛钜铁釶也，惨如蜂虿；轻利僄遬，卒如飘风”，但垂沙一战，免不了兵败国破。尽管他们有“高城深池”，“汝、颍以为险，江汉以为池，限之以邓林，缘之以方城”，但“秦师至而鄢、郢举，若振槁然”。商纣王虽然“严令繁刑”“刳比干，囚箕子，为炮烙刑，杀戮无时，臣下懔然莫必其命”，但周武王大军一至，免不了兵叛身死。从历史事实来看“秦四世有胜”，荀子认为秦军从本质上看也是一种“末世之兵”，不能据此来否定仁义为强兵之本。从现实来看，荀子认为秦国内外都潜伏着不可克服的危机。一是对内：“秦人其生民也狭阸，其使民也酷烈，劫之以势，隐之以阸，忸之以庆赏，鰌之以刑罚。”（《议兵》）所以，国内民心并不是真正一致。二是对外，被征服的他国人民：“非贵我名声也，非美我德行也，彼畏我威，劫我势，故民虽有离心，不敢有畔虑，若是则戎甲俞众，奉养必费；是故得地而权弥轻，兼人而兵俞弱。”（《议兵》）要镇压被征服国人民的反抗，必然要耗费大量的兵力和财力，所以，征服战争的胜利并不能促使秦军更加强盛，而只能促使其走向反面。

从“坚凝”即保持和巩固胜利的角度而言，荀子认为秦国也存在着困难。这是用发展、变化观来看待“秦四世有胜”的形势。“齐能并宋，而不能凝也，故魏夺之。燕能并齐，而不能凝也，故田单夺之。韩之上地，方数百里，完全富足而趋赵，赵不能凝也，故秦夺之。”（《议兵》）从这些历史事实中，荀子得出了这么一个结论：“能并之而不能凝，则必夺；不能并之又不能凝其有，则必亡。”（《议兵》）所以，他发出了“兼并易能也，唯坚凝之难焉”的感慨。这就是说，尽管“秦四世有胜，兵强海内，威行诸侯”，但是，由于它不施仁义，不以德凝之，其结果也免不了败亡。所以，在这场关于秦国形势的争论中，荀子还是坚持了儒家以壹民附民为本的强兵思想。

荀子以禁暴除恶为目的的战争观、以壹民附民为本的强兵论，虽然不无创造发展，但从总体看，是对孔子、孟子儒家传统军事思想的继承；他以为将之道、王者之军制为内容的治军术则主要是他在战国末期这一新的历史条件下对儒家传统军事思想的创新和补充，其中许多见解往往发人之所未发，弥足珍贵。

荀子的性伪之分、明分使群、天人之分、虚壹而静、名以指实、兵以壹民附民为本等思想是荀子对于中国哲学的创造性贡献。说荀子是先秦儒学的殿军，是春秋战国“百家争鸣”的集大成者，完全是信而有征的。

三、《荀子》研究的历史与现状

对荀子的评价从荀子死后就已经开始了。《荀子·尧问篇》的最后一段显系荀子弟子之作。它记载当时就有人说“孙卿不及孔子”，荀子的弟子们反驳说这是“不察其实，乃信其名”，认为“今之学者，得孙卿之遗言余教，足以为天下法式表仪”。《汉书·艺文志》载有《虞丘说》一篇，班固自注：“难孙卿也。”其书早已佚，姚振宗说，“《志》列吾丘寿王、庄助之间，则武帝时人”[14]。《虞丘说》是否系难“孙卿不及孔子”，不得而知，但关于荀子的争议，至少从西汉早期就已发端，这却是事实。

司马迁作《史记》，认为“孟子、荀卿之列，咸遵夫子之业而润色之，以学显于当世”。其《礼书》《乐书》，几乎全文照录《荀子》的《礼论》和《乐论》。班固《汉书·艺文志》将《孟子》《荀子》都当作“七十子之弟子”以后的代表著作，列入“儒家类”，其《刑法志》还照抄一大段《荀子·议兵》。如果说，《史记》《汉书》足以代表两汉时期人们的思想，那么，荀子在两汉正处于与孟子并尊的地位。

可称为荀学第一功臣的当属西汉末的刘向。他不但以为战国诸子中“惟孟轲、孙卿为能尊仲尼”，而且认为“如人君能用孙卿，庶几于王”。而战国诸侯一一“残灭”，“秦国大乱，卒以亡”，就是因为背离了荀子的政治主张。因此，他认为荀子“其书比于记传，可以为法”。于是首次全面系统地整理、校定《荀子》著作，定为《孙卿新书》三十二篇以流传至今[15]。

魏晋时人也是均以孟荀并称。其中徐干的评价直追刘向，其《中论》尊荀子为“亚圣”，认为：“荀卿生乎战国之际而有睿哲之才，祖述尧、舜，宪章文、武，宗师仲尼，明拨乱之道。”俨然以荀子为“孔门嫡传”。

中唐学者杨倞可称是荀学的第二功臣，他第一个为《荀子》作注，对荀子思想的流传普及，做出了不可磨灭的贡献。他认为荀子是“真名世之士，王者之师”，《荀子》一书，可以“羽翼六经，增光孔氏，非徒诸子之言也”[16]。与他同时期的韩愈写了《读荀子》一文，认为《孟子》是“醇乎醇者也”，《荀子》则“考其辞，时有若不粹，要其归，与孔子异者鲜矣”。因此，韩氏给荀子之学作了一个“大醇而小疵”的断语[17]。此说得到皇甫湜、陆龟蒙等学者的响应。从此，引发了宋代以后愈演愈烈的尊孟抑荀思潮。

宋代学者一般都视荀子为儒门异端，他们对荀子的攻击主要集中在性恶论、非思孟以及因李斯“焚书坑儒”而罪及荀子。从性恶论方面反对荀子的有欧阳修、司马光、王安石，但特别突出的要数理学家程颐、朱熹之辈。程颐曾说：“荀子极偏驳，只一句‘性恶’，大本已失。”[18]朱熹对学生说：“不须理会荀卿，且理会孟子性善。渠分明不识道理。”[19]理学家们的“性即理”说，实即孟子性善论的翻版，而荀子的性恶说，恰是对理学家“大本”的否定，所以理学家尊孟抑荀就是势所必然的了。

宋人对荀子的批判是相当武断的。他们认为，孟子是仅次于孔子的“亚圣”，荀子批评孟子，就是“悖于圣人”，“喜为异说”，“敢为高论”，这种缺乏历史眼光的观点，是没有任何理论价值的。苏轼《荀卿论》的逻辑最为荒唐，他说：“彼李斯者，独能奋而不顾，焚烧夫子之六经，烹灭三代之诸侯，破坏周公之井田，此亦必有所恃者矣。彼见其师历诋天下之贤人，自是其愚，以为古先圣王皆无足法者……其父杀人报仇，其子必且行劫。荀卿明王道，述礼乐，而李斯以其学乱天下，其高谈异论，有以激之也。”[20]这种推论，就是朱熹也觉得不妥，他说：“世人说坑焚之祸起于荀卿。荀卿著书立说，何尝教人焚书坑儒，只是观它无所顾藉，敢为异论，则其末流，便有坑焚之理。”[21]但还是将间接责任归之于荀子。

明代随着王学的崛起，有不少人对宋人评荀之说又提出了异议，例如杨慎、何良俊、归有光、王世贞、董其昌、邓元锡等等，其中对荀子肯定最有力的还是李贽。他认为荀子的历史地位应高于孟子，“故曰荀孟”。在《藏书》中，他将荀子列为“德业儒臣之首”。在《荀子传赞》中，他认为“荀与孟同时，其才俱美，其文更雄杰，其用之更通达而不迂。不晓当时何以独抑荀而扬孟轲也”[22]。明人的这些议论，尽管在影响上难以与宋儒之说相抗衡，但也引起了思想界对荀子的广泛重视，于是《荀子》的注本、刻本也逐渐多了起来。这就为清人的荀学研究创造了契机。

明清理学家对荀子的评价大体不出宋儒樊篱，而熊赐履、余廷灿辈，所论则更为迂腐。他们认为《性恶篇》这样的文章，“铲烧之可也”[23]。但随着宋明理学的没落，清代一些著名学者掀起了历史上第一个真正研究荀学的高潮。

这一高潮发端于明末清初的傅山。傅山不但在其《霜红龛集》中对荀子思想有许多精到的散论，而且他还作了一部《荀子评注》[24]。该书最后的总评极为精彩，其发明有三：一是认为《荀子》“不全儒家者言”，“但少精挚处，则即与儒远，而近于法家，近于刑名家”，此说虽本于朱熹，但评价则截然相反。二是肯定荀子的《性恶篇》，“立义甚高”，一反自王充至宋人的定评。三是认为《荀子》书中的“‘伪’字本别有义，而为后世用以为诈伪，遂昧从人从为之义”，这是对朱熹说的激烈批评。

戴震最为得意的著作是《孟子字义疏证》。此书认为“性”是指“人物之本能”，“性之欲，自然之符”，这与荀子所谓“欲不可去”“性者，天之就也”的观点实际是一致的。所以，戴震尊孟而不贬荀，认为：“孔

子之后，异说纷起，能发明孔子之道者，孟子也；卓然异于老聃、庄周、告子而为圣人之徒者，荀子也。”㉕

有清一代真正对荀子进行了全面研究而又产生了较大影响的则是稍后于戴震的汪中。汪氏集前人关于荀子事迹考订之大成，写成《荀卿子通论》。他一反宋以来视荀子为异端的“道统心传”，从荀子对经学传授的贡献的角度，肯定荀子为儒学正统。他说：“荀卿之学，出于孔氏，而尤有功于诸经。”考证出《毛诗》《鲁诗》《左氏春秋》《穀梁春秋》都是荀子之传，《韩诗》是荀子之别子，《曲台之礼》是荀子之支与余裔。他认为：“六艺之传赖以不绝者，荀卿也。周公作之，孔子述之，荀卿子传之，其揆一也。”㉖其评价之高，实为汉人以来所罕有。

随着宋学的衰退、汉学的兴起，清人翻宋儒贬荀之案的人越来越多。其热点主要有二：一是折衷孟荀人性理论，认为“孟言性善，欲人之尽性而乐于善；荀言性恶，欲人之化性而勉于善：立言虽殊，其教人以善则一也”㉗。持此说的有徐养原、钱大昕、严可均、吴德璇等人。二是肯定荀子礼学对后世礼教的贡献，认为“荀氏言仁，必推本于礼”，“其与圣人节性防淫之旨，威仪定命之原，庶几近之”，“后人尊孟而抑荀，无乃自放于礼法之外乎”㉘。持此说者有凌廷堪、方宗诚、蒋彤等。此外像郝懿行、谢墉、王先谦等人，都对荀子作出了肯定的评价。

与这种重估荀子思想价值的思潮相呼应，清人在《荀子》的版本考订、文字校勘、词义训释等方面取得了超越前人的成绩，为以后荀子研究的深入奠定了良好的基础。其中像惠栋的《荀子征言》、谢墉的《荀子校》、卢文弨的《荀子笺校》、刘台拱的《荀子补注》、郝懿行的《荀子补注》、王念孙的《读荀子杂志》、朱骏声的《荀子校评》、俞樾的《荀子平议》和《荀子诗说》等，都是有功于后人之作。清末王先谦集诸家校注之大成的《荀子集解》一书，则是可与刘向校、杨倞注并称的杰作，至今仍为研《荀》者的案头必备之物。

十九世纪末，信奉今文经学的维新派为了打破汉学对学术的垄断而进行思想启蒙，以荀子为封建思想文化的代表而发动了一场“排荀”运动。这一运动由梁启超、夏曾佑、谭嗣同发起。谭嗣同在其所著《仁学》中认为：“二千年来之政，秦政也，皆大盗也；二千年来之学，荀学也，皆乡愿也。惟大盗利用乡愿，惟乡愿工媚大盗。”[29]梁启超指出：“二千年政治，既皆出荀子矣，而所谓学术者，不外汉学、宋学两大派，而实皆出于荀子，然则二千年来，只能谓为荀学世界，不能谓之为孔学世界也。”[30]夏曾佑不但集中抨击荀子的性恶论，而且还公开向孔子问罪。他指出，秦始皇及后来的历代统治者都是“本孔子专制之法，行荀子性恶之旨”[31]，这就为后来五四时期的反孔倡了先声。与维新派对荀子的猛烈抨击相反，属于古文经学派的民主革命家章太炎却对荀子思想大力褒扬。章太炎评荀并不以孔、孟的是非为是非，而是善于用历史发展的眼光来看待孔、孟、荀之间的同异。章太炎《訄书》的第一篇便是《尊荀》，他甚至写了批评孔子的《订孔》篇，说“荀卿学过孔子”。对于荀子的逻辑思想，章太炎是第一个作了深入研究的人，他认为荀子是战国“名家最得大体者”，“其正名也与墨子相扶持，有所言缘，先于西来桑门之书”[32]。即说荀子不但是名、辩逻辑思想的集大成者，而其学说还早于从西方传来的因明逻辑。

二十世纪二十年代至四十年代荀学研究有了长足的进步。除一些思想史或哲学史著作置荀子思想于显赫的位置外，还发表了大量的荀子专论和著作。这一时期荀学研究的特点有二：一是富于疑古精神，开展了对《荀子》书真伪的研究。胡适、梁启超、吕思勉、杨筠如、张西堂等先后提出了《荀子》部分有伪或大部分属伪的观点，这些论断虽然不免过头，但也加深了对《荀子》著作的理解。二是能系统地以近代西学来分析荀子思想，研究荀子思想的方法由“古典式”基本变为“现代式”。其中杜国庠“荀子的宇宙观（《天论篇》）在先秦诸子中，是最富于唯物主义的因素的”[33]，荀子不但“把礼的观念发展到几乎和法的概念一致的地步，而且他也谈法术，——有些见解，简直和法家的说法没有什么两样”等论述[34]，对后来的荀子研究产生了深刻的影响。

二十世纪五十年代以来大陆的荀子研究经历了曲折的历程。随着马克思主义理论在我国的普及，许多学者开始以哲学上两大阵营的分析方法和阶级斗争的观点来研究荀子，使荀学别开生面。一般而言，从五十年代到七十年代中期的“评法批儒”运动，人们对荀子的评价愈来愈高，人们认为荀子是我国战国时代最大的唯物主义哲学家，其本体论是唯物论，在认识论上他坚持唯物论的反映论，其方法论的核心是朴素的辩证观。在学派的归属上，荀子被视为与儒家对立的法家的代表人物，其政治观被视为“站在当时新兴势力一方面”，是“地主阶级的要求和愿望的反映”，其历史观是反对法先王，主张法后王。七十年代后期以来，人们对荀子的评价发生了较大的变化。一般来说，人们都不认为荀子是法家了，不再认为荀子反对法先王。一些人提出荀子所要维护的是周代的礼制，因此他是奴隶主阶级的代表，其政治观是反动的。他的本体论肇于客观唯心主义，终于主观唯心主义，即使偶尔有一点唯物主义，也消失在唯心主义的汪洋大海之中了。对于荀子的认识论，有人认为是唯心主义的先验论，有人认为他虽然坚持唯物论的反映论，但他把认识论混同于道德论，因而造成了严重的缺陷，结果把一些唯物主义反映论的光辉命题也给窒息了。对于荀子的方法论，有的认为荀子只承认认识论的反映论，不承认认识论的辩证论，他从唯物主义上偶然失足，跌入了形而上学的循环论；有的认为荀子的形而上学循环论不是从唯物主义上的偶然失足，而是与他的唯心主义形影相随，互为因果的。最近几年，人们多强调黄老思想、管仲学派、齐学对荀子的影响，甚至认为荀子是一个黄老思想家。

近六十年来，台湾研究荀子的著作也很多。他们的研究方法和大陆学界迥别，绝口不谈唯物、唯心之分，不谈荀子的阶级属性。一般都强调荀子是儒家而非法家，其学“大醇小疵”。认为其思想的核心是礼治主义，其基本原则是天生人成。由于荀子只显示客观精神，主体精神与绝对精神不显，所以其“礼义之统”失去了内在的价值，本源不透。此外，陈大齐认为孟子性善说与荀子性恶说“不但不相反对，且竟不妨认为大体上两相符顺，纵有不同之点，其不同亦甚微细”[35]；黄彰健、徐复观认为荀子“生之所以然者谓之性”，此性即理、即道之说[36]，都颇有特色。

以往的荀学研究虽然取得了很大的成绩，但也存在着不可忽视的问题。

第一是强荀以就我，为了自己的主观需要不惜歪曲荀子思想。这种现象以十九世纪末维新派的排荀和本世纪七十年代中期的评法批儒最为突出。维新派不满现实，主张变法，但又不敢公开向封建统治阶级及其意识形态的代表孔子宣战，只好站在今文学家的立场上，以荀子为替罪羊，作为两千年之学的代表。这是很不公正的。事实上荀子长期以来被目为异端，他的认知精神一直被排斥于传统文化的主流之外，怎能将封建专制之罪归之于他呢？评法批儒中某些人任意编造儒法斗争史，硬要将荀子的礼讲成是韩非的法，硬要讲荀子法后王的目的是为了反对法先王，硬要将荀子打扮成与孔子相对立的法家代表。尽管这不是真正的研究荀子，但事实上给荀子研究造成了极大的混乱。所以，要深入地研究荀子，必须要“以公心辨”，“不动乎众人之非誉，不治观者之耳目，不赂贵者之权势，不利传辟者之辞”（《正名》），不能因为一己之私利而违反实事求是的原则，搞庸俗的古为今用。

第二是执其一端，蔽于一曲。这种倾向表现在两个方面：一是评价荀子思想标准的简单化。过去是以孔孟之是非为是非；今天或是只谈两大阵营、阶级立场，或是闭口不谈。二是片面认识荀子的思想。朱熹看荀子，只看到性恶一点，就不及其余。这不仅对荀子整个思想缺乏认识，就是对荀子人性论的解析也是肤浅的。今天人们论荀子，有的说他是奴隶制度的维护者，其政治思想毫无可取之处；有的说他是新兴地主阶级利益的代表，其政治思想与孔孟一样，都重视人的内心道德自觉性的培养；有的说荀子是唯物主义者，有的说他是唯心主义者；有的说他是儒家，有的说他是法家，有的说他是黄老思想家。这些截然相反的观点都只看到了荀子思想的一面，忽视了荀子思想的复杂性。因此，皆非对荀子思想的真实反映。

第三是宏观的思想分析与微观的考证脱节。宋人抨击荀子性恶最烈，但疏于对其特有概念的辨析。朱熹将荀子"人之性恶，其善者伪也"之"伪"就理解成"虚伪""诈伪"，以此来批评荀子的"性伪之分"，就显得十分好笑。今人将荀子的"天人之分"说成是"天人相分"，一字之差，对荀子思想作出了迥然有别的解释，是严重违反荀子原意的。一般说来，今天搞文字训诂考证的，都极少深入地去钻研荀子思想；谈荀子思想义理的，都不太注意利用现有的考证成果，鲜有将考证与义理分析融为一体的论著。

第四是对荀子思想只作静态的平面分析，不注意对其思想的发展演变作动态的研究。荀子年寿高，跨越了战国的中期和末期两个阶段；游历广，足迹遍赵、燕、齐、楚、秦。其学以杂驳不纯著称，其思想不乏互相矛盾之处，这与他思想的变化是有关的。比如荀子对禅让说的不同态度，对子思学说的不同反映，对征收工商税的不同说法等等，这些都需要从其思想的变化上去加以认识，不然就会各执一端，得出矛盾的结论。人们之所以对荀子思想只作静态描述，鲜少作动态分析，原因就是在《荀子》各篇的断代上工作做得太少，分不清哪些是荀子哪一个时期的作品。因此，揭示《荀子》各篇的时代特征是认识荀子思想发展轨迹的一个迫切问题。

《荀子》的版本，现存最早之刻本为南宋浙北刻本，现藏于国家图书馆，有文物出版社 1974 年影印本。又有《古逸丛书》本，虽系清刻，但保存了原宋台州本之旧。还有明世德堂刊顾春辑《六子书》本，清文渊阁《四库全书》《荀子》写本即以此为据。清卢校谢刻本也很流行。世所公认，有清一代《荀子》整理、校释的集大成之作为王先谦《荀子集解》。本书《荀子》原文就一循王先谦《荀子集解》之旧，除根据体例，将繁体字改为简体字外，其他一概不动。有出入的，则在注释或旁批中加以说明。笔者的“解读”分为三个方面。一是注释：选择前贤今人的意见，加以编排整理，力图对《荀子》原文进行准确的诠释。这里反映的是学界已有的成果。根据本丛书凡例，无论古哲之言还是今贤之说，一律不称引其名。详细可参见书末的“主要参考文献”。但也有个别地方突破体例，属于修改时的临时行为，不足为法。为节省篇幅，一般不举例说明。难懂之处，作者也选择了一些用例以作补充。二是导读和篇末点评：既归纳了学界的意见，也有自己的一家之言。限于体例，一般没有一一道明出处。三是旁批：基本都是笔者的个人意见。有些是对《荀子》原文内容的概括和评论，但更多是对《荀子》原文考释和辨证。不一定正确，但代表了笔者最新的认识。限于篇幅，有些旁批以“廖按”的名义移入注释中，打破了体例，乃不得已而为之。本丛书有字数的限制，因此，《荀子》32 篇，笔者的解读只完成了 17 篇，尚缺 15 篇。这只好有待于来日了。

本书在写作中，参考王天海《荀子校释（上、下）》甚多。修订中，又得萧旭惠寄《〈荀子〉校补（上、中、下）》，采纳不少。特此表示感谢。

① 见《史记·孟子荀卿列传》《韩非列传》《李斯列传》《春申君列传》《儒林列传》等。

② 《荀子》一书称荀子为“孙子”或“孙卿子”共有十八处之多，分见《儒效》《议兵》《尧问》《强兵》等篇，唯《强国》有“荀卿子见齐相曰”一句“孙”作“荀”。孙诒让《札迻》云：“以全书文例之，荀当为孙。”其说是。其实

此 7 字元本无，是清人据宋本补入的。

③ 顾炎武《日知录》卷二十七、谢墉《荀子笺释序》、江瑔《读子卮言》皆有论述，可参。

④ 韩非子语见《韩非子·难三》，李斯语见《史记·李斯列传》所引李斯语“吾闻之荀卿曰”。

⑤ 如清人卢文弨认为：“《史记》亦作‘年五十’，误。当从《风俗通》作‘年十五’。晁公武《读书志》所引亦同。”（《荀子（附校勘补遗）》第 659 页，《丛书集成》初编，北京：中华书局，1985 年）钱穆《先秦诸子系年考辨》第 103 条为《荀卿年十五之齐考》，也以《风俗通》“年十五”之说为是，“疑今作五十者皆误倒”（第 333—335 页，北京：中华书局，1985 年）。

⑥ 梁启雄：《荀子简释》，第 419 页，北京：中华书局，1983 年。

⑦ 刘向：《孙卿书叙录》，见王先谦：《荀子集解》卷二十，第 366 页，《诸子集成》本，上海：中华书局，1954 年。

⑧ 夏甄陶：《论荀子的哲学思想》，第 28 页，上海：上海人民出版社，1978 年。

⑨ 事详见《战国策·赵策一》《史记·赵世家》。

⑩ 梁启超：《荀卿及〈荀子〉》，见《古史辨》第四册，第 108 页，上海：上海古籍出版社，1982 年。

⑪ 刘向：《孙卿书叙录》，见王先谦：《荀子集解》卷二十，第 365 页，《诸子集成》本，上海：中华书局，1954 年。

⑫ 杨倞：《荀子序》，见王先谦：《荀子集解》卷首第 2 页，《诸子集成》本，上海：中华书局，1954 年。

⑬ 顾千里认为“人”当作“天”，其说是。

⑭ 陈国庆：《汉书艺文志注释汇编》，第 112 页，北京：中华书局，1983 年。

⑮ 刘向：《孙卿书叙录》，见王先谦：《荀子集解》卷二十，第 364—367 页，《诸子集成》本，上海：中华书局，1954 年。

⑯ 杨倞：《荀子序》，见王先谦：《荀子集解》卷首第 2 页，《诸子集成》本，上海：中华书局，1954 年。

⑰ 文渊阁《四库全书》集部别集类汉至五代《五百家注昌黎文集》卷十一。

⑱ 王孝鱼点校本：《二程集》卷十九，第 262 页，北京：中华书局，1981 年。

⑲ 文渊阁《四库全书》子部儒家类《朱子语类》卷一三七。

⑳ 文渊阁《四库全书》集部别集类北宋建隆至靖康《东坡全集》卷四十三。

㉑ 文渊阁《四库全书》子部儒家类《朱子语类》卷一三七。

㉒《李贽文集》第二卷《藏书》上，第 597 页，北京：社会科学文献出版社，2000 年。

㉓ 余廷灿:《荀氏书后》,《存吾文稿》卷二,上海图书馆藏清咸丰五年云香书屋刻本。

㉔ 《傅山〈荀子〉〈淮南子〉评注手稿》,上海:上海古籍出版社,1990 年。

㉕ 《戴震集》第 406 页,上海:上海古籍出版社,1980 年。

㉖ 王先谦:《荀子集解·考证下》,《诸子集成》本,上海:中华书局,1954 年。

㉗ 钱大昕:《跋荀子》,见王先谦《荀子集解·考证上》。

㉘ 凌廷堪:《荀卿颂》,《校礼堂文集》卷十,第 77 页,北京:中华书局,1998 年。

㉙ 《谭嗣同全集》,第 54 页,北京:生活·读书·新知三联书店,1954 年。

㉚ 梁启超:《饮冰室合集·文集》之二,第 57 页,上海:中华书局,1936 年。

㉛ 夏曾佑:《中国古代史》,第 254 页,石家庄:河北教育出版社,2000 年。

㉜ 章太炎:《检论·订孔下》《章太炎全集》(三)第 432 页,上海:上海人民出版社,2018 年。

㉝ 杜国庠:《先秦诸子思想概要》,见《杜国庠文集》第 39 页,北京:人民出版社,1962 年。

㉞ 杜国庠:《中国古代由礼到法的思想变迁》,《杜国庠文集》第 201 页。

㉟ 陈大齐:《浅见集》第 243 页,台北:中华书局,1968 年。

㊱ 黄彰健说见氏著《孟子性论之研究》,台湾《"中央研究院"历史语言研究所集刊》第 26 本第 261 页,台北:精华印书馆,1955 年;徐复观说见氏著《中国人性论史·先秦篇》,第 232 页,台北:商务印书馆,1969 年。

荀子

劝学篇第一

君子曰：学不可以已[1]。青[2]，取之于蓝而青于蓝[3]；冰，水为之而寒于水。木直中绳[4]，輮以为轮[5]，其曲中规，虽有槁暴[6]，不复挺者，輮使之然也。故木受绳则直，金就砺则利[7]，君子博学而日参省乎己[8]，则知明而行无过矣[9]。

［注释］

[1] 君子曰：《史记·三王世家》引作“传曰”。已：终止，停止。 [2] 青：靛（diàn）青，蓝色染料。 [3] 蓝：即蓼（liǎo）蓝，其叶可提制成蓝色染料靛青。 [4] 中（zhòng）：符合。绳：

恒：疑当读作“极”，太、极其。《史记·高祖本纪》：“高祖曰：‘丰吾所生长，极不忘耳！’”

靖：恭敬、谨慎。《管子·大匡》：“士处靖，敬老与贵，交不失礼。”尹知章注：“靖，卑敬貌。”《诗·小雅·小明》：“靖共尔位，正直是与。”高亨注：“靖，犹敬也。”

神：贵重、珍贵。《尔雅·释诂下》：“神，重也。”《荀子·非相》：“宝之珍之，贵之神之。”《论衡·自纪》：“玉少石多，多者不为珍；龙少鱼众，少者固为神。”《抱朴子·外篇·尚博》：“世俗率神贵古昔而黩贱同时，虽有追风之骏，犹谓之不及造父之所御也。”

木工用以测定直线的墨线。 [5] 輮（róu）：通“煣”，用火烘烤木条使其弯曲。 [6] 槁（gǎo）：枯。暴（pù）：古“曝”字，晒干。 [7] 砺：磨刀石。 [8] 参：参验、检验。省（xǐng）：反省、检查。 [9] 知：通“智”，见识。

故不登高山，不知天之高也；不临深溪，不知地之厚也；不闻先王之遗言，不知学问之大也。干、越、夷、貉之子[1]，生而同声，长而异俗，教使之然也。《诗》曰：“嗟尔君子[2]，无恒安息。靖共尔位，好是正直。神之听之，介尔景福。”神莫大于化道[3]，福莫长于无祸。

[注释]

[1]“干（hán）、越、夷、貉之子”以下四句：干，通“邗”，春秋时国名，后为吴国所灭，此处指代吴国。夷，古代汉族对居住在东方的少数民族的蔑称。貉（mò），通“貊”，古代汉族对居住在东北方的少数民族的蔑称。郭店楚简《性自命出》简九：“四海之内，其性弌也，其用心各异，教使然也。”意思相近。 [2]“嗟尔君子”以下六句：君子啊，不能太安逸了！恭敬、谨慎地对待你们的职位，在德行上表现优良，神知道了这些，才会赐予你大福。引诗见《诗·小雅·小明》。共，通“恭”。好，善，爱好。介，通“匄”，赐予。景，大。 [3] 化道：受道的教化，彻悟于道。

吾尝终日而思矣，不如须臾之所学也[1]；吾尝跂而望矣[2]，不如登高之博见也。登高而招，臂非加长也，而见者远；顺风而呼，声非加疾也，而闻者彰。假舆马者[3]，非利足也，而致千里；假舟楫者[4]，非能水也，而绝江河[5]。君子生非异也[6]，善假于物也。

生：《大戴礼记·劝学》篇作“性”。一般注家都解“生”为本性。其实，从上文“臂非加长”“声非加疾”“非利足”“非能水”来看，“君子生非异也”之“生（性）”，应是指身。荀子是说，君子的身体条件和平常人并没有两样，他们之所以能够“致千里”“绝江河”，只不过是善于借助外物罢了。

［注释］

[1] 须臾：片刻，一会儿。 [2] 跂（qǐ）：通“企”，踮起脚跟。 [3] 假：凭借。舆：车。 [4] 楫（jí）：船桨。 [5] 绝：断，此指横渡、穿越。 [6] 生：犹身，指天生的身体条件。

南方有鸟焉，名曰蒙鸠[1]，以羽为巢而编之以发，系之苇苕[2]，风至苕折，卵破子死。巢非不完也，所系者然也。西方有木焉，名曰射干[3]，茎长四寸，生于高山之上而临百仞之渊[4]。木茎非能长也，所立者然也。蓬生麻中，不扶而直。白沙在涅[5]，与之俱黑。兰槐之根是为芷[6]，其渐之滫[7]，君子不近，庶人不服。其质非不美也，所渐者然也。故君子居必择乡，游必就士，所以防邪僻而近中正也。

［注释］

[1] 蒙鸠：即鹪鹩（jiāo liáo），鸟名，形小，羽毛赤褐色，略

身：疑“射”之讹文，而“射”当读为“序”，“射”古音为铎部船母，“序”为鱼部邪母，音近通用。《孟子·滕文公上》：“序者，射也。”因此，“忘身”当作“忘序”，指忘记次序，忽视规矩。

柱：通“斲”，砍斲。“强自取柱”二句与郭店简《性自命出》篇“刚之梪也，刚取之也。柔之约，柔取之也”、《语丛三》“彊之尌也，彊取之也”义近，是说坚硬则自招致被用于砍斲，柔软则自招致被用于捆缚。详见廖名春：《〈荀子·劝学〉篇“强自取柱”说新释》（《邯郸学院学报》2015年第2期）。

慎：同“珍”，珍重、慎重、重视。

有黑褐色斑点，常取茅苇毛毳为巢。　[2] 苕（tiáo）：本作“芀”，芦苇的花。　[3] 射（yè）干：又名乌扇，一种草本植物，茎细长。因形似树木，故此处称其为“木”。　[4] 仞：古代长度单位。七尺为一仞。　[5] 白沙在涅，与之俱黑：此八字宋本原无，王先谦《集解》据唐代孔颖达《尚书正义·洪范》篇引补。涅，黑土。　[6] 兰槐：即白芷（zhǐ），香草名。花为白色，气味香。古人称其苗为“兰”，根为“芷”。　[7] 其渐（jiān）之滫（xiǔ）：如果将它浸泡在臭水里。其，假如。渐，浸泡。之，介词，相当于“于”。滫，臭汁。

物类之起，必有所始。荣辱之来，必象其德。肉腐出虫，鱼枯生蠹[1]。怠慢忘身[2]，祸灾乃作。强自取柱，柔自取束[3]。邪秽在身，怨之所构[4]。施薪若一，火就燥也；平地若一，水就湿也。草木畴生[5]，禽兽群焉，物各从其类也。是故质的张而弓矢至焉[6]，林木茂而斧斤至焉[7]，树成荫而众鸟息焉，醯酸而蚋聚焉[8]。故言有召祸也，行有招辱也，君子慎其所立乎[9]！

[注释]

[1] 鱼枯生蠹：“鱼”当作“木”。　[2] 忘身：一般解为置生死于度外。　[3] 取：招致。束：约束、捆缚。　[4] 构：建立，造成。　[5] 畴：通“俦”，种类众多。　[6] 质：指箭靶。的（dì）：指箭靶中心。　[7] 斤：斧子。　[8] 醯（xī）：醋。蚋（ruì）：飞虫名，体小。　[9] 慎：一般解为谨慎、小心。

积土成山，风雨兴焉；积水成渊，蛟龙生焉；积善成德，而神明自得[1]，圣心备焉。故不积跬步[2]，无以至千里；不积小流，无以成江海。骐骥一跃[3]，不能十步[4]；驽马十驾[5]，功在不舍。锲而舍之[6]，朽木不折；锲而不舍，金石可镂[7]。螾无爪牙之利[8]、筋骨之强，上食埃土，下饮黄泉，用心一也。蟹八跪而二螯[9]，非蛇蟺之穴无可寄托者[10]，用心躁也。是故无冥冥之志者[11]，无昭昭之明[12]；无惛惛之事者，无赫赫之功。行衢道者不至[13]，事两君者不容。目不能两视而明，耳不能两听而聪。螣蛇无足而飞[14]，鼫鼠五技而穷[15]。《诗》曰："尸鸠在桑[16]，其子七兮。淑人君子，其仪一兮。其仪一兮，心如结兮。"故君子结于一也。

折：《大戴礼记》作"知"，当系借字。

[注释]

[1] 神明：神妙的智慧。 [2] 跬（kuǐ）步：半步，跨一脚。 [3] 骐骥：骏马，传说能日行千里。 [4] 步：古长度单位，周代以八尺为步。 [5] 十驾：指十天的行程。驾，早上套上马，晚上卸下，故以一日所行为一驾。 [6] 锲：用刀刻。 [7] 镂：雕刻出来。 [8] 螾（yǐn）：蚯蚓，后作"蚓"。 [9] 八：原作"六"。蟹有八条腿而非六条腿，故"六"当为"八"之误。跪：足。螯：

螃蟹等节肢动物身前的大爪，形如钳。[10]蟺（shàn）：同“鳝”，即鳝鱼。[11]冥冥：昏暗不明的样子，比喻埋头苦干。下文“惛（hūn）惛”同此意。[12]昭昭：显著，此形容光辉夺目。明：荣耀。[13]衢道：歧路，岔路。[14]螣（téng）蛇：传说中的一种能飞的神蛇。[15]鼫（shí）鼠五技而穷：鼫鼠能飞但不能飞上屋顶，能爬树但不能爬至树梢，能游泳但不能渡过山谷，能挖洞但不能藏身，能奔跑但不能追上人，故而说它“五技而穷”。鼫鼠，原作“梧鼠”，据《大戴礼记・劝学》改。[16]“尸鸠在桑”以下六句：布谷鸟居于桑树之上，要操心的小鸟有很多。善人君子则当专心致志，意志才能坚定。见《诗・曹风・鸤鸠》。七，虚数，多。仪，通“义”，精神、思想。结，凝聚，比喻专心致志。

昔者瓠巴鼓瑟而流鱼出听[1]，伯牙鼓琴而六马仰秣[2]。故声无小而不闻，行无隐而不形；玉在山而草木润，渊生珠而崖不枯[3]。为善不积邪，安有不闻者乎？

［注释］

[1]瓠（hù）巴：传说中善于弹瑟之人。流：据《大戴礼记・劝学》，当作“沈”。“沈”同“沉”。[2]伯牙：春秋时精于琴艺的人。六马：《公羊传》说“天子驾六”，故以“六马”指代天子驾车之马。仰秣：马听见美妙的音乐，竟反常地昂起头吃饲料。一说，谓马仰头而笑，见于《淮南子・说山》高诱注：“仰秣，仰头吹吐，谓马笑也。”[3]崖：岸。枯：枯败。

学恶乎始？恶乎终？曰：其数则始乎诵经[1]，终乎读《礼》[2]；其义则始乎为士，终乎为圣人。真积力久则入，学至乎没而后止也。故学数有终，若其义则不可须臾舍也。为之，人也；舍之，禽兽也。故《书》者，政事之纪也；《诗》者，中声之所止也[3]；《礼》者，法之大分、类之纲纪也[4]。故学至乎《礼》而止矣。夫是之谓道德之极[5]。《礼》之敬文也[6]，《乐》之中和也[7]，《诗》《书》之博也，《春秋》之微也[8]，在天地之间者毕矣。

道德：犹“德道”，当读为“得道”。《荀子·解蔽》：“德道之人，乱国之君非之上，乱家之人非之下，岂不哀哉！”王念孙《读书杂志·荀子七》：“德道，即得道也。”得道：知晓事理，这里指学习。

［注释］

[1] 数：指学习的顺序、次序。《逸周书·大聚》：“复亡解辱，削赦轻重，皆有数。”朱右曾校释：“数，等差也。”下文“学数有终”中的“数”意同于此。 [2] 读：抽绎理解书的意义，意思接近于“明”。 [3] 中声：中和之声。止：极致。 [4] 大分（fēn）：要领，总纲。类：与“法”（规范）同义，但它与“法”字相对使用时，则指法的类属，即依规范类推出来的具体准则。 [5] 极：极致。 [6] 敬文：注重礼节、仪式。文，文饰，引申为礼仪制度，如表示等级制度的车制、服饰等。 [7] 中和：中正平和。 [8] 微：微言大义，对人事褒贬的暗喻。

君子之学也，入乎耳，箸乎心[1]，布乎四体[2]，形乎动静。端而言[3]，蠕而动[4]，一可以为法则[5]。小人之学也[6]，入乎耳，出乎口。口耳之间则四寸耳，曷足以美七尺之躯哉！

"端而言"以下三句也见于《臣道篇》，文字稍有出入。

[注释]

[1] 箸（zhù）：通"贮"，储存。 [2] 布：分布。四体：四肢。 [3] 端（chuǎn）：通"喘"，呼吸，形容言语之短。 [4] 蠕：微动。 [5] 一：全，皆。 [6]"小人之学也"以下几句：是说"小人之学""入乎耳，出乎口"，不"箸乎心"，很快就没了，一点好东西也不留存，不足以修身，不能够将"七尺之躯"完善、修美。人身长约当古尺七尺，故称"七尺之躯"。

古之学者为己[1]，今之学者为人[2]。君子之学也，以美其身；小人之学也，以为禽犊[3]。故不问而告谓之傲[4]，问一而告二谓之囋[5]。傲，非也；囋，非也。君子如向矣[6]。

"古之学者为己，今之学者为人"二句亦见于《论语·宪问》篇，为孔子语。

[注释]

[1] 为己：指为自己修身。 [2] 为人：指为装饰自己给别人看。 [3] 禽犊：禽和犊，家禽和小牛。古代用作馈赠的礼品，因以喻干禄进身之物，犹今之所谓"敲门砖"。 [4] 傲：躁，急躁。 [5] 囋（zá）：唠叨。 [6] 向：据宋浙本，当作"响"，回声。

学莫便乎近其人。《礼》《乐》法而不说[1]，

《诗》《书》故而不切[2]，《春秋》约而不速[3]。方其人之习君子之说[4]，则尊以遍矣[5]，周于世矣[6]。故曰学莫便乎近其人。

尊：通"全"，纯粹，精当。《荀子·劝学》："知夫不全不粹之不足以为美也。"于省吾《新证》："'全'应读作'纯'……《淮南子·时则》'视肥臞全粹'，全粹即纯粹。"按下文"全之尽之"，"尽"犹"遍"，"全"犹"尊"。

[注释]

[1] 法而不说：有法度而没有好的解说。 [2] 故而不切：有旧事而不切合现实。 [3] 约而不速：文简辞约而不详细，理解不易。速，通"数"，繁数、琐碎。于省吾《双剑誃诸子新证·荀子一》："速、数音近字通……然则《春秋》约而不数，谓简约而不繁数。盖《春秋》义法谨严，而文辞简核也。" [4] 方其人：以其人为准则。方，法度、准则。《诗·大雅·皇矣》："万邦之方，下民之王。"毛传："方，则也。"之：而。 [5] 尊：一般以为崇高。以：而。 [6] 周：通晓。

学之经莫速乎好其人[1]，隆礼次之。上不能好其人，下不能隆礼，安特将学杂识志[2]，顺《诗》《书》而已耳[3]，则末世穷年不免为陋儒而已。将原先王，本仁义，则礼正其经纬蹊径也[4]。若挈裘领[5]，诎五指而顿之[6]，顺者不可胜数也。不道礼宪[7]，以《诗》《书》为之，譬之犹以指测河也、以戈舂黍也、以锥飡壶也[8]，不可以得之矣。故隆礼，虽未明，法士也[9]；不隆礼，虽察辩，散儒也[10]。

《君道篇》："法不能独立，类不能自行，得其人则存，失其人则亡。法者，治之端也；君子者，法之原也"，所以说"学之经莫速乎好其人，隆礼次之"。

[注释]

[1] 经：通“径”。捷径。 [2] 安：连词，相当于“而”。特：仅。将：能。识：依王引之说，“识”字疑为衍文，“志”为古“识”字，两字并出，语义重复。 [3] 顺：读为“训”。顺《诗》《书》：以《诗》《书》为训，称引《诗》《书》。 [4] 经纬蹊径：四通八达的途径。经纬，南北道为“经”，东西路为“纬”。此形容道路四通八达的样子。蹊径，门径，路子。 [5] 挈：举也。 [6] 诎：通“屈”，弯曲。顿：上下抖动使之整齐。 [7] 道：遵行，实行。礼宪：礼法。 [8] 以指测河：用手指测量河水的深浅。以戈舂黍：用戈去舂黍米。以锥飡壶：用锥子到壶里取东西吃。飡，“飧”的俗字，同“餐”。 [9] 法士：有方之士，有法度之士，遵守礼法之士。 [10] 散儒：无方之士，不遵礼法、不自检束的儒生。

《周易·蒙》：“匪我求童蒙，童蒙求我。”《礼记·曲礼上》：“礼闻来学，不闻往教。”都是讲的这一道理。

身：疑“射”之讹文，而“射”当读为“序”。说见上。“谨顺其身”，《韩诗外传》卷四作“言谨其序”，“身”正作“序”。由此可知，“谨顺其身”当作“谨慎其序”，指谨慎小心，严格遵守次序、遵守规矩。

问楛者勿告也[1]，告楛者勿问也，说楛者勿听也，有争气者勿与辩也[2]。故必由其道至，然后接之，非其道则避之。故礼恭而后可与言道之方[3]，辞顺而后可与言道之理[4]，色从而后可与言道之致[5]。故未可与言而言谓之傲[6]，可与言而不言谓之隐[7]，不观气色而言谓之瞽[8]。故君子不傲、不隐、不瞽，谨顺其身[9]。《诗》曰：“匪交匪舒，天子所予[10]。”此之谓也。

[注释]

[1] 楛（kǔ）：器物粗劣不坚，引申为恶劣，不正当。 [2] 争气：意气相争，态度蛮横。 [3] 方：原则。 [4] 顺：和顺，和善温顺。 [5] 从：顺从。致：极致。 [6] 傲：急躁。 [7] 隐：隐讳，隐瞒。 [8] 瞽：目失明，眼瞎。 [9] 顺：读为"慎"，小心。 [10] 匪交匪舒，天子所予：不要急躁，不要怠慢，才能得到天子的赞许。见于《诗·小雅·采菽》。匪，通"非"，不。交，通"绞"，急切。《论语·阳货》："好直不好学，其蔽也绞。"邢昺疏："绞，切也。"《左传·昭公元年》："叔孙绞而婉。"杜预注："绞，切也。"予，赞许。

百发失一，不足谓善射；千里跬步不至，不足谓善御[1]；伦类不通[2]，仁义不一[3]，不足谓善学。学也者，固学一之也[4]。一出焉，一入焉，涂巷之人也[5]。其善者少，不善者多，桀、纣、盗跖也[6]。全之尽之[7]，然后学者也。

[注释]

[1] 御：驾驭车马。 [2] 伦类：事物之条理次序。伦，理。类，法，规范。 [3] 仁义不一：不专一于仁义。一，专一。 [4] 固学一之：本来就要一心一意地学。固，本来。一，专一。 [5] 涂巷之人：市井中的普通人。涂，通"途"。 [6] 桀：夏代最后一个君主，名履癸。暴君的代表。纣：商代最后一个君主。一作受，亦称帝辛。暴君的典型。盗跖（zhí）：传说中的大盗。 [7] 全：纯粹。

君子知夫不全不粹之不足以为美也，故诵数以贯之[1]，思索以通之，为其人以处之[2]，除其害者以持养之。使目非是无欲见也，使耳非是无欲闻也，使口非是无欲言也，使心非是无欲虑也。及至其致[3]，好之也，目好之五色，耳好之五声，口好之五味，心利之有天下。是故权利不能倾也[4]，群众不能移也[5]，天下不能荡也[6]。生乎由是[7]，死乎由是，夫是之谓德操[8]。德操然后能定，能定然后能应[9]。能定能应，夫是之谓成人[10]。天见其明，地见其光[11]，君子贵其全也[12]。

《大学》称“止于至善”，意思与此同。

[注释]

[1] 诵数：反复诵读。数，数说。 [2] 为其人以处之：做纯粹的人来实践之。 [3]“及至其致”以下六句：到其极致，喜好正确的，就好像眼睛喜爱五色，耳朵喜欢五音，嘴巴喜欢五味，心里贪图拥有天下一样。致，极致，极点。之，代是。利，贪爱，喜好。 [4] 权利：权势利禄。倾：倾倒。 [5] 群众：人多势众。移：使之移，使之变心。 [6] 荡：使之动摇。 [7] 乎：语气词，表停顿。是：此指真理。 [8] 德操：有德而能操持。 [9] 应：应对。 [10] 成人：完人，德才兼备的人。 [11] 天见（xiàn）其明，地见其光：天以其明现，地以其广现。见，同“现”。光，通“广”。 [12] 君子贵其全：君子以其德行的纯粹而可贵。全，纯粹。

[点评]

本篇作为《荀子》一书的开篇，详尽阐述了为什么要学习及如何学习的问题。

荀子提出“学不可以已”，借助“青，取之于蓝而青于蓝”的比喻告诫人们，学无止境，通过学习，后来者可以居上。他希望人们像君子那样广博地学习，要能“善假于物”。而学习环境极其重要，要择乡就士、慎其所学、专心致志。荀子认为知识和能力并非天生，需要后天的学习和积累。学习是一个人生不断塑造和提升的过程。荀子所谓“学”不仅是知识的积累，更是德行的培养。学的对象和步骤应“始乎诵经，终乎读礼”；学习的宗旨与方向“始乎为士，终乎为圣人”。荀子又区分了“君子之学”与“小人之学”，“小人之学”仅为了装饰自己，“君子之学”目的在于提升自我涵养。荀子也反对死读经书，认为好的治学途径在于“好其人”和“隆礼”。而教育者也应注意方法，要“不傲、不隐、不瞽，谨顺其身”。只有经过不断地学习，掌握学习方法，培养良好的学习习惯和道德情操，才能成为理想的完人——“成人”。

孔子强调学、思并重，因而有“学而不思则罔，思而不学则殆”(《论语·为政》)说。但后来儒学的发展，却出现了分岔：有的重思，强调内求，主张以思致圣，著名者莫过孟子。如果出土的《五行》篇代表了子思的思想的话，这种思想至少当追溯到子思。这就是所谓“思孟学派”的特色。

而荀子则明显不同，他突出地强调“学”，反对“思而不学”，说“吾尝终日而思矣，不如须臾之所学也”。

“学”不仅是简单地高于“思”，而且是君子的区别性特征。“君子生非异也，善假于物也”，君子与一般人的区别，不在于先天的身体条件的不同，而在于“善假于物”，也就是“学”。如此重学、“劝学”，与“思孟学派”同归而殊途，称是以学致圣，良有以也。

荀子主张以学致圣，是其人性学说的逻辑发展。思孟之所以主张以思致圣，是认为人性本善，良心天生，道德的根源不能从外部去寻找，必须返回到生命的内部，因此把反身的思看作是确立道德生命的根本途径。而荀子认为人性无善却有恶，无所谓“本心”或者“良心”，因此“思而不学”走不通。要从自然人成为“君子”或“成人”，只能“起伪”，也就是“学”。“学”有学好的可能，也有学坏的可能。荀子为什么对“学”如此乐观？是因为他坚信“凡以知，人之性也”（《荀子·解蔽》）。人不但有天生的恶性，也有天生的“知（智）”性。有天生的“知（智）”性，不但能“学”，更能学好。不但能“善假于物”，更能“德操”，有德而能操持。这种天生的“知（智）”性，虽然不是一种现实的“善”，却是一种走向“善”的可能，是一种隐性的趋势。这就是荀子乐观于“学”而“劝学”的原因。

儒家以教育起家，因而有重学、劝学的传统。《论语》开篇为《学而》，首章说“学而时习之，不亦说乎”，是劝学的滥觞。《大戴礼记》中也有《劝学》，应当是《荀子·劝学篇》的节选。较荀子稍早的尸佼《尸子》第一篇也为《劝学》，其以宝剑磨砺才锋利来比喻学习的重要性，旨意与《荀子·劝学》相近。《吕氏春秋》也有

《劝学篇》，应是吕不韦取儒家之成说。西汉贾谊《新书》有《劝学》，较为简单。东汉王符《潜夫论》有《赞学》，赞，进也，亦劝励之意。东晋葛洪《抱朴子·外篇》有《勖学》，"勖"为勉励之意。南北朝时北齐颜之推撰《勉学》篇，作为家训传于子孙。《勉学》《勖学》《赞学》，主题都是"劝学"，都是效法荀子之作。这些作品中，比较起来，影响最大、阐发为学之理最为深刻的还是《荀子·劝学篇》。

修身篇第二

修然：欣赏的样子。修，美。

此说与苏格拉底的“我爱吾师，我更爱智慧”、亚里士多德的“吾爱吾师，吾尤爱真理”相近。

见善，修然必以自存也[1]；见不善，愀然必以自省也[2]。善在身，介然必以自好也[3]；不善在身，菑然必以自恶也[4]。故非我而当者，吾师也；是我而当者，吾友也；谄谀我者，吾贼也。故君子隆师而亲友，以致恶其贼[5]。好善无厌，受谏而能诫，虽欲无进，得乎哉！小人反是，致乱而恶人之非己也，致不肖而欲人之贤己也，心如虎狼、行如禽兽而又恶人之贼己也。谄谀者亲，谏争者疏[6]，修正为笑[7]，至忠为贼[8]，虽欲无灭亡，得乎哉！《诗》曰：“噏噏呰呰[9]，亦孔之哀。谋之其臧，则具是违；谋之不臧，则具是依。”此之谓也。

[注释]

[1] 以：用以。自存：自察，自思。[2] 愀（qiǎo）然：忧戚的样子。[3] 介然：意志坚定的样子。[4] 菑（zāi）：通“灾”。菑然，当作灾祸一样。[5] 致：同“至”，极。下同。[6] 争：同“诤”。世德堂本即作“诤”。[7] 修正：遵循正道。修，“循”字之讹。循，遵循。[8] 至忠：行事尽忠。至，犹达，行。[9]“噏（xī）噏呰（zǐ）呰”以下六句：众口附和乱诋毁，实在令人很可悲。谋划完美的，偏偏都要违背它；谋划不好的，反而都依照它。见于《诗·小雅·小旻》。噏噏，形容众口附合的样子。呰呰，通“訾訾”，相诋毁。孔，甚，很。臧，善。

扁善之度[1]，以治气养生则后彭祖[2]，以修身自名则配尧、禹[3]。宜于时通，利以处穷，礼信是也[4]。凡用血气、志意、知虑，由礼则治通，不由礼则勃乱提僈[5]；食饮、衣服、居处、动静，由礼则和节[6]，不由礼则触陷生疾；容貌、态度、进退、趋行[7]，由礼则雅，不由礼则夷固僻违[8]，庸众而野[9]。故人无礼则不生[10]，事无礼则不成，国家无礼则不宁[11]。《诗》曰：“礼仪卒度，笑语卒获[12]。”此之谓也。

扁：通“辨”，治、求。

名：通“明”，强盛、旺盛。自明：自我强盛。《韩诗外传》卷一作“自强”，同义换读。《左传·哀公十六年》：“与不仁人争明，无不胜。”王引之《经义述闻·左传下》：“明，犹强也。”《管子·宙合》：“功大而伐，业明而不矜。”俞樾《诸子平议·管子一》：“谓业盛而不矜也。”《荀子·议兵》：“故仁人用，国日明。”《淮南子·说林》：“长而愈明。”高诱注：“明，犹盛也。”

时：疑当读为“待”，居。

陷：通“险”。触险：触犯禁忌。

[注释]

[1] 扁善之度：《韩诗外传》卷一作“君子有辩善之度”。 [2] 后：继踵其后。彭祖：传说活了八百岁的上古人物。 [3] 配：与……相并列、相媲美。 [4] 信：真，确实。 [5] 血气：血液和气息，此指感情。志意：意志。知：通“智”。智虑：思虑。治：平顺、和顺。勃：通“悖”。提僈：从萧旭说读为“夷僈”，犹言倨慢，也就是傲慢。 [6] 和节：协调，合适。 [7] 趋行：行步、走路。趋，同“趍”。《韩诗外传》卷一作“移步”。“移步”即“趋步”之讹。 [8] 夷固：倨傲愚陋。僻违：乖僻不合，怪异不好合作。 [9] 庸众：庸俗。 [10] 生：成活、生存。 [11] 国家：封邦家邑。 [12] 礼仪卒度，笑语卒获：礼仪都要合法度，言笑都要守规矩。见于《诗·小雅·楚茨》。卒，尽，都。获，通“矱”，规矩。

以善先人者谓之教[1]，以善和人者谓之顺；以不善先人者谓之谄，以不善和人者谓之谀。是是、非非谓之知[2]，非是、是非谓之愚。伤良曰谗，害良曰贼。是谓是、非谓非曰直。窃货曰盗，匿行曰诈，易言曰诞[3]，趣舍无定谓之无常[4]，保利弃义谓之至贼。多闻曰博，少闻曰浅；多见曰闲[5]，少见曰陋。难进曰偍[6]，易忘曰漏。少而理曰治，多而乱曰秏[7]。

保：通“宝”，以……为宝，看重。

[注释]

[1] 先：引导。 [2] 知：通“智”。 [3] 易：轻易。诞：言论

虚妄夸诞，说大话。 [4]趣舍：又作“取舍”，举止、行为，引申为好恶。 [5]闲：空阔宽大，此处指见识广博。 [6]偍（tí）：通“踶”，踶蹰、徘徊不前。 [7]秏（mào）：通“眊”，昏昧不明，昏乱。

治气养心之术：血气刚强，则柔之以调和[1]；知虑渐深[2]，则一之以易良[3]；勇胆猛戾[4]，则辅之以道顺；齐给便利[5]，则节之以动止[6]；狭隘褊小，则廓之以广大[7]；卑湿重迟贪利[8]，则抗之以高志[9]；庸众驽散[10]，则刦之以师友[11]；怠慢僄弃[12]，则炤之以祸灾[13]；愚款端悫[14]，则合之以礼乐，通之以思索。凡治气养心之术，莫径由礼，莫要得师，莫神一好[15]。夫是之谓治气养心之术也。

［注释］

[1]调和：折中，中和。 [2]知：通“智”。慚：通“潜”，《韩诗外传》正作“潜”。潜深：幽深隐蔽。 [3]一：齐，同化。易良：坦率善良。 [4]勇胆：勇敢有胆量。“胆”，《韩诗外传》卷二作“毅”。猛戾：凶猛暴戾。 [5]齐（jì）给：敏捷。齐，通“齌”。便利：敏捷、灵活。 [6]动止：动之止，也就是止动，犹如静止。 [7]廓：扩张、开拓。 [8]卑湿：卑下。 [9]抗：匡救。 [10]庸众驽散：庸俗平凡，才智低而又散漫。 [11]刦：同“劫”，威逼，胁迫，引申为管教。 [12]僄（piào）弃：看轻自己、自暴自弃。僄，

道顺：疑当读作“韬逊”，宽容退让。韬：包容。《庄子·天地》：“君子明于此十者，则韬乎其事，心之大也。”郭象注：“心大，故事无不容也。”成玄英疏：“韬，包容也。君子贤人，肆于已前十事，则能包容物务，心性宽大也。”《三国志·魏书·管宁传》：“韬古今于胸怀，包道德之机要。”《广雅·释诂三》：“韬，宽也。”《南史·梁纪下·元帝》：“常曰：‘我韬于文士，愧于武夫。’论者以为得言。”逊：谦让。

迟：通“资”。重迟：重资，义同贪财。

合：疑读为“洽”，通达。《管子·国蓄》：“民予则喜，夺则怒，民情皆然。先王知其然，故见予之形，不见夺之理，故民爱可洽于上也。”尹知章注：“洽，通也。”

《韩诗外传》作“摽”，轻忽。 [13] 炤：通“昭”，晓喻，使明白。 [14] 愚款：单纯朴实。端悫（què）：诚实敦厚。 [15] 神：当从萧旭说读为“慎”，慎重，看重。《韩诗外传》卷二正作“慎”。一好：一，专一。好，爱好，此指思想、精神。

志意修则骄富贵[1]，道义重则轻王公[2]，内省而外物轻矣[3]。《传》曰[4]：“君子役物[5]，小人役于物[6]。”此之谓矣。身劳而心安，为之；利少而义多，为之。事乱君而通，不如事穷君而顺焉[7]。故良农不为水旱不耕，良贾不为折阅不市[8]，士君子不为贫穷怠乎道[9]。

阅：通“夺（敓）”，丧失、损失。《史记·穰侯列传论》：“穰侯，昭王亲舅也……及其贵极富溢，一夫开说，身折势夺而以忧死。”

[注释]

[1] 志意：思想、精神。骄：傲视。 [2] 道义：道德正义。轻：轻视、藐视。王公：天子、诸侯。 [3] 内省：内心反省自己的思想和言行，检查有无过失。外物：身外之物，多指利欲功名之类。 [4]《传》：古书传记。 [5] 役物：役使外物为我所用。 [6] 役于物：为外物所役使。 [7] 事乱君而通，不如事穷君而顺焉：当作“事乱君而通，不如事顺君而穷焉”，顾千里有说。通，畅达、顺畅，此指显贵。顺君，从道之君。穷，窘困。 [8] 折（shé）阅：亏损。折，亏损，蚀耗。市：做买卖、做生意。 [9] 士君子：品德高尚之人。

体恭敬而心忠信[1]，术礼义而情爱人[2]，横行天下[3]，虽困四夷[4]，人莫不贵。劳苦之事则争先，饶乐之事则能让[5]，端悫诚信，拘守而详[6]，横行天下，虽困四夷，人莫不任[7]。体倨固而心执诈[8]，术顺墨而精杂污[9]，横行天下，虽达四方，人莫不贱。劳苦之事则偷儒转脱[10]，饶乐之事则佞兑而不曲[11]，辟违而不悫[12]，程役而不录[13]，横行天下，虽达四方，人莫不弃。

［注释］

[1] 体：施行、实行，此指做事。 [2] 术：通“述”，遵循，依照。情爱人：人，通“仁”，情爱人，指性情仁爱。 [3] 横行天下：遍行天下，走遍天下。 [4] 四夷：古代华夏族对四方少数民族地区的统称。 [5] 饶乐：逸乐，闲适安乐。 [6] 拘守：谨守礼法。详：萧旭训为顺、平，指无所争。 [7] 任：信用。 [8] 倨固：傲慢愚陋。执：依王引之说，此处“执”字是“势”字之误，“势”与“诈”义相近。 [9] 顺：依杨倞说，此处“顺”当作“慎”，指慎到，战国时期赵国人，早年学黄老之术，后把道家学说向法家理论转化。墨：指墨翟，战国初年人，主张兼爱、非攻、尚贤、尚同、节用、节葬等说，创立墨家学派，并有《墨子》一书传世。精：据上文当作“情”。杂污：驳杂污秽。 [10] 偷儒：怠惰懦弱。偷，怠惰。《左传·襄公三十一年》：“赵孟将死矣。其语偷，不似民主。”《孙膑兵法·将失》：“令数变，众偷，可败也。”儒，通“懦”。转脱：摆脱，转身逃脱。 [11] 佞（nìng）兑：指善于谄谀，动作快捷。佞，口齿伶俐。兑，通“锐”，快速。不曲：不转弯，指毫不谦让。 [12] 辟违：邪僻。辟，通“僻”，邪恶。王念孙《读书杂志·荀子一》：“僻、违，皆邪也。”违，萧旭读为“窶”，《说

文》云："衺也。从交，韦声。" 悫：恭谨。 [13] 程役：督察其役、考核其工作。录：通"劳"，出力。

渍：沾染。淖：通"绰"，宽、缓。渍绰：沾染迟缓的毛病。

戾：弯曲。《说文·犬部》："戾，曲也。从犬出户下。戾者，身曲戾也。"《荀子·王制》："相阴阳，占祲兆，钻龟陈卦，主攘择五卜，知其吉凶妖祥，伛巫、跛击之事也。"杨倞注："击读为觋，男巫也。""伛巫""跛觋"互文见义，男"觋"与女"巫"都有"伛""跛"的特点。如此，"击"与"戾"义近，一是"伛"，一是"曲"，都是指身材弯曲，不能伸直。

行而供冀[1]，非渍淖也；行而俯项[2]，非击戾也[3]；偶视而先俯[4]，非恐惧也。然夫士欲独修其身[5]，不以得罪于比俗之人也[6]。

[注释]

[1] 供冀：恭敬谨慎。供，通"恭"。冀，依杨倞说，当作"翼"，敬。 [2] 俯项：低头。项，颈的后部，亦泛指颈，此指头。 [3] 击戾：抵触、违忤。王念孙《读书杂志·荀子一》："'击戾'者，谓有所抵触也；'行而俯项非击戾也'者，谓非惧其有所抵触而俯项以避之也。" [4] 偶视：相对而视。先俯：先俯身行礼。 [5] 然：这样看来。独：专心、一心一意。 [6] 比俗之人：世俗之人，普通之人。比，周、周遍。

夫骥一日而千里[1]，驽马十驾则亦及之矣[2]。将以穷无穷[3]，逐无极与[4]，其折骨绝筋，终身不可以相及也[5]。将有所止之[6]，则千里虽远，亦或迟或速、或先或后，胡为乎其不可以相及也？不识步道者[7]，将以穷无穷逐无极与？意亦有所止之与[8]？夫"坚白""同异""有厚无厚"之察[9]，非不察也，然而君子不辩，止之也。倚魁之行[10]，非不难也，然而君子不行，止之也。故学曰：“迟彼止而待我，我行而就之，则亦或迟或速，或先或后，胡为乎其不可以同至也？”故跬步而不休[11]，跛鳖千里；累土而不辍[12]，丘山崇成[13]。厌其源[14]，开其渎[15]，江河可竭[16]；一进一退，一左一右，六骥不致[17]。彼人之才性之相县也[18]，岂若跛鳖之与六骥足哉？然而跛鳖致之，六骥不致，是无他故焉，或为之，或不为尔[19]。

足：富裕。《庄子·天地》：“古之畜天下者，无欲而天下足。”《荀子·富国》：“足国之道，节用裕民，而善臧其余。”此引申为巨、大。

[注释]

[1] 骥：骏马、良马。 [2] 驽：劣马。 [3] 将：假如。穷：穷极，走尽。 [4] 逐：萧旭说当从《意林》引作“极”。与：犹“也”。 [5] 相及：赶上、达到。 [6] 有所止之：有终点、有止境。 [7] 步道：行路。 [8] 意：同“抑”，或者。 [9] 坚白：指战国时名家代表人物公孙龙的离坚白论，公孙龙认为“坚”和“白”两种属性是各自独立，互相分离的，因为眼睛看到“白”而看不出“坚”，手摸到“坚”而不能感知“白”。后期墨家则主张“坚白相盈”，认为“坚”和“白”不能离开具体的石头而独立存在。详见《公孙龙子·坚白论》以及《墨子》的《经上》《经说上》《经说下》。同异：指战国时名家代表人物惠施的论题，他认为事物的同异是相对的。具体的事物之间有“小同”“小异”；而从宇宙万物的总体来看，万物又莫不“毕同”“毕异”。详见《庄子·天下》。有厚无厚：也是惠施提出的哲学命题。他说：“无厚

不可积也，其大千里。”认为平面从厚（体积）来说是无，但面积仍可大至千里。见《庄子·天下》。一说“有厚无厚”是春秋时邓析的论题，见《邓析子·无厚篇》。 [10] 倚魁：通“奇傀（guī）”，奇异、独特而不合于俗。 [11] 跬步：半步，跨一脚。休：停止。 [12] 辍：停止。 [13] 丘山：山丘、山岳。崇：通“终”，最终。 [14] 厌：通“堙”，堵塞。 [15] 渎：沟渠。 [16] 江河：长江黄河。 [17] 六骥：六匹骏马。《公羊传》说“天子驾六”，故以“六骥”作为骏马的代表。致：通“至”。下同。 [18] 才性：才能禀赋。县：同“悬”，差别。 [19] 或不为尔：有些本子作“或不为之尔”。

道虽迩[1]，不行不至；事虽小，不为不成。其为人也多暇日者[2]，其出入不远矣[3]。

[注释]

[1] 迩：近。 [2] 多暇日：多有空闲时间，指懒惰，不愿做事。 [3] 入：王念孙据《韩诗外传》第二十八章“暇日多者，出人不远矣”，以为“入”当改为“人”。出人：超出别人，超出众人。《商君书·画策》：“凡人主德行非出人也，知非出人也，勇力非过人也。”

好法而行，士也；笃志而体[1]，君子也；齐明而不竭[2]，圣人也。人无法，则伥伥然[3]；有法而无志其义[4]，则渠渠然；依乎法而又深其类[5]，然后温温然[6]。

渠：通“剧”。《孔子家语·五刑解》：“所谓礼不下庶人者，以庶人遽其事而不能充礼，故不责之以备礼也。”《淮南子·诠言》：“神劳于谋，智遽于事。”俞樾《诸子平议·淮南内篇三》：“‘遽’读为‘剧’，《说文·力部》：劳，剧也。然则剧亦劳也。剧于事，谓劳于事也。‘遽’‘剧’古通用。《公羊·宣六年传》释文曰：‘剧’本作‘遽’。”渠渠：读为“剧剧”，指劳碌于具体事务。

[注释]

[1]笃志而体：坚定地去实行。体，实行。 [2]齐（jì）明：迅速领会明白。齐，通“齌”，疾速。不竭：此指智慧无穷。 [3]佽佽然：狂妄乱来的样子。佽，狂妄。 [4]志：通“识”，知晓、明白。 [5]类：义、事理、精神实质。 [6]温温然：不冷不热的样子，此指做事不慌不忙、不急不躁，游刃有余。温，平和。

礼者，所以正身也[1]；师者，所以正礼也[2]。无礼何以正身？无师，吾安知礼之为是也？礼然而然[3]，则是情安礼也[4]；师云而云[5]，则是知若师也[6]。情安礼，知若师，则是圣人也。故非礼，是无法也；非师，是无师也。不是师法而好自用[7]，譬之是犹以盲辨色[8]，以聋辨声也[9]，舍乱妄无为也[10]。故学也者，礼法也。夫师，以身为正仪而贵自安者也[11]。《诗》云：“不识不知，顺帝之则[12]。”此之谓也。

[注释]

[1]正身：端正自身，修身。 [2]正礼：治礼、研究礼。 [3]礼然而然：礼法这样规定他就这样做。 [4]情安礼：思想安于礼法。情，思想情感。 [5]师云而云：老师这样说他就这样说。 [6]知：学习。若：顺从。 [7]自用：自行其是，不接受别人的意见。 [8]盲：瞎子。 [9]聋：聋子。 [10]舍：舍弃，除。乱妄：悖谬，胡说妄为。无为：无所作为，干不出什么好事。 [11]正仪：

准则、典范。自安：自己心甘情愿。 [12] 不识不知，顺帝之则：此两句见于《诗·大雅·皇矣》，意思是没有知识的人们，要顺从上帝的法则。

端悫顺弟[1]，则可谓善少者矣；加好学逊敏焉，则有钧无上[2]，可以为君子者矣。偷儒惮事[3]，无廉耻而嗜乎饮食，则可谓恶少者矣；加惕悍而不顺[4]，险贼而不弟焉[5]，则可谓不详少者矣[6]，虽陷刑戮可也。

[注释]

[1] 弟（tì）：通“悌”，顺从兄长。下同。 [2] 有钧无上：或以为此四字当在“焉”字前。钧：通“均”，指平等待人。上：凌驾于人。 [3] 惮事：怕事。 [4] 惕悍：放荡凶悍。惕，通“荡”，放荡。 [5] 险贼：阴险狡诈。弟：通“悌”。 [6] 不详少：犹“恶少”。详：通“祥”。

老老而壮者归焉[1]，不穷穷而通者积焉[2]，行乎冥冥而施乎无报[3]，而贤不肖一焉[4]。人有此三行[5]，虽有大过[6]，天其不遂乎[7]！

龙宇纯说“天”当作“夫”，不可从。

[注释]

[1] 老老：尊敬老人。归：归附。 [2] 不穷穷：不使固陋无知的人困窘。通者积焉：有才能之人齐聚。 [3] 行乎冥冥：在暗中

做好事。冥冥，暗中。施乎无报：施舍给无力报答的人。 [4] 贤不肖：贤能的人和无能的人。一：聚拢、汇聚。 [5] 三行：三种德行。 [6] 过：通“祸”，灾祸。 [7] 天：上天。其：难道。遂：成就。

君子之求利也略[1]，其远害也早，其避辱也惧[2]，其行道理也勇[3]。

其行道理也勇：从上文看，当作“其行道也勇”，“理”字为衍文。

[注释]

[1] 略：漫不经心。 [2] 惧：诚惶诚恐。 [3] 行道理：奉行道义。

君子贫穷而志广[1]，富贵而体恭[2]，安燕而血气不惰[3]，劳倦而容貌不枯[4]，怒不过夺[5]，喜不过予[6]。君子贫穷而志广，隆仁也[7]；富贵而体恭，杀势也[8]；安燕而血气不惰，柬理也[9]；劳倦而容貌不枯，好交也[10]。怒不过夺，喜不过予，是法胜私也[11]。《书》曰：“无有作好[12]，遵王之道；无有作恶，遵王之路。”此言君子之能以公义胜私欲也。

《大略篇》有“劳倦而不苟”，《非十二子篇》有“劳而不侵”。

[注释]

[1] 志广：志向远大。 [2] 体：行事。 [3] 安燕：安逸。燕，通“晏”，安。血气：气质、感情。惰：懈怠懒散。 [4] 容貌：

容颜相貌。枯：通“楛”，苟且。 [5] 过夺：过分处罚。夺，剥夺。 [6] 过予：过分地奖赏。予，给予、赏赐。 [7] 隆仁：重仁，以仁为重。 [8] 杀势：指不盛气凌人。杀，减少。 [9] 柬理：明察事理。柬，萧旭读为“簡”，同“简”，简在，也就是明察的意思。 [10] 好交：爱好礼仪。交，依王念孙说，当改作“文”，指礼仪。 [11] 法胜私：礼法胜过私情。 [12]“无有作好”以下四句：不任凭个人的爱好，要遵循先王确定的正道；不任凭个人的厌恶，要遵循先王确定的正路。见于《尚书·洪范》。无，通“毋”，不。作好，徇私偏好。作恶，以私意憎恶人、罚人。

[点评]

本篇围绕身心修养问题展开论述，重点阐述了修身的重要性及其实现的途径。

荀子认为严于修身，“横行天下，虽困四夷，人莫不贵”；不能修身，“横行天下，虽达四方，人莫不贱”。做到“端悫顺弟”“好学逊敏”，“老老而壮者归焉，不穷穷而通者积焉，行乎冥冥而施乎无报，而贤不肖一焉”。与《礼记·大学》所论一样，身修方能齐家治国平天下。

如何修身呢？荀子认为要有原则性，当是非分明，是是而非非。做到教、顺、智、直、博、闲、治，反对谄、谀、愚、谗、贼、盗、诈、无常、浅、陋。“人无礼则不生，事无礼则不成，国家无礼则不宁”，因此，修身的关键就在于守礼，要做到“隆仁”“杀势”，“以公义胜私欲”。

荀子在修身的方法论上也颇有建树，提出修养之要在内而不在外；要阴阳互补，刚柔相济；要坚持不懈，持之以恒，有所为有所不为。具体而言，就是要以圣人为榜样，“依乎法，而又深其类”。但圣人生活中不常见，而老师常见。因而荀子提出要尊师，修身要听从老师的指导。这是接着《劝学篇》之说而来的，也应该是荀子自身的经验之谈。

不苟篇第三

君子行不贵苟难[1]，说不贵苟察[2]，名不贵苟传[3]，唯其当之为贵[4]。故怀负石而赴河，是行之难为者也，而申徒狄能之[5]；然而君子不贵者，非礼义之中也[6]。山渊平，天地比，齐、秦袭[7]，入乎耳，出乎口，钩有须[8]，卵有毛[9]，是说之难持者也，而惠施、邓析能之[10]；然而君子不贵者，非礼义之中也。盗跖吟口，名声若日月[11]，与舜、禹俱传而不息；然而君子不贵者，非礼义之中也。故曰：君子行不贵苟难，说不贵苟察，名不贵苟传，唯其当之为贵。《诗》曰："物其有矣，唯其时矣[12]。"此之谓也。

入乎耳，出乎口：疑此两句当在"钩有须，卵有毛"后，是说"山渊平，天地比，齐秦袭，钩有须，卵有毛"之说"入乎耳，出乎口"，广为传布。

提出君子言行要以合乎礼义为贵，非礼义之名，君子不取。

［注释］

[1] 苟难：苛责，过分地指责。苟，当为“苟”字之误，“苟”读为“亟”，极端、过分。下同。 [2] 苟察：苛察，过分地细究。 [3] 苟传：苛传，过分地宣传，夸大宣传。 [4] 当（dàng）：合理，这里指合乎礼义礼法。 [5] 申徒狄：商朝末年人，因抱负无法施展而抱石跳河自杀。刘师培疑“怀”为后人旁注之字，以“怀”释“负”（怀亦训抱）。 [6] 非礼义之中（zhòng）：不合乎礼义。中，符合。 [7] 齐、秦袭：齐国在今山东省北部河北南部一带，秦国在今甘肃东部陕西中南部一带，两国疆域不相连。但按照惠施等人的说法，从宏大的视野来看，它们的距离可以忽略不计，故说它们可以相连。袭，合，相连。 [8] 钩：依俞樾之说，疑当作“姁”，指老妇人。 [9] 卵有毛：禽蛋孵出的幼禽能长出羽毛，说明蛋中本有羽毛的基因，所以说卵有毛。 [10] 惠施：战国中期宋国人，曾任魏相，名家的代表人物之一。邓析：春秋时郑国人，刑名学家。 [11] 吟口：当是战国文字“今”的误抄。战国文字“今”有写作“含”的，后人误为“吟口”二字。原文当作“盗跖今名声若日月”。指盗跖现在名声如日月。 [12] 物其有矣，唯其时矣：虽有此物，又要适时才好。见于《诗·小雅·鱼丽》。

君子易知而难狎[1]，易惧而难胁[2]，畏患而不避义死，欲利而不为所非[3]，交亲而不比[4]，言辩而不辞[5]。荡荡乎[6]，其有以殊于世也[7]。

［注释］

[1] 易知：当作“易和”，平易、平和。“易知”，《韩诗外传》卷二作“易和”。王念孙认为“知”是误字，当作“和”。狎（xiá）：

不合乎礼数，不礼貌的亲近。 [2] 胁：胁迫。 [3] 不为所非：不做不应该做的事。 [4] 交亲而不比：与人结交很亲密，但不勾结。比，结党营私。 [5] 辞：争，强词夺理指责人。下文称“辩而不争”，同义。《左传 · 昭公九年》：“王使詹桓伯辞于晋。”杜预注：“辞，责让之。” [6] 荡荡：此形容心胸怀宽广。 [7] 殊：别、不同。世：世俗。

君子在“德”不在“能”，有德有能固然是君子，有德少能也不失为君子。

君子能亦好[1]，不能亦好；小人能亦丑，不能亦丑。君子能则宽容易直以开道人[2]，不能则恭敬缚绌以畏事人[3]；小人能则倨傲僻违以骄溢人[4]，不能则妬嫉怨诽以倾覆人[5]。故曰：君子能则人荣学焉[6]，不能则人乐告之；小人能则人贱学焉[7]，不能则人羞告之。是君子小人之分也。

[注释]

[1] 能：有才能。 [2] 宽容易直：宽宏大量，平易正直。道：通“导”。 [3] 缚绌（zǔn chù）：克制谦让。缚，通“撙”，撙节，抑制。绌，通“诎”，屈缩。畏事：恭敬处事。畏，敬。 [4] 倨傲：骄傲自大。僻违：亦见《修身篇》，性格怪异，不合群。溢：本指水漫出来，此处引申指盛气凌人。 [5] 妬嫉怨诽：嫉妒、怨恨非议。妬，通“妒”。 [6] 荣学焉：以向他学习为荣。焉，代词，相当于“之”。 [7] 贱学焉：以向他学习为耻。

君子宽而不僈[1]，廉而不刿[2]，辩而不争，察而不激[3]，寡立而不胜[4]，坚强而不暴，柔从而不流[5]，恭敬谨慎而容[6]，夫是之谓至文。《诗》曰：“温温恭人，惟德之基[7]。”此之谓矣。

人：疑读为“仁”。恭人：即恭仁。

[注释]

[1] 僈：通“慢”，怠慢。 [2] 廉而不刿（guì）：廉，棱角。刿，伤害。玉体虽有棱角，但不伤于物；人虽恪守原则但不伤人。 [3] 察：看得很清楚。激：读为“绞”，过激、偏激。 [4] 寡立而不胜：卓尔不群，但不盛气凌人。 [5] 流：随波逐流。 [6] 容：待人宽容。 [7] 温温恭人，惟德之基：宽厚温顺，这是道德之基。见于《诗·大雅·抑》。此引诗也见于《非十二子》《君道》篇。

君子崇人之德，扬人之美，非谄谀也[1]；正义直指[2]，举人之过，非毁疵也[3]；言己之光美，拟于舜禹[4]，参于天地[5]，非夸诞也；与时屈伸，柔从若蒲苇，非慑怯也[6]；刚强猛毅，靡所不信[7]，非骄暴也。以义变应[8]，知当曲直故也[9]。《诗》曰：“左之左之[10]，君子宜之；右之右之，君子有之。”此言君子能以义屈信变应故也[11]。

谄谀：《韩诗外传》卷六作“道谀”。是将“谄”误为“谄”，再由“谄”假借为“道”。

有：疑当训为“得”，得当。《玉篇·有部》：“有，得也。”

[注释]

[1] 谄谀：谄媚阿谀。 [2] 义：通“议”，议论。 [3] 毁疵

（cī）：毁谤，非议。疵，通“呰”，非议。 [4] 拟：比拟。 [5] 参：并列。 [6] 慑怯：懦弱胆怯。 [7] 靡所不信（shēn）：无处不挺伸。靡，无。信，通“伸”，不屈。 [8] 以义变应：根据道义以随机应变。 [9] 知当曲直故：智慧顺应屈伸的缘故。知，通“智”。当，顺应。《墨子·天志下》：“且今天下之士君子，中实将欲为仁义，求为上士，上欲中圣王之道，下欲中国家百姓之利者，当天之志，而不可不察也。”《后汉书·仲长统传》：“豪杰之当天命者，未始有天下之分者也。无天下之分，故战争者竞起焉。”曲直，与下文“屈信”义同，都是变化的意思。 [10]“左之左之”以下四句：君子无论怎么行事都很得当。见于《诗·小雅·裳裳者华》。 [11] 屈信：屈伸。信，通“伸”。

大心：得志。下同。

小心：不得志。下同。

《孟子·尽心上》：“穷则独善其身，达则兼济天下。”

偏：读为“翩”，风流潇洒，趾高气扬。汉武帝《李夫人歌》：“翩何姗姗其来迟。”

君子，小人之反也。君子大心则敬天而道[1]，小心则畏义而节[2]；知则明通而类[3]，愚则端悫而法[4]；见由则恭而止[5]，见闭则敬而齐[6]；喜则和而治[7]，忧则静而理[8]；通则文而明[9]，穷则约而详[10]。小人则不然，大心则慢而暴[11]，小心则淫而倾[12]；知则攫盗而渐[13]，愚则毒贼而乱[14]；见由则兑而倨[15]，见闭则怨而险[16]；喜则轻而翾[17]，忧则挫而慑[18]；通则骄而偏，穷则弃而儑[19]。《传》曰：“君子两进，小人两废[20]。”此之谓也。

[注释]

[1] 敬天而道：敬奉自然而遵循规律。“敬”字宋本无，王念孙等据《韩诗外传》卷四补。 [2] 畏义而节：敬畏礼义而有所节制。 [3] 明通而类：明智通达而触类旁通。 [4] 端悫（què）而法：端正诚笃而遵守法度。 [5] 见由：被起用，被任用。《左传·襄公三十年》：“以晋国之多虞，不能由吾子，使吾子辱在泥涂久矣。武之罪也。”杜预注：“由，用也。”《汉书·杜钦传》：“废而不由，则女德不厌。”颜师古注：“由，用也。”恭而止：恭敬而不放纵。止，不放纵。 [6] 见闭：不被起用，不受任用。齐：通“斋”，庄肃。《礼记·祭义》：“敬齐之色，不绝于面。”孔颖达疏：“恭敬齐庄之色不离绝于面。” [7] 和而治：平和地去治理。治，宋本作“理”，刘台拱据《韩诗外传》卷四改。 [8] 静而理：冷静地去处理。 [9] 文而明：推行文教而昌明之。 [10] 约而详：生活简约而独善其身。详，通“祥”，善。《荀子·成相》：“百家之说诚不详。”王先谦集解引王念孙曰：“祥、详古字通。不祥，不善也。” [11] 慢而暴：傲慢而粗暴。 [12] 淫：放纵。倾：行为不正。桓宽《盐铁论·禁耕》：“山海有禁而民不倾，贵贱有平而民不疑。” [13] 知：通“智”。攫（jué）盗而渐（jiān）：强夺。攫盗，盗窃。渐，欺诈。 [14] 毒贼而乱：狠毒残忍而作乱。 [15] 兑：通“悦”，得意洋洋。倨：傲慢。 [16] 险：难以测度、阴险。《荀子·正论》：“上幽险则下渐诈矣。”杨倞注：“险，难测也。”《吕氏春秋·去宥》：“对曰：‘谢子，东方之辩士也，其为人甚险。’” [17] 轻而翾（xuān）：轻浮而急躁。翾，通“儇”，轻薄不庄重。 [18] 挫而慑：垂头丧气而心惊胆战。 [19] 弃：自弃。傫（xí）：志气低落。 [20] 君子两进，小人两废：君子在正反的两种境遇下都会进步，小人在正反的两种境遇下都会堕落。

君子治治[1]，非治乱也。曷谓邪？曰：礼义之谓治，非礼义之谓乱也。故君子者，治礼义者也，非治非礼义者也。然则国乱将弗治与？曰：国乱而治之者，非案乱而治之之谓也[2]，去乱而被之以治[3]；人汙而修之者，非案汙而修之之谓也，去汙而易之以修[4]。故去乱而非治乱也，去汙而非修汙也。治之为名[5]，犹曰君子为治而不为乱，为修而不为汙也。

［注释］

[1] 治治：一般以为是求治的意思。前一“治”字训为“求”，后一“治”字与“乱”相对，指政治清明，社会安定。 [2] 案：通“按”，以，根据。下同。 [3] 去乱而被之以治：去乱而以治被之，除去混乱而以礼义加被之。 [4] 汙：同“污”，肮脏。下同。易：改变。 [5] 治之为名：治之所以称为治。

君子絜其辩而同焉者合矣[1]，善其言而类焉者应矣。故马鸣而马应之[2]，非知也[3]，其势然也[4]。故新浴者振其衣，新沐者弹其冠[5]，人之情也。其谁能以己之潐潐[6]，受人之掝掝者哉[7]！

［注释］

[1] 絜其辩：一般以为据《韩诗外传》卷一，当改为“洁其身”。

治治：以治治之，即以礼义治之。此指用儒家的办法治之。治乱：以乱治之，即以非礼义治之。此指用法家的办法治之。用礼义，也就是儒家的办法治国，故谓之“君子”。是“君子”，故不用非礼义治国，不用法家的办法治国。

君子者，治礼义者也，非治非礼义者也：君子是以礼义治国的，不是以非礼义治国的。

案乱而治之：以乱而治之，指用乱法来治国。就是上文“乱治”的意思。

君子为治而不为乱：即“君子为治治而不为治乱”，君子只以礼义治国而不以非礼义治国。

为修而不为汙：即“为修修而不为汙修”，以美好的东西来修饰，不用肮脏的东西来修饰。

廖按：絜其辩，其意思与“善其言”近，指言辩有品位。絜，通“洁”，清廉、清白不污，义与“善”近。辩，与“言”近。“絜其辩而同焉者合矣，善其言而类焉者应矣”两句意思相类，不应据《韩诗外传》卷一改“辩”为“身”。 [2] 卢文弨据《韩诗外传》卷一，以为“马鸣而马应之”之后当补“牛鸣而牛应之”。 [3] 知：通“智”。 [4] 势：客观的情势。然：这样。 [5] 新沐者弹其冠：刚洗过头的人要弹一下自己的帽子。 [6] 潐（jiào）潐：明察的样子。 [7] 掝（huò）掝：迷惑、昏乱的样子。掝，通“惑”。《楚辞·渔父》：“吾闻之，新沐者必弹冠，新浴者必振衣；安能以身之察察，受物之汶汶者乎！”又见《史记·屈原贾生列传》。

君子养心莫善于诚[1]，致诚则无它事矣[2]，唯仁之为守，唯义之为行[3]。诚心守仁则形，形则神[4]，神则能化矣[5]；诚心行义则理[6]，理则明[7]，明则能变矣。变化代兴[8]，谓之天德[9]。天不言而人推高焉[10]，地不言而人推厚焉，四时不言而百姓期焉[11]。夫此有常[12]，以至其诚者也[13]。君子至德，嘿然而喻[14]，未施而亲[15]，不怒而威。夫此顺命[16]，以慎其独者也[17]。善之为道者，不诚则不独[18]，不独则不形。不形则虽作于心[19]，见于色，出于言，民犹若未从也[20]，虽从必疑。天地为大矣，不诚则不能化万物；圣人为知矣[21]，不诚则不能化万民；父子

无它事：即无它思，没有其他的想法，指“唯仁之为守，唯义之为行”外，心无旁骛。事：通“思”。

形：势，指形成趋势。《孙子·形》：“胜者之战民也。若决积水于千仞之溪者，形也。”《史记·苏秦列传》：“齐秦不合，天下无变，伐齐之形成矣。”

慎其独：珍视其诚心，珍视其一心一意。慎：珍视。独：心。心为君，耳口鼻舌身为臣。心一，故为君；耳口鼻舌身多，故为臣。

形：势，指形成趋势。

为亲矣，不诚则疏；君上为尊矣，不诚则卑。夫诚者，君子之所守也，而政事之本也。唯所居以其类至[22]，操之则得之[23]，舍之则失之[24]。操而得之则轻，轻则独行[25]，独行而不舍则济矣[26]。济而材尽[27]，长迁而不反其初则化矣[28]。

轻：读为"经"，常。此指成为常态。下同。

[注释]

[1] 诚：真诚。 [2] 致诚则无它事矣：《淮南子·泰族》作"至诚而能动化矣"。 [3] 唯仁之为守，唯义之为行：唯仁是守，唯义是行。也就是唯守仁，唯行义。 [4] 神：神通，指各方面治理得很好。 [5] 化：教化，感化。《劝学篇》："神莫大乎化"。 [6] 理：治，与"乱"相对。此指做事有条不紊。 [7] 明：明亮。此指有威信。 [8] 代：交替。 [9] 天：人的头顶，引申有极、最之义。德：善行、仁爱。天德：最好的善行。 [10] 推高：推许、承认它的高远。 [11] 期：相信、信任。《广韵·之韵》："期，信也。" [12] 夫此有常（shàng）：人们如此地推崇。常，读为"尚"，崇尚。 [13] 至其诚：做到它们的诚信。至，通"致"。 [14] 嘿（mò）：同"默"。 [15] 未施而亲：没有施惠，人们却亲近他。 [16] 顺命：听命，指人们听从君子之命。 [17] 以慎其独者也：郭店楚简《五行》篇有："'淑人君子，其仪一也。'能为一，然后能为君子，慎其独也。""'[瞻望弗及]，泣涕如雨。'能差池其羽，然后能至哀，君子慎其[独也]。"帛书《五行》篇有："'之子于归，远送于野。瞻望弗及，[泣]涕如雨。'能差池其羽，然后能至哀，言至也。差池者，言不在衰绖。不在衰绖也，然后能[至]哀。夫丧，正绖修领而哀杀矣，言至内者之不在外也，是之谓独。独也者，舍体

也。” [18] 不诚则不独：心不诚就不能一心一意。 [19] 则：乃、就是。 [20] 犹若：仍然。 [21] 知：通“智”。 [22] 唯所居以其类至：君子只有立足于诚，同类的美德才因此汇聚而来。此事说“诚”是诸德的前提，具备诚德，才能具有诸德。 [23] 操：居，操持、坚持。得之：指得到其他诸德。 [24] 失之：指失去其他诸德。此是回应前文“君子养心莫善于诚”。 [25] 独行：节操高尚，不随俗浮沉。《礼记·儒行》：“世治不轻，世乱不沮……其特立独行有如此者。” [26] 济：成功。此指理想人格实现，成为圣贤。 [27] 材尽：才能得到充分发挥。材，此指以知能之性为代表的人的非恶非善的先天诸性。 [28] 长迁而不反其初则化：经过长期的改变，人性发生变化，不会再回到原初，性恶的一面改变了。

君子位尊而志恭[1]，心小而道大，所听视者近而所闻见者远。是何邪？则操术然也[2]。故千人万人之情，一人之情是也；天地始者，今日是也；百王之道，后王是也。君子审后王之道而论于百王之前[3]，若端拜而议[4]。推礼义之统[5]，分是非之分，总天下之要，治海内之众，若使一人，故操弥约而事弥大[6]。五寸之矩[7]，尽天下之方也。故君子不下室堂而海内之情举积此者[8]，则操术然也。

后王：指文王武王以后、以成王为代表的西周贤王。刘师培《荀子补释》：“後、后古通。后，继体君也。盖开创为君，守成为后。开创之君，立法草创，而成文之法，大抵定于守成之君，如周之礼制，定于周公、成王是也。荀子所言后王，均指守成之主言，非指文、武言也。”

［注释］

[1] 志恭：态度谦恭。 [2] 操术：掌握的方法。 [3] 论：推

论，考查。 [4] 端拜：依王念孙说，“拜”字是“拜”字之误，“拜”是“拱”的古字。端拱：正身拱手，此指君子审后王之道就像正身拱手一样的简单容易。 [5] 统：纲领。 [6] 弥约：更加简约。 [7] 矩：画圆或方形的曲尺。 [8] 举：皆，全部。

庸：通“用”，犹有。《楚辞·离骚》：“夫维圣哲以茂行兮，苟得用此下土。”游国恩纂义引汪瑗曰：“用，犹有也。”郦道元《水经注·晋水》：“故子夏叙《诗》，称此晋也而谓之唐，俭而用礼，有尧之遗风也。”引申为“唯有”“只有”，表强调语气。《后汉书·张衡传》：“彼天监之孔明兮，用棐忱而佑仁。”李贤注：“言天之视人甚明，唯辅诚信而助仁德也。”庸言必信之，庸行必慎之：即“有言必信之，有行必慎之”“唯言必信之，唯行必慎之”。

有通士者，有公士者，有直士者，有悫士者，有小人者。上则能尊君，下则能爱民，物至而应，事起而辨[1]，若是，则可谓通士矣。不下比以闇上[2]，不上同以疾下[3]，分争于中[4]，不以私害之[5]。若是，则可谓公士矣。身之所长，上虽不知，不以悖君[6]，身之所短，上虽不知，不以取赏，长短不饰[7]，以情自竭[8]。若是，则可谓直士矣。庸言必信之，庸行必慎之[9]，畏法流俗[10]，而不敢以其所独甚[11]。若是，则可谓悫士矣。言无常信，行无常贞[12]，唯利所在，无所不倾[13]。若是，则可谓小人矣。

[注释]

[1] 辨：处理。 [2] 不下比以闇（àn）上：不和下面的人勾结去蒙蔽上面。闇，蒙蔽，遮盖。 [3] 疾：通“嫉”，害。 [4] 中：官府簿书、案卷，引申指公事。 [5] 不以私害之：不因自己的私利而陷害对方。 [6] 悖：怨怼、怨恨。《仲尼篇》：“君虽不知，无怨疾之心。”说与此近。 [7] 饰：掩饰。 [8] 竭：尽。自竭：

犹如自尽，详尽表述自己的一切。以情自竭：不夸耀自己的优点，不掩饰自己的缺点，据实以告。[9] 慎：谨慎。《周易·乾·文言》有："庸言之信，庸行之谨。"[10] 畏法：敬重、效法。流俗：社会上流行的风俗习惯。[11] 不敢以其所独甚：不敢以自己独有的看法去责备人。独，自己独有的，自以为是的看法。甚，责备。《穀梁传·隐公元年》："贱段而甚郑伯也。何甚乎郑伯？甚郑伯之处心积虑，成于杀也。"[12] 言无常信、行无常贞：即"言不尚信、行不尚定"，指说话不讲信用，做事没有定准。常，通"尚"。贞，定。[13] 倾：偏私，行为不正。桓宽《盐铁论·禁耕》："山海有禁而民不倾，贵贱有平而民不疑。"

公生明[1]，偏生暗[2]，端悫生通，诈伪生塞[3]，诚信生神[4]，夸诞生惑[5]。此六生者，君子慎之，而禹、桀所以分也[6]。

慎：同"珍"，珍视、重视。

［注释］

[1] 公生明：俞樾《茶香室丛钞·公生明坊旧是立石》：古代府州县衙门大堂前面正中竖立一石，向南刻上"公生明"三字；北面刻上"尔俸尔禄，民膏民脂，下民易虐，上天难欺"十六字。后因出入不便，改为牌坊。[2] 偏：偏私。[3] 塞：阻塞。[4] 神：尊重。[5] 惑：迷惑、怀疑。[6] 桀：夏朝末代君主，相传是暴君。

欲恶取舍之权[1]：见其可欲也，则必前后虑其可恶也者；见其可利也，则必前后虑其可害也者；而兼权之[2]，孰计之[3]，然后定其欲恶取舍。

如是，则常不失陷矣[4]。凡人之患，偏伤之也[5]。见其可欲也，则不虑其可恶也者；见其可利也，则不顾其可害也者。是以动则必陷，为则必辱，是偏伤之患也。

［注释］

[1] 欲恶（wù）取舍之权：喜欢与厌恶、取与舍的标准。恶，厌恶。权，衡量，比较。 [2] 兼权之：兼顾两端去权衡。 [3] 孰计：仔细思考权衡。孰，同“熟”，仔细地。 [4] 失陷：犯错误。 [5] 偏：片面性。

“故曰”犹“《传》曰”，非荀子语，是荀子引用的古书传记之说，当加书名号。疑“故”当读为“古”，也就是“古语”。《管子·形势》“故曰伐矜好专举事之祸也”，《集校》引宋翔凤云：“故，古也，谓古语也。”“田仲、史鳝不如盗也”，犹如“此之谓也”，是荀子引用他书之言后的评论。

人之所恶者，吾亦恶之。夫富贵者则类傲之[1]，夫贫贱者则求柔之[2]，是非仁人之情也，是奸人将以盗名于晻世者也[3]，险莫大焉[4]。故曰：“盗名不如盗货[5]。”田仲、史鳝不如盗也[6]。

［注释］

[1] 类：通“戾”，乖戾、抵触。戾傲：蔑视抵触。 [2] 求：读为“优”。优柔：宽和温厚。《国语·周语下》：“布宪施舍于百姓，故谓之羸乱，所以优柔容民也。” [3] 晻世：昏暗的时代。晻，同“暗”。以上四句的意思是：对富贵的人蔑视抵触，对贫贱的人宽和温厚，这不是仁人的思想表现，乃是奸邪的人在黑暗的社会里盗取名声的做法。 [4] 险莫大焉：没有比这（欺世盗名）更险恶的了。 [5] 盗货：盗窃财物。货，财物。 [6] 田仲：战国时齐国人，

以廉洁清高著称。有兄长在齐国做官，他认为兄长之禄为不义之财，离兄独居，不食兄禄。史鳍（qiū）：春秋时卫国大夫，以忠正著称。曾劝说卫灵公罢免弥子瑕，临死前要求儿子不要把他入殓，以尸谏来尽忠。这句话是说田仲和史鳍欺世盗名，还不如贼。

［点评］

本篇论述了为人的道德标准问题，视合乎礼义为道德的唯一标准。

“君子行不贵苟难，说不贵苟察，名不贵苟传，唯其当之为贵。”荀子开篇就点明主题，认为对君子做事不能苛责，学说不能苛察，表彰不能过分，只要合乎礼义就行。

荀子指出了“君子”品德上的特点，“易知而难狎，易惧而难胁，畏患而不避义死，欲利而不为所非，交亲而不比，言辩而不辞”“能亦好，不能亦好”“宽而不僈，廉而不刿，辩而不争，察而不激，寡立而不胜，坚强而不暴，柔从而不流，恭敬谨慎而容”“崇人之德，扬人之美”“君子为治而不为乱，为修而不为汙也”，而“小人”则相反，“大心则慢而暴，小心则淫而倾；知则攫盗而渐，愚则毒贼而乱；见由则兑而倨，见闭则怨而险；喜则轻而翾，忧则挫而慑；通则骄而偏，穷则弃而儑”，结果导致“君子两进，小人两废”。所谓“通士”“公士”“直士”“悫士”实质也是“君子”，荀子强调他们与“小人”的区别，并进一步阐述了为人处世的一些原则，抨击了欺世盗名之徒。

对于君子的修养，荀子尤为强调“诚”，认为“诚”

是最为重要的修身功夫，是诸德的前提。只有立足于诚，其他的美德才能汇聚而来，才能充分发挥以知能之性为代表的人的非恶非善的先天之性，实现理想人格，成为圣贤。这样，经过长期的改造，性恶的一面改变了，人性发生变化，就不会再回到原初了。

荀子的“诚”论，论者认为与《中庸》《孟子》较为接近。因此认为此篇具有荀子早期作品的特点，推测是荀子早年在赵国时所作。

荣辱篇第四

憍泄者[1]，人之殃也。恭俭者，偋五兵也[2]。虽有戈矛之刺，不如恭俭之利也。故与人善言，暖于布帛；伤人之言[3]，深于矛戟。故薄薄之地[4]，不得履之[5]，非地不安也。危足无所履者[6]，凡在言也[7]。巨涂则让[8]，小涂则殆[9]。虽欲不谨，若云不使[10]。

［注释］

[1] 憍（jiāo）：通“骄”。自大傲慢。泄：通“媟（xiè）”，轻慢，不庄敬。 [2] 偋：通“屏”，屏除、免除。五兵：五种兵器，古代一般指刀、剑、矛、戟、箭，此处泛指兵器，引申为刑罚。 [3] 之：介词，相当于“以”。《晏子春秋·杂上二六》：“然吾失此，何之有也？”于省吾《双剑誃诸子新证·晏子二》：“按：之犹以

若：唯。《尚书·文侯之命》：“汝多修扞我于艰，若汝予嘉。”王引之《经传释词》卷七引王念孙曰：“若，词之‘惟’也。”《楚辞·九歌·山鬼》：“若有人兮山之阿，被薜荔兮带女萝。”云：有。《诗·大雅·桑柔》：“为民不利，如云不克。”王念孙《广雅疏证·释诂一》：“言如有不克也。”《公羊传·文公二年》：“曷为以异书？大旱之日短而云灾，故以灾书；此不雨之日长而无灾，故以异书也。”王引之《经传释词》卷三：“‘云灾’与‘无灾’对文，是‘云’为‘有’也。”陆机《答贾谧》诗：“公之云感，贻此音翰。”李善注引应劭《汉书注》曰：“云，有也。”若云：唯有。使：事，此代指“不谨”。不使：不得“不谨”，即谨慎。

也。” [3] 薄薄：薄通“溥”，广大。 [5] 履：以足践之。 [6] 危：高，这里作使动用法。危足：踮起脚跟。 [7] 凡：皆、都。言：指“伤人以言”。 [8] 巨涂：大路。涂，通“途”，下同。让：责备。指“不谨”被人指责。 [9] 殆：危险。指“不谨”会遭遇危险。 [10] 虽欲不谨，若云不使：虽然不想谨慎，却唯有不得不谨慎。

快快而亡者，怒也[1]；察察而残者[2]，忮也[3]；博而穷者，訾也[4]；清之而俞浊者，口也[5]；豢之而俞瘠者，交也[6]；辩而不说者[7]，争也[8]；直立而不见知者[9]，胜也[10]；廉而不见贵者，刿也[11]；勇而不见惮者[12]，贪也；信而不见敬者，好刬行也[13]：此小人之所务而君子之所不为也。

交：疑读为“狡”，猜疑。《管子·形势》：“乌鸟之狡，虽善不亲。”尹知章注：“狡，谓猜也。”

[注释]

[1] 快快而亡者，怒也：肆意而致死，是因为一时愤怒的缘故。快快，肆意。 [2] 察察：明辨、明察。残：陷害。 [3] 忮（zhì）：嫉恨。 [4] 博而穷者，訾（zǐ）也：知识渊博但处境窘迫，是因为好诋毁议论人。穷，窘迫。訾，诋毁。 [5] 清之而俞浊者，口也：想获得清誉的名声，但名声却更坏，是因为言过其实的缘故。俞，更加，通“愈”。下同。 [6] 豢（huàn）之而俞瘠者，交也：以酒肉结交朋友，只会使友情更加浅薄，这是结交方式不当的缘故。豢，喂养，此处指酒肉之交。瘠，瘦弱。这里指友情浅薄。 [7] 说：依王念孙说，通“悦”，使人高兴。 [8] 争：争执。 [9] 直立而不见知：行为正直，但仍不被认可。 [10] 胜：

好胜凌人。 [11] 刿：伤人。 [12] 勇而不见惮：即使勇猛，人们也不会害怕他。惮，害怕。 [13] 钊行：专断。钊，通“专”。

斗者，忘其身者也，忘其亲者也，忘其君者也。行其少顷之怒而丧终身之躯[1]，然且为之[2]，是忘其身也；室家立残[3]，亲戚不免乎刑戮，然且为之，是忘其亲也；君上之所恶也[4]，刑法之所大禁也，然且为之，是忘其君也。忧忘其身，内忘其亲，上忘其君，是刑法之所不舍也[5]，圣王之所不畜也[6]。乳彘触虎，乳狗不远游，不忘其亲也。人也，忧忘其身，内忘其亲，上忘其君，则是人也而曾狗彘之不若也[7]。

然：然而，表转折。且：还，仍。杜甫《咏怀古迹》诗之一：“羯胡事主终无赖，词客哀时且未还。”王安石《题勇老退居院》诗：“梦境此身能且在，明年寒食更相寻。”

忧：疑读为“小”。下同。

[注释]

[1] 少顷：一时，片刻。 [2] 然且：仍然。 [3] 室家立残：家人即刻遭到残害。立，副词，即刻。萧旭怀疑“立残”是楚语“离散”的音转。 [4] 君上之所恶也：萧旭以为“恶”上当据《说苑·贵德》引补“致”字。致，读为“至”。 [5] 舍：开释、赦免。《周礼·秋官·司圜》：“能改者，上罪三年而舍，中罪二年而舍。”郑玄注：“舍，释之也。”孙诒让正义：“释之谓免其罪。”《后汉书·陈忠传》：“是以高祖舍周昌桀纣之譬，孝文嘉爰盎人豕之讥。” [6] 畜：容纳，包容。 [7] 曾：副词，表示出乎意料，相当于“竟”“乃”。不若：不如。

必：通“毕”，完，尽，都。《墨子·所染》：“五入必，而已则为五色矣。”孙诒让间诂：“必，读为毕。”《战国策·秦策四》：“齐王入朝，四国必从。”班固《白虎通·崩薨》：“天子七月而葬，同轨必至。”《说苑·贵德》引“必”作“皆”，同义换读。

凡斗者，必自以为是而以人为非也。己诚是也，人诚非也，则是己君子而人小人也，以君子与小人相贼害也[1]。忧以忘其身[2]，内以忘其亲，上以忘其君，岂不过甚矣哉[3]！是人也，所谓“以狐父之戈钃牛矢”也[4]。将以为智邪？则愚莫大焉[5]。将以为利邪？则害莫大焉。将以为荣邪？则辱莫大焉。将以为安邪？则危莫大焉。人之有斗，何哉？我欲属之狂惑疾病邪[6]，则不可，圣王又诛之。我欲属之鸟鼠禽兽邪，则不可，其形体又人，而好恶多同。人之有斗，何哉？我甚丑之！

［注释］

[1] 贼害：残害。 [2] 忧：疑当读作“小”。 [3] 过甚：过错严重。 [4] 狐父：古地名，在今安徽砀山附近，以出产优质的戈著名。钃（zhú）：萧旭读为“触”，触及，引申为击刺。矢：通“屎”，粪便。这句话的意思是：用狐父出产的戈去砍击牛屎。 [5] 愚莫大焉：没有比这更愚蠢的了。 [6] 属：比属，归属。《说苑·贵德》引“属”作“比”，同义换读。

有狗彘之勇者，有贾盗之勇者[1]，有小人之勇者，有士君子之勇者：争饮食，无廉耻，不知是非，不辟死伤[2]，不畏众强，恈恈然唯利饮食之见[3]，是狗彘之勇也。为事利，争货财，无辞让，果敢而振，猛贪而戾，恈恈然唯利之见，是贾盗之勇也。轻死而暴[4]，是小人之勇也。义之所在，不倾于权，不顾其利，举国而与之不为改视[5]，重死持义而不桡[6]，是士君子之勇也。

比较四种勇，惟“士君子之勇”是真勇。

［注释］

[1] 贾（gǔ）：商人。 [2] 辟：通“避”，躲避。 [3] 恈（móu）恈然：贪婪的样子。利：衍文，涉下文“恈恈然唯利之见”而衍，宜删。 [4] 暴：萧旭读为“摽”，指弃生。 [5] 改视：改变看法，另眼相看，比喻格外重视。 [6] 桡：通“挠”，折服、屈服。

儵鲏者[1]，浮阳之鱼也[2]，胠于沙而思水[3]，则无逮矣[4]。挂于患而欲谨[5]，则无益矣。自知者不怨人，知命者不怨天[6]。怨人者穷，怨天者无志。失之己，反之人[7]，岂不迂乎哉[8]！

志：通“识”，见识。《庄子·山木》：“侗乎其无识，傥乎其怠疑。”

［注释］

[1] 儵鲏（yóu pí）：“儵”亦读 tiáo，即白鲦。鲏：鲂鱼的别名。 [2] 浮阳：浮在水面上以就阳光。 [3] 胠（qū）：通“阹（qū）”，阻隔、遮拦。此处指鱼搁浅在沙滩上。 [4] 无逮：来不及。 [5] 挂：遭遇。 [6] 自知者不怨人，知命者不怨天：《淮南

子·谬称》作“知己者不怨人，知命者不怨天”，《说苑·谈丛》作“知命者不怨天，知己者不怨人”，《意林》卷一引《太公金匮》作“臣闻之：知天者不怨天，知己者不怨人”。 [7] 反：责备。 [8] 迂：迂回，绕远。

荣辱之大分[1]，安危利害之常体[2]：先义而后利者荣，先利而后义者辱；荣者常通[3]，辱者常穷；通者常制人，穷者常制于人：是荣辱之大分也。材悫者常安利[4]，荡悍者常危害[5]；安利者常乐易[6]，危害者常忧险；乐易者常寿长，忧险者常夭折：是安危利害之常体也。

[注释]

[1] 大分：本质区别。 [2] 常体：通例。 [3] 通：通达。 [4] 材：依汪中、王念孙说，材当为“朴”。朴悫：诚实谨慎。 [5] 荡悍：放荡凶悍。荡，通“愓”，豪放、放荡。《管子·大匡》：“小白之为人无小智，愓而有大虑。”郭沫若等集校引王念孙曰：“《说文》‘愓，放也’，今通作‘荡’，言小白之为人，跌荡而有大虑也。” [6] 易：平和，坦率。

夫天生蒸民[1]，有所以取之[2]。志意致修[3]，德行致厚，智虑致明，是天子之所以取天下也。政令法[4]，举措时[5]，听断公[6]，上则能顺天子之命，下则能保百姓，是诸侯之所以取国家也。志行修，临官治[7]，上则能顺上，下则能保其职，是士大夫之所以取田邑也。循法则、度量、刑辟、图籍[8]，不知其义，谨守其数，慎不敢损益也[9]，父子相传，以持王公[10]，是故三代虽亡，治法犹存，是官人百吏之所以取禄秩也。孝弟原悫[11]，軥录疾力[12]，以敦比其事业而不敢怠傲[13]，是庶人之所以取暖衣饱食，长生久视[14]，以免于刑戮也。饰邪说，文奸言，为倚事[15]，陶诞、突盗[16]，惕、悍、憍、暴[17]，以偷生反侧于乱世之间[18]，是奸人之所以取危辱死刑也。其虑之不深，其择之不谨，其定取舍楛僈[19]，是其所以危也。

［注释］

[1] 蒸民：众民，百姓。蒸，通“烝”，众多。 [2] 有所以取之：有用来取生的办法。 [3] 致：通“至”，极。 [4] 政令法：政令合乎法度。 [5] 举措时：政策合乎时宜。 [6] 听断公：听讼断狱公正。 [7] 临官治：为官治理有道。临，当。 [8] 刑辟：刑法。 [9] 损益：增减，盈亏。 [10] 持：奉侍、侍候。王念孙：《读书杂志·荀子一》：“持，犹奉也……《广雅》‘奉，持也’，是持与奉同义。” [11] 孝弟原悫：孝顺父母、尊敬兄长、诚实、忠

厚。弟，通“悌”，尊敬兄长。原，据宋浙本当改为“愿”。愿，诚实。 [12] 軥（qú）录：通“劬（qú）碌”，勤劳的意思。疾力：快速而努力。 [13] 敦比：治理。王念孙《读书杂志・荀子一》："敦比，皆治也。《鲁颂・閟宫》笺云‘敦，治也。’《孟子・公孙丑篇》‘使虞敦匠事’，谓治匠事也。比，读为‘庀’。襄二十五年《左传》‘子木使庀赋’、《鲁语》‘子将庀季氏之政焉’韦、杜注并云‘庀，治也’。《周官・遂师》‘庀其委积’，故书‘庀’为‘比’，郑司农读为‘庀’。《大司马》‘比军众’，‘比’，或作‘庀’。是‘庀’与‘比’通。‘敦比其事业’，犹云治其事业耳。《强国篇》‘敦比于小事’，义与此同。” [14] 视：活，生存。 [15] 为倚事：做荒诞之事。倚，通“奇”。 [16] 陶：通“谄”，诞妄不实。诞：欺诈。突：欺诈。《广雅・释诂二》："突，欺也。"王念孙疏证："谓诈欺也。"盗：诈骗、骗取。《庄子・庚桑楚》："举贤则民相轧，任知则民相盗。"王先谦集解引宣颖曰："盗，诈也。" [17] 惕：同“荡”，放荡。憍：通“骄”。 [18] 反侧：辗转，不定。 [19] 楛（gǔ）：此指用心粗疏草率。僈：同“慢”，怠慢，轻视。

这就是孔子所谓“性相近”说。

材性知能，君子小人一也。好荣恶辱，好利恶害，是君子小人之所同也，若其所以求之之道则异矣[1]。小人也者，疾为诞而欲人之信己也[2]，疾为诈而欲人之亲己也，禽兽之行而欲人之善己也。虑之难知也[3]，行之难安也，持之难立也，成则必不得其所好，必遇其所恶焉。故君子者，信矣，而亦欲人之信己也；忠矣，而亦欲人之亲己也；修正治辨矣[4]，而亦欲人之善己也。虑之易知也，行之易安也，持之易立也，成则必得其所好，必不遇其所恶焉。是故穷则不隐，通则大明，身死而名弥白[5]。小人莫不延颈举踵而愿曰[6]：“知虑材性，固有以贤人矣[7]。”夫不知其与己无以异也，则君子注错之当[8]，而小人注错之过也。故孰察小人之知能[9]，足以知其有余可以为君子之所为也[10]。譬之越人安越，楚人安楚，君子安雅[11]，是非知能材性然也，是注错习俗之节异也[12]。

这就是孔子所谓“习相远”说。

［注释］

[1] 若其：连词，相当于“至于”。 [2] 疾为诞：竭力使诈。 [3] 知：通“智”，明智。 [4] 修正治辨：行为端正，处理事情得当。辨，同“辦（办）”，治理。 [5] 名弥白：名声愈加彰明。 [6] 延颈举踵：伸长脖子，踮起脚跟。 [7] 固有以贤人：本来就胜过别人。贤，优于，胜过。 [8] 注错：措置，安排处理。错，通“措”，置。 [9] 孰：同“熟”。 [10] 这句话意思是：足以知道小人绰绰有余地可以做君子所能做的事。 [11] 雅：通“夏”，指中原地区。 [12] 习俗：习惯风俗。节：节制。

仁义德行，常安之术也，然而未必不危也[1]；汙僈突盗[2]，常危之术也，然而未必不安也。故

《论语·述而》云："子不语怪、力、乱、神。"

君子道其常而小人道其怪[3]。

[注释]

[1] 未必不危也：未必不危险，即也有一定的危险。 [2] 汙：通"讦"，虚夸诡诈。《说文·言部》："讦，诡讹也。"贾谊《新书·礼容语下》："犯则凌人，讦则诬人，伐则掩人。"僈：通"谩"，欺骗、蒙蔽。《墨子·非儒下》："且夫繁饰礼乐以淫人，久丧伪哀以谩亲。"毕沅校注引《说文》："谩，欺也。"刘向《新序·杂事五》："荆人卞和得玉璞而献之。荆厉王使玉尹相之，曰：'石也。'王以和为谩而断其左足。" [3] 道其怪：遵循他的邪道歪理。怪，异，此指邪道。

势：疑读为"设"，施用、施行。

凡人有所一同：饥而欲食，寒而欲暖，劳而欲息，好利而恶害，是人之所生而有也，是无待而然者也[1]，是禹、桀之所同也。目辨白黑美恶，耳辨音声清浊[2]，口辨酸咸甘苦，鼻辨芬芳腥臊，骨体肤理辨寒暑疾养[3]，是又人之所常生而有也[4]，是无待而然者也，是禹、桀之所同也。可以为尧、禹，可以为桀、跖，可以为工匠，可以为农贾，在势注错习俗之所积耳[5]。是又人之所生而有也，是无待而然者也，是禹、桀之所同也[6]。为尧、禹则常安荣，为桀、跖则常危辱；为尧、禹则常愉佚[7]，为工匠农贾则常烦劳。然而人力为此而寡为彼[8]，何也？曰：陋也[9]。尧、禹者，非生而具者也，夫起于变故[10]，成乎修为，修之待尽而后备者也[11]。

力：与“寡”相对，当训为勤。《诗·大雅·烝民》：“古训是式，威仪是力。”郑玄笺：“力犹勤也。”

［注释］

[1]无待而然：不需要外在条件就如此。待，依靠，依恃。 [2]清浊：音乐的清音和浊音。 [3]疾养：痛痒。养，同“痒”。 [4]常：萧旭读为“当”，应当。《墨子·兼爱下》“常使若二君者”，孙诒让《间诂》引苏云：“据上文，‘常’宜作‘当’。” [5]势：客观形势。一说“势”字为衍文，于上下文无义，当删。积：积累。 [6]“是又人之所生而有也，是无待而然者也，是禹、桀之所同也”二十三字，王念孙、王先谦皆以为衍文，不可信。 [7]愉佚：安逸，快乐。佚，通“逸”。 [8]力：一般训为竭力、尽力。 [9]陋：智识浅陋。 [10]变故：后天的历练和磨难。 [11]修之待尽而后备：有待修为达到了极高层次，才能成就为尧和禹。待，有待。备，形成，成就。

此与《性恶篇》“人之性恶”“今人之性，生而有好利焉”说同。

人之生固小人[1]，无师无法则唯利之见耳。人之生固小人，又以遇乱世，得乱俗，是以小重小也[2]，以乱得乱也。君子非得势以临之[3]，则无由得开内焉[4]。今是人之口腹[5]，安知礼义？安知辞让？安知廉耻隅积[6]？亦呥呥而嚼[7]，乡乡而饱已矣[8]。人无师无法，则其心正其口腹也。今使人生而未尝睹刍豢稻粱也[9]，惟菽藿糟

势：读为“臬”，法，也就是“师法”。《君道篇》说：“有治人，无治法。”又接着说：“明主急得其人，而暗主急得其势。”显然是“势”为“法”。《周礼·考工记·叙》：“审曲面埶，以饬五材，以辨民器。”章炳麟《小学答问》：“埶读为臬。”

呥(rán)呥：读作“冉冉”，美好的样子。蔡邕《青衣赋》：“叹兹窈窕，生于卑微……修长冉冉，硕人其颀。”

粲：疑当读为“儳”。两字音近，《广雅·释诂一》：“儳，疾也。”

嗛（qiàn）：厌恶、埋怨、不满。《史记·外戚世家》：“栗姬怒，不肯应，言不逊。景帝恚，心嗛之而未发也。”司马贞索隐：“嗛音衔。衔谓恨也。”《荀子·正名》：“其累百年之欲，易一时之嫌。”杨倞注：“嫌，恶也。”

糠之为睹[10]，则以至足为在此也[11]。俄而粲然有秉刍豢稻粱而至者[12]，则瞲然视之曰[13]：“此何怪也？”彼臭之而无嗛于鼻[14]，尝之而甘于口，食之而安于体，则莫不弃此而取彼矣。今以夫先王之道，仁义之统，以相群居，以相持养，以相藩饰，以相安固邪[15]。以夫桀、跖之道，是其为相县也[16]，几直夫刍豢稻粱之县糟糠尔哉[17]！然而人力为此而寡为彼，何也？曰：陋也。陋也者，天下之公患也，人之大殃大害也。故曰：仁者好告示人。告之示之，靡之儇之[18]，铅之重之[19]，则夫塞者俄且通也，陋者俄且僩也[20]，愚者俄且知也。是若不行，则汤、武在上曷益？桀、纣在上曷损？汤、武存则天下从而治，桀、纣存则天下从而乱。如是者，岂非人之情固可与如此，可与如彼也哉！

[注释]

[1] 生：通“性”。 [2] 小重小：小人的本性又更加进一步发展。重，增，加重。 [3] 势以临之：以势治之。 [4] 开内（nà）：开通进入。内，通“纳”，入，进入。 [5] 是人之口腹：以人之口腹为是，以人的口腹之欲为是。是，以……为是。 [6] 隅积：部分与整体。依王念孙说法，隅是道之分见者，积是道之贯通

者。[7] 噍（jiào）：嚼。[8] 乡乡：形容美食之香。乡，依王先谦说，“乡”通“芗”，香的意思。[9] 刍豢（chú huàn）：牛羊犬豕之类的家畜，此泛指肉类食品。[10] 菽藿：豆和豆叶，此泛指杂粮。[11] 至足：最大的满足。[12] 粲然：鲜明的样子，但此处应该是突然的意思。[13] 瞲（xuè）然：惊奇的样子。[14] 臭（xiù）：同“嗅”。无嗛：一说“无”为衍文，“嗛”读为“慊”，义为满足、快意。[15] 相：劝、教导。群居：众人共处。持养：保养、养育。藩饰：装饰、文饰，此指文教。安固：安定巩固。邪：同“也”，表肯定语气。[16] 县：读为“悬”，悬殊，差别很大。[17] 几：通“岂”。直：仅，只。[18] 靡：磨练。儇（xuān）：通“還”，积累。[19] 鈆（yán）：通“沿”，遵循。[20] 僩：广博。

人之情，食欲有刍豢，衣欲有文绣[1]，行欲有舆马[2]，又欲夫余财蓄积之富也，然而穷年累世不知不足[3]，是人之情也。今人之生也，方知蓄鸡狗猪彘[4]，又畜牛羊，然而食不敢有酒肉；余刀布，有囷窌[5]，然而衣不敢有丝帛；约者有筐箧之藏[6]，然而行不敢有舆马。是何也？非不欲也，几不长虑顾后而恐无以继之故也[7]？于是又节用御欲，收敛蓄藏以继之也，是于己长虑顾后，几不甚善矣哉！今夫偷生浅知之属，曾此而不知也[8]，粮食大侈[9]，不顾其后，俄则屈安穷矣[10]，是其所以不免于冻饿，操瓢囊为沟壑

战国晚期燕、赵地区是刀布并行流通的区域。考古发掘发现赵国地区所出土的窖藏战国钱币中，刀币及布币大约各占一半。而齐国原来流通的是刀币，但齐襄王返都临淄后，受秦国的影响，又铸行圜钱，形成刀币和圜钱并行流通的制度。楚国流通的则是蚁鼻钱，秦国为圜钱，韩、魏为布币。《荀子·荣辱篇》有“余刀布”之语，《富国》《王霸》都有“刀布之敛”之称，称钱币是“刀布”并言，并没有其他的称呼。这说明荀子是在一个刀布并行流通的国家成长起来的，这个国家只可能是燕或赵，决不可能是齐或别的什么国家。

中瘠者也[11]。况夫先王之道，仁义之统，《诗》《书》《礼》《乐》之分乎[12]。彼固天下之大虑也，将为天下生民之属长虑顾后而保万世也，其沠长矣[13]，其温厚矣[14]，其功盛姚远矣[15]，非孰修为之君子莫之能知也[16]。故曰：短绠不可以汲深井之泉[17]，知不幾者不可与及圣人之言[18]。夫《诗》《书》《礼》《乐》之分，固非庸人之所知也。故曰：一之而可再也，有之而可久也，广之而可通也，虑之而可安也，反鈆察之而俞可好也[19]。以治情则利[20]，以为名则荣[21]，以群则和[22]，以独则足[23]。乐意者其是邪[24]！

知不幾：即“智不及幾”，智慧没有达到“知幾”程度。《周易·系辞下》：“知幾其神乎。君子上交不谄，下交不渎，其知幾乎？幾者，动之微，吉之先见者也。”

［注释］

[1] 文绣：华美的衣服。 [2] 舆马：车和马。 [3] 不知不足：据下文文意，似当作“不知足”。 [4] 蓄：据宋浙本当改为“畜”。 [5] 囷（qūn）：圆形的谷仓。窌（jiào）：地窖。 [6] 箧簏（qiè）：用竹子编的箱子，用来贮藏钱帛。 [7] 几不：岂不。 [8] 曾：副词，表示出乎意料，相当于“竟”。 [9] 大：宋浙本作“太”。 [10] 屈（jué）：竭尽，穷尽。安：连词，相当于“乃”。 [11] 操瓢囊：拿着讨饭用的瓢和囊。瘠（zì）：依王念孙说，通作“胔”，指带有腐肉的尸骨。 [12] 分（fèn）：根本原则。乎：表示语气的停顿。 [13] 沠：古“流”字。 [14] 温：通“蕴”，蕴藏。 [15] 盛：通“成”。功成：成功。姚：通“遥”，

长远。 [16] 非孰修为之君子莫之能知也：据《礼论篇》“非孰修为之君子莫之能知也”，“孰”字前当补“顺”。顺：通“慎”，谨慎。孰：通“熟”，精熟。慎熟：谨慎精审。 [17] 绠（gěng）：绳子。汲：打水。 [18] 知不幾：智慧不够，即缺乏智慧。《说苑·政理》引作“知鲜”。《庄子·至乐》：“孔子曰：善哉汝问！昔者管子有言，丘甚善之，曰：‘褚小者不可以怀大，绠短者不可以汲深。’”《淮南子·说林》：“短绠不可以汲深，器小不可以盛大。”《说苑·政理》：“仲曰：‘可。然非圣人之道。’桓公曰：‘何也？’对曰：‘夫短绠不可以汲深井，知鲜不可以与圣人之言。’”知，通“智”。 [19] 鈆：通“沿”，遵循。俞：通“愈”。 [20] 以治情则利：用《诗》《书》《礼》《乐》的原则来治理性情则会得到好处。 [21] 以为名则荣：靠《诗》《书》《礼》《乐》的原则获得的名声，就会是美名。 [22] 以群则和：用《诗》《书》《礼》《乐》的原则来处理各种社会关系，则会社会和谐。 [23] 独：专一，此指以《诗》《书》《礼》《乐》的原则来专一其思想，心无旁骛。足：足够。 [24] 乐意：指对《诗》《书》《礼》《乐》的原则感到高兴。是：正确。邪：句末语气词，相当于“也”，表示肯定的意思。

夫贵为天子，富有天下，是人情之所同欲也。然则从人之欲则势不能容[1]，物不能赡也[2]。故先王案为之制礼义以分之[3]，使有贵贱之等，长幼之差，知愚、能不能之分[4]，皆使人载其事而各得其宜[5]，然后使悫禄多少厚薄之称[6]，是夫群居和一之道也[7]。

势：读为“设”，所设之官位。

使：通“事”，立置。《左传·文公六年》：“置善则固，事长则顺。”俞樾《群经平议·左传一》：“事，犹立也。”《礼记·仲尼燕居》：“虽在畎亩之中，事之，圣人已。”郑玄注：“事之，谓立置于位也。”按，《释名·释言语》：“事，傳也。傳，立也。”

[注释]

[1]从：通“纵”，放纵。 [2]赡（shàn）：满足。 [3]案：连词，乃、于是。 [4]知：通“智”。 [5]载：承担。 [6]悫：通“榖”，俸禄。称：相当于数、等。 [7]和一：和谐统一。

故仁人在上，则农以力尽田，贾以察尽财，百工以巧尽械器，士大夫以上至于公侯，莫不以仁厚知能尽官职[1]，夫是之谓至平[2]。故或禄天下而不自以为多[3]，或监门、御旅、抱关、击柝而不自以为寡[4]。故曰：“斩而齐[5]，枉而顺[6]，不同而一[7]。”夫是之谓人伦。《诗》曰：“受小共大共，为下国骏蒙[8]。”此之谓也。

此处的“故曰”，《臣道篇》作“《传》曰”。

顺：疑读为“循”。殷墟甲骨文屡见“值方”或“值某方”之记载，“值”，林义光释“循”，叶玉森、李孝定、陈伟湛、姚孝遂从之。疑字本作“直”，后误为“值（循）”，又因“循”而假借为“顺”。

[注释]

[1]知：通“智”。 [2]至平：最大的公平。 [3]禄天下而不自以为多：以天下为俸禄而不认为多。 [4]御（yà）：通“迓”。逆，迎。御旅，即逆旅，旅舍。这里指管理旅舍。抱关：看守城门。柝：（tuò）：打更用的梆子。 [5]斩：通“儳（chán）”，不整齐。齐：和谐的社会秩序。 [6]枉：不直。 [7]上述引文的意思是说：有了参差就有整齐，有了不直就有直，有了不同就有一致。 [8]受小共大共，为下国骏蒙：汤王接受的玉璧有大有小，各国诸侯都来受他庇护。见于《诗·商颂·长发》。受，承受。共，通“珙”，玉璧。骏蒙，保护者。骏，通“恂（xūn）”，庇护。

［点评］

本篇荀子系统地阐述了其荣辱观。荀子认为真正的求荣免辱，不是骄傲自大，不是争强斗狠，而是恭俭，是忠信。小人争强斗狠，虽欲求荣，实际获得的却是耻辱。因此，要懂得“荣辱之大分，安危利害之常体”，这就是“先义而后利者荣，先利而后义者辱；荣者常通，辱者常穷；通者常制人，穷者常制于人”“材悫者常安利，荡悍者常危害；安利者常乐易，危害者常忧险；乐易者常寿长，忧险者常夭折”。

荀子认为君子与小人生来的本性是相同的，“材性知能，君子、小人一也”，“是禹、桀之所同也”。尊卑荣辱都是后天行为的结果，人之所以获得的荣辱不同，全在于获求荣辱的道路不一样。君子忠信，遵守仁义德行，行事举措得当，小人却与此相反。荀子以尧、禹和桀、跖为例，将他们后天尊卑荣辱的差别归因于“注错习俗”，即是后天行为举止风俗习惯的不同，因此荀子强调后天教化修养的重要性。

有人说《荀子》一书除《性恶》一篇讲“性恶”外，其他篇没有讲“性恶”的，因此怀疑《性恶篇》非荀子之作，认为荀子不讲“性恶”，《性恶篇》当为荀子后学之作。从《荣辱篇》来看，这是完全错误的。《荣辱篇》只有三个“性”字，都是“材性”连言，好像没有言及“性恶”。其实《荣辱篇》屡言“性恶”，只是没有用“性”字而已。如“人之生固小人，无师无法则唯利之见耳。人之生固小人，又以遇乱世，得乱俗，是以小重小也，以乱得乱也。”所谓“人之生固小人”是说人生来就是小人，所谓“小人”就是“无师无法则唯利之见耳”，所谓“小重小”就是“小人的本性又更加进一步发展”，这不就是“性恶”吗？所以，将“人之生固小人”读为“人之性固小人”，是完全可以的。《荣辱篇》屡言“人之情”，“人之情”即人之本性。《孟子·告子上》：“乃若其情，则可以为善矣，乃所谓善也。”俞樾《群经平议·孟子二》：“盖性、情二字，在后人言之，则区以别矣，而在古人言之，则情即性也。”《商君书·说民》：“民之情也治，其事也乱。”《吕氏春秋·上德》：“变容改俗，而莫得其所受之，此之谓顺情。”高诱注：“情，性也，顺其天性也。”《淮南子·本经》：“天爱其精，地爱其平，人爱其情。”高诱注：“情，性也。”荀子也是如此。所谓“人之情，食欲有刍豢，衣欲有文绣，行欲有舆马，又欲夫余财蓄积之富也，然而穷年累世不知不足，是人之情也。”这是说“人之情”恶，实质也是说“人之性”恶。这应该是非常清楚的。

荀子所谓“性”并非为人之本质属性，它是可以改造、变化的，这在《荣辱篇》也有反映。“汤、武存则天下从而治，桀、纣存则天下从而乱。如是者，岂非人之情固可与如此，可与如彼也哉”，是说天下“人之情”，也就是天下“人之性”固可从“汤、武”“而治”，也可从“桀、纣”“而乱”。又说“以治情则利”，是说用《诗》《书》《礼》《乐》的原则来治理性情“则利”。“人之情”后天是可以选择的，后天是可以治理，这不就是“化性起伪”说吗？所以，讲荀子的人性论，我们不能只盯住《性恶篇》，《荣辱篇》也很重要。

非相篇第五

相人[1]，古之人无有也[2]，学者不道也。

［注释］

[1] 相人：观察人的体貌，以预测吉凶祸福。 [2] 古之人：古代的贤人。

有：读为“右”尊崇、崇尚。《淮南子·氾论》：“兼爱，尚贤，右鬼，非命，墨子之所立也。”高诱注：“右，犹尊也。”下同。

道：称道，称赞。下同。

古者有姑布子卿[1]，今之世，梁有唐举[2]，相人之形状颜色而知其吉凶妖祥[3]，世俗称之。古之人无有也，学者不道也。

［注释］

[1] 姑布子卿：姓姑布，字子卿。春秋时期郑国人，传说曾给孔子看过相。事迹见于《韩诗外传》。 [2] 梁：即魏国。魏国曾迁都大梁（今开封市西北），故称梁。唐举：战国时看相的人，事

迹见于《史记·蔡泽列传》。 [3] 妖祥：祸福。本指凶兆和吉兆。《周礼·春官·视祲》："以观妖祥，辨吉凶。" 郑玄注："妖祥，善恶之征。" 贾公彦疏："祥是善之征，妖是恶之征。"

故相形不如论心[1]，论心不如择术[2]。形不胜心，心不胜术[3]。术正而心顺之[4]，则形相虽恶而心术善，无害为君子也[5]；形相虽善而心术恶，无害为小人也。君子之谓吉，小人之谓凶。故长短、小大、善恶形相，非吉凶也[6]。古之人无有也，学者不道也。

［注释］

[1] 相形：观察人的体态和容貌。论心：分析、研究人的心理活动。 [2] 择术：鉴别人的思想主张。择，鉴别、区别。术，思想主张。《史记·外戚世家》："窦太后好黄帝、老子言，帝及太子诸窦不得不读《黄帝》《老子》，尊其术。" [3] 胜：胜过、超过。 [4] 顺：顺应、顺从。别本引作"从"。 [5] 无害：不妨碍。 [6] 故长短、小大、善恶形相，非吉凶也：高矮、大小、美丑等形体相貌上的特点，不是吉凶的标志。善恶，此指美丑。

具：疑读为"纍"，小的意思。《说文·糸部》："纍，约也。"朱骏声《通训定声》："纍之言拘也。"

盖帝尧长，帝舜短，文王长，周公短，仲尼长，子弓短[1]。昔者卫灵公有臣曰公孙吕[2]，身长七尺，面长三尺，焉广三寸[3]，鼻目耳具[4]，而名动天下。楚之孙叔敖，期思之鄙人也[5]，突秃长左[6]，轩较之下[7]，而以楚霸。叶公子高[8]，微小短瘠[9]，行若将不胜其衣。然白公之乱也[10]，令尹子西、司马子期皆死焉；叶公子高入据楚，诛白公，定楚国，如反手尔，仁义功名善于后世[11]。故事不揣长[12]，不揳大[13]，不权轻重[14]，亦将志乎尔[15]。长短、小大、美恶形相，岂论也哉[16]！

［注释］

[1] 子弓：一般认为是孔子的弟子仲弓，姓冉名雍。《论语·雍也》篇载："子曰：雍也可使南面。" [2] 公孙吕：人名，事迹不详。 [3] 焉：通"颜"，额头。 [4] 具：齐备。 [5] 期思：楚国地名，今河南省淮滨县东南。鄙人：居住在郊野的人。 [6] 突秃：头发稀少。长左：左手长。 [7] 轩较之下：身体矮于车子的轩较。轩，古代车前的直木。较，古代车箱两旁的横木。 [8] 叶公子高：名诸梁，字子高。春秋时楚国大夫，封地在叶，故称叶公。 [9] 微小短瘠：身体矮小瘦弱。 [10] 白公：名胜，楚平王的孙子。曾发动叛乱，后被叶公打败。事见《左传·哀公十六年》。 [11] 善：被赞赏。王引之怀疑"善"是"著"字之讹。 [12] 事：读作"士"。 [13] 揳（xié）：同"絜"，度量。 [14] 权：衡量。 [15] 亦将志乎尔：宋本作"亦将志乎心尔"。志：通"识"。这句话意思是：对待士，不要去测量身体的高矮、大小和轻重，而只要看看他的心志。 [16] 岂论也哉：难道值得一谈吗？

清华简《说命》形容傅说为“鸢肩”，与此意思相同。

傲：读为“謷”，诋毁。欺謷：欺骗诋毁。指虚夸以骗人，贬低以毁人。《吕氏春秋·怀宠》：“謷丑先王，排訾旧典。”陈奇猷校释：“丑，耻也。‘排’当系‘诽’字形近而误。‘诽訾’与‘謷丑’对文。”《新序·善谋》：“有独知之虑者，必见謷于民。”

杨倞注：“从者，荀卿门人。”骆瑞鹤：“《说文》：‘从，相听也。’明‘从’有听义。今谓‘从者’犹言‘听者’。《非十二子》云：‘上则取听于上，下则取从于俗。’听、从对举，则从亦听也。荀卿作辩论之语，云听者更欲何如乎？其辩论非是与其门人辩论，则杨倞说未当。”

且徐偃王之状[1]，目可瞻马[2]；仲尼之状，面如蒙倛[3]；周公之状，身如断菑[4]；皋陶之状[5]，色如削瓜[6]；闳夭之状[7]，面无见肤[8]；傅说之状[9]，身如植鳍[10]；伊尹之状[11]，面无须麋[12]；禹跳[13]，汤偏[14]，尧、舜参牟子[15]。从者将论志意[16]，比类文学邪[17]？直将差长短、辨美恶，而相欺傲邪[18]？

［注释］

[1] 徐偃王：西周时徐国国君。　[2] 马：“焉”字之讹，通“颜”，额头。　[3] 蒙倛：亦作“蒙箕”。蒙，蒙上。倛，古时腊月驱逐疫鬼或出丧时所用之神像。脸方而丑，发多而乱，形凶恶。　[4] 菑（zì）：直立着的枯木。　[5] 皋陶（gāo yáo）：传说上古舜时代掌管刑法的人。　[6] 削瓜：削去皮的瓜，指面色青绿。　[7] 闳（hōng）夭：周文王的大臣。　[8] 面无见肤：胡须过多，遮挡住了面部皮肤。　[9] 傅说（yuè）：商王武丁的相。　[10] 植鳍：竖起的鱼鳍。形容人枯瘦背脊弓曲的样子。这里指傅说的双肩上竦。　[11] 伊尹：商汤的辅臣。　[12] 麋：通“眉”。　[13] 禹跳：犹禹步。指大禹跛行，瘸着行走。　[14] 偏：通“蹁”，腿瘸。　[15] 参（cān）牟子：有一只眼睛里两个瞳仁，两眼总共三个瞳仁。牟，通“眸”，瞳仁。　[16] 从者：信从者，指信从相面的人。下同。　[17] 比类：比较。文学：文章学问。　[18] 直：只。差：区别。

古者桀、纣长巨姣美，天下之杰也，筋力越劲[1]，百人之敌也。然而身死国亡，为天下大僇[2]，后世言恶则必稽焉[3]。是非容貌之患也，闻见之不众[4]，论议之卑尔[5]。

[注释]

[1]越：萧旭读为“跋”，疾。 [2]僇：同“戮”，耻辱。 [3]稽：引证。 [4]闻见：所闻所见，知识。众：广博。 [5]论议：对人或事物的好坏、是非等所表示的意见。此指思想认识、境界。卑：低下。

今世俗之乱君[1]，乡曲之儇子[2]，莫不美丽姚冶[3]，奇衣妇饰[4]，血气态度拟于女子[5]。妇人莫不愿得以为夫，处女莫不愿得以为士[6]，弃其亲家而欲奔之者[7]，比肩并起[8]。然而中君羞以为臣，中父羞以为子，中兄羞以为弟，中人羞以为友[9]，俄则束乎有司而戮乎大市[10]，莫不呼天啼哭，苦伤其今而后悔其始。是非容貌之患也，闻见之不众，论议之卑尔。然则从者将孰可也[11]？

[注释]

[1]乱君：品行不好而有地位的人。 [2]乡曲：乡野、乡间。

儇（xuān）子：轻薄刁巧的男士。 [3] 姚冶：即妖冶，艳丽而不正。《荀子 · 礼论》作“窕冶”，杨倞注：“窕，读为姚，姚冶，妖美也。” [4] 奇衣：异服。妇饰：像妇人一样装饰打扮。 [5] 血气：气质、神情。 [6] 士：这里指未婚夫。 [7] 亲家：此指父母。奔：私奔。 [8] 比肩并起：一个连接一个，一排排。形容众多。 [9] 中：中等的，一般的。 [10] 俄：突然。束乎有司：被司法机关逮捕。 [11] 孰可：可孰，认可哪个。孰，疑问代词，哪个，表示选择。可，认可。

人有三不祥[1]：幼而不肯事长，贱而不肯事贵，不肖而不肯事贤[2]，是人之三不祥也。人有三必穷[3]：为上则不能爱下，为下则好非其上，是人之一必穷也。乡则不若[4]，偝则谩之[5]，是人之二必穷也。知行浅薄[6]，曲直有以相县矣[7]，然而仁人不能推[8]，知士不能明[9]，是人之三必穷也。人有此三数行者[10]，以为上则必危，为下则必灭。《诗》曰：“雨雪瀌瀌[11]，宴然聿消。莫肯下隧，式居屡骄。”此之谓也。

《周易 · 谦 · 象》：“天道亏盈而益谦，地道变盈而流谦，鬼神害盈而福谦，人道恶盈而好谦。”道尽“三不祥”“三必穷”之理。

[注释]

[1] 祥：吉祥。 [2] 不肖：不成材，不聪明。 [3] 穷：困窘。 [4] 乡：通“向”，面对面。不若：不如，指以谦待人，自以为不如人。 [5] 偝则谩之：私下则诋毁对方。偝，通“背”。 [6] 知

行：智虑和德行。知，通“智”。 [7] 有：通“又”。县：通“悬”，悬殊。 [8] 推：推崇。 [9] 明：尊敬。 [10] 三数行：“三”疑为衍文。 [11]“雨雪瀌（biāo）瀌”以下四句：雪下得大，太阳一照便融化了；有的人不肯谦下从人，接人待物常常骄傲。引《诗》见《诗·小雅·角弓》。雨雪，下雪。雨，动词，下。瀌瀌，雪大的样子。宴，通“晏”，天晴日出。聿（yù），于是。隧，今《诗·小雅·角弓》作“遗”，谦下从人。郑玄笺：“遗，读曰随……今王不以善政启小人之心，则无肯谦虚以礼相卑下，先人而后已。”式，语助词。居，居处，此指接人待物。

人之所以为人者，何已也[1]？曰：以其有辨也[2]。饥而欲食，寒而欲暖，劳而欲息，好利而恶害，是人之所生而有也，是无待而然者也，是禹、桀之所同也。然则人之所以为人者，非特以二足而无毛也[3]，以其有辨也。今夫狌狌形笑[4]，亦二足而毛也[5]，然而君子啜其羹[6]，食其胾[7]。故人之所以为人者，非特以其二足而无毛也[8]，以其有辨也。夫禽兽有父子而无父子之亲，有牝牡而无男女之别，故人道莫不有辨。

此“人之所以为人者”即孟子所谓“君子之谓性也”，异名同义。

［注释］

[1] 已：通“以”。 [2] 辨：辨别、区别，指人类社会存在的男女、长幼、贵贱、亲疏等区别。 [3] 毛：当为“尾”字形

讹。 [4] 笑：于省吾读为“肖”。形肖，犹言形象。褚澄《褚氏遗书·精血》：“凡子形肖父母者，以其精血，尝于父母之身无所不历也。”也作“肖形”。《淮南子·墬形》：“五类杂种，兴乎外肖形而蕃。”高诱注：“肖，像也，言相代象而蕃多也。”《周书·武帝纪下》：“人肖形天地，禀质五常。”刘知幾《史通·编次》：“至于龟策异物，不类肖形，而辄与黔首同科，俱谓之传，不其怪乎？” [5] 亦二足而毛也：从文义看，“毛”上当有“无”字。“无毛”当作“无尾”。 [6] 啜（chuò）：喝。 [7] 胾（zì）：切成大块的肉。 [8] 毛：当为“尾”字形讹。

辨莫大于分[1]，分莫大于礼，礼莫大于圣王。圣王有百，吾孰法焉？故曰：文久而息，节族久而绝[2]，守法数之有司极礼而褫[3]。故曰：欲观圣王之迹，则于其粲然者矣[4]，后王是也。彼后王者，天下之君也，舍后王而道上古[5]，譬之是犹舍己之君而事人之君也。故曰：欲观千岁，则数今日[6]；欲知亿万，则审一二；欲知上世，则审周道[7]；欲知周道，则审其人所贵君子。故曰：以近知远，以一知万，以微知明。此之谓也。

从“此之谓也”可知，“故曰”犹“《传》曰”，非荀子语，是荀子引用的古书传记之说，“故”字当加书名号。

“法后王”就是“以近知远”。

［注释］

[1] 分（fèn）：等级名分。 [2] 族（zòu）：通“奏”。节奏：礼节制度，指有关礼仪的各种规定。《荀子·王制》：“案平政教，

审节奏，砥砺百姓，为是之日，而兵刬天下劲矣。”《富国》：“必将修礼以齐朝，正法以齐官，平政以齐民，然后节奏齐于朝，百事齐于官，众庶齐于下。”杨倞注：“节奏，礼之节文也，谓上下皆有礼也。” [3] 法数：法度。极礼：据前后文，“礼”字是衍文，当删。极，久远。褫：废弛。 [4] 粲然：清楚明白。 [5] 道：称道。 [6] 数：审察。 [7] 周道：周代治国之道。

夫妄人曰：“古今异情，其以治乱者异道[1]。”而众人惑焉。彼众人者，愚而无说，陋而无度者也[2]。其所见焉[3]，犹可欺也，而况于千世之传也！妄人者[4]，门庭之间，犹可诬欺也，而况于千世之上乎[5]！

法家之说。如《韩非子·五蠹》篇就说：“今有构木钻燧于夏后氏之世者，必为鲧、禹笑矣；有决渎于殷、周之世者，必为汤、武笑矣。然则今有美尧、舜、汤、武、禹之道于当今之世者，必为新圣笑矣。是以圣人不期修古，不法常可，论世之事，因为之备。”

[注释]

[1] 据《韩诗外传》卷三第二十八章，“以”字前当有“所”字。 [2] 陋而无度（duó）：浅陋而不动脑筋。度，忖度。 [3]“其所见焉”以下三句：他们亲眼看见的，尚且可以欺骗他们，何况那些几千年前的传闻呢！ [4]“妄人者”以下三句：那些妄人对于门庭之间那么近的事，尚且都欺骗。 [5] 上：久远。

说：辨证是非。《太平御览》四六二《游说下》引《鬼谷子·谋虑》篇注：“决是非曰说。”

圣人何以不欺[1]？曰：圣人者，以己度者也[2]。故以人度人，以情度情，以类度类，以说度功[3]，以道观尽[4]，古今一度也。类不悖，虽久同理，故乡乎邪曲而不迷[5]，观乎杂物而不惑。以此度之，五帝之外无传人，非无贤人也，久故也。五帝之中无传政[6]，非无善政也，久故也。禹、汤有传政而不若周之察也，非无善政也，久故也。传者久则论略，近则论详，略则举大，详则举小。愚者闻其略而不知其详，闻其详而不知其大也[7]，是以文久而灭，节族久而绝。

“古今一也”，所以能以今观古，这是“法后王”以“法先王”的原因。

［注释］

[1] 据《韩诗外传》卷三第二十八章，“不”字后当补“可”字。 [2] 以己度（duó）者：圣人是根据自身的经验去推想古代的一类人。 [3] 说：辨证。 [4] 以道观尽：根据一般规律去观察古今的一切。古今一度也：王念孙认为“度”字为衍文。 [5] 乡：通“向”，面对。 [6] 五帝：一般指伏羲、神农、黄帝、尧、舜。 [7] 闻其详：当作“闻其小”。

凡言不合先王，不顺礼义，谓之奸言。虽辩，君子不听。法先王，顺礼义，党学者[1]，然而不好言，不乐言，则必非诚士也。故君子之于言也，志好之，行安之，乐言之。故君子必辩。凡人莫不好言其所善，而君子为甚。故赠人以言[2]，重于金石珠玉；观人以言[3]，美于黼黻文章[4]；听

法先王，顺礼义，党学者，然而不好言，不乐言，则必非诚士也：当作“傥学者法先王，顺礼义，然而不好言，不乐言，则必非诚士也”。

人以言，乐于钟鼓琴瑟。故君子之于言无厌。鄙夫反是，好其实[5]，不恤其文[6]，是以终身不免埤污佣俗[7]。故《易》曰："括囊，无咎，无誉[8]。"腐儒之谓也。

孔子曰："质胜文则野，文胜质则史，文质彬彬，然后君子。"（《论语·雍也》）

[注释]

[1] 党：读为"傥"，倘使，假如。 [2] 言：即上文"言其所善"，也就是善言。下同。 [3] 观：给人看，让人欣赏。 [4] 黼黻（fǔ fú）文章：古代礼服上的彩色花纹。 [5] 好其实：看重实利。 [6] 恤：体恤、顾念，引申为重视。 [7] 埤（bì）：通"卑"，低下。佣：通"庸"，庸俗。 [8] 括囊，无咎，无誉：语见《周易·坤》卦。括囊，扎起口袋。比喻遇事沉默不语，闭口不言。无咎无誉，既不会受到责怪，也不会得到赞誉。

凡说之难[1]，以至高遇至卑，以至治接至乱，未可直至也。远举则病缪[2]，近世则病佣[3]。善者于是间也[4]，亦必远举而不缪，近世而不佣。与时迁徙，与世偃仰，缓急嬴绌[5]，府然[6]，若渠匽檃栝之于己也[7]。曲得所谓[8]，焉然而不折伤[9]。

"曲得所谓，焉然而不折伤"，道尽了"与时迁徙，与世偃仰，缓急嬴绌，府然，若渠匽檃栝之于己也"的好处，既全部达到了进说的目的，又安全地保护了自己。

[注释]

[1] 说（shuì）：说服。 [2] 缪（miù）：通"谬"。 [3] 佣：庸俗。 [4] 间：中间。 [5] 缓急嬴绌：当缓则缓，当急则急，

当进则进，当退则退。赢，通“嬴”。嬴绌，犹增减，伸屈，进退。 [6] 府：通“俯”。俯然：俯身的样子。此指放低姿态，放下架子。 [7] 若渠匽檃栝之于己也：像渠坝控制水流、檃栝矫正竹木那样控制自己。渠，当为“梁”字形讹。匽，通“堰”，坝。檃栝，矫正弯木的工具。 [8] 曲：尽，全。 [9] 焉：通“安”。“焉然”即“安然”。

抴：疑通“绁”，即“鞢”，俗作“柲”，也就是“弓檠”，一种保护弓的器具，绑在弓里保护弓的竹片。《仪礼·既夕礼》：“弓矢之新沽功……有柲。”郑玄注：“柲，弓檠，弛则缚之于弓里，备损伤，以竹为之。”

故君子之度己则以绳[1]，接人则用抴[2]。度己以绳，故足以为天下法则矣。接人用抴，故能宽容，因求以成天下之大事矣[3]。故君子贤而能容罢[4]，知而能容愚，博而能容浅，粹而能容杂，夫是之谓兼术[5]。《诗》曰：“徐方既同，天子之功[6]。”此之谓也。

[**注释**]

[1] 度己：律己。绳：准绳，准则。这里是从严的意思。 [2] 抴（yè）：通“枻（yì）”，短桨。下同。 [3] 依王念孙说，“求”是“众”字之误。 [4] 罢（pí）：通“疲”，疲弱无能。 [5] 兼术：容纳各种人的方法。 [6] 徐方既同，天子之功：徐国的人归顺，这是天子的功劳。诗见《诗·大雅·常武》。

谈说之术：矜庄以莅之[1]，端诚以处之，坚强以持之，分别以喻之，譬称以明之[2]，欣驩芬芗以送之[3]，宝之珍之，贵之神之。如是，则说常无不受。虽不说人，人莫不贵[4]。夫是之谓为能贵其所贵。《传》曰[5]："唯君子为能贵其所贵。"此之谓也。

［注释］

[1] 矜庄：庄重严肃。　[2] 分别以喻之，譬称以明之：当从王念孙说作"譬称以喻之，分别以明之"。　[3] 欣驩芬芗（xiāng）以送之：说热情和气地向对方传授知识。驩：同"欢"。芬芗，芳香。芗，通"香"。　[4] 虽不说（yuè）人，人莫不贵：虽然不是去取悦人，人们没有不看重你的，这叫作能够使他所看重的东西受到别人的重视。说人，取悦于人。　[5]《传》：古书传记。

君子必辩。凡人莫不好言其所善，而君子为甚焉。是以小人辩言险而君子辩言仁也[1]。言而非仁之中也[2]，则其言不若其默也，其辩不若其呐也[3]；言而仁之中也，则好言者上矣，不好言者下也。故仁言大矣。起于上所以道于下[4]，正令是也[5]；起于下所以忠于上，谋救是也。故君子之行仁也无厌。志好之，行安之，乐言之，故言君子必辩。小辩不如见端[6]，见端不如见本分[7]。小辩而察，见端而明，本分而理，圣人士君子之分具矣。

[注释]

[1] 言险：宣扬邪恶。 [2] 仁之中：符合、契合仁义思想。 [3] 呐：同"讷"，语言迟钝。这里指沉默少言。 [4] 道：通"导"。 [5] 正：当从宋本作"政"。 [6] 见端：观察事物的头绪。 [7] 本分：探求职分之本。"见"字王引之以为衍文。

有小人之辩者，有士君子之辩者，有圣人之辩者：不先虑，不早谋，发之而当[1]，成文而类[2]，居错迁徙[3]，应变不穷，是圣人之辩者也。先虑之，早谋之，斯须之言而足听，文而致实[4]，博而党正[5]，是士君子之辩者也。听其言则辞辩而无统[6]，用其身则多诈而无功，上不足以顺明王，下不足以和齐百姓[7]，然而口舌之均[8]，噡唯则节[9]，足以为奇伟偃却之属[10]，夫是之谓奸人之雄。圣王起，所以先诛也。然后盗贼次之。盗贼得变，此不得变也[11]。

"奸人之雄"即"小人之辩"，是"圣王"的最大敌人，故云"所以先诛"。其《宥坐篇》说"孔子为鲁摄相，朝七日而诛少正卯"，《新语》《淮南子》《说苑》《韩诗内传》等也有相近的说法，都是这一学派的思想。

[注释]

[1]发之而当：说话得当。 [2]成文而类：言说有条理。 [3]居错：通"举措"。举，擢用。措，废置。迁徙：升迁贬谪。 [4] 致：通"质"，信实。 [5] 党：通"谠"，正直。 [6] 无统：没有逻辑，不得要领。 [7] 和齐：调和齐一，使和谐一致。 [8] 口舌之均：说话声音和谐动听。之，有。均，通"韵"。 [9] 噡：多言。唯：

少言。则：相当于“之”。节：有节制。[10] 奇伟：夸大。偃却：同“偃蹇”，高傲。[11] 得变：可以转变。此句意思是说：盗贼还可以受到教化，得以改变，奸雄却无法教化。

[点评]

《非相篇》糅合了荀子三篇文章而成，应该是荀子后学整理荀子著作的结果。

首先是“非相”，批判了古今以来的相面术。荀子认为人德行的好坏、行为的成败都与相貌无关，而是后天努力的结果。他列举历史上著名人物相貌上的缺短，指出这些人相貌的丑陋，并未影响他们做出历史功绩，反倒是一些相貌娇美之人在历史上留下了恶名。所以，“故相形不如论心，论心不如择术”。以貌取人，是“闻见之不众，论议之卑尔”。荀子的这一思想，对今天那些迷信面相、手相之类的人来说，振聋发聩，仍不过时。

其次，荀子还讨论了学习礼义的方法论。荀子认为人与动物的本质区别、“人之所以为人者”，“以其有辨也”。而“辨莫大于分，分莫大于礼，礼莫大于圣王”。而向圣王学习礼义，最现实的方法就是“法后王”，要通过“法后王”来“法先王”。荀子眼中的“后王”是谁呢？就是周文王、周武王以后西周的“天下之君”，实质就是像周公、成王、康王一类的西周贤王。他批评那些“舍后王而道上古”的观点，认为持这些观点的人犹同“舍己之君而事人之君”。荀子这些关于人道本质的认识，关于历史观的认识，在中国思想史上具有深刻的意义。

最后，荀子讨论了“君子必辩”的问题。荀子阐述了君子之辩的原则，君子之辩的重要性，君子之辩的特征，君子之辩与小人之辩的区别。强调君子要重辩，因为君子之辩，皆是在宣讲仁义，君子之辩足以左右国家政策的制定，足以劝止君主的过失，所以君子应当不厌其烦地辩仁辩义。这是先秦儒家关于言辩问题最为系统全面而深刻的代表作。

非十二子篇第六

假今之世[1]，饰邪说，交奸言[2]，以枭乱天下[3]，矞宇嵬琐[4]，使天下混然不知是非治乱之所存者有人矣[5]。

“假”，通“下”，两字古音皆属于鱼部。“下今”，犹“今下”。《晋书·甘卓传》：“正当虑吾危朝廷邪？吾今下唯除奸凶耳。”

[注释]

[1] 假今：今下，现时，眼下。 [2] 交：当据宋本作“文”。 [3] 枭：通“挠”，扰乱。 [4] 矞（jué）宇：谲诡，诡计多端。矞，通“谲”，欺诈。宇，通“讦（xū）”，诡诈。嵬琐：通“委琐”，细碎，琐屑。引申为品格才智卑下。 [5] 混然：混乱、乱杂。

“交”为“文”形近而讹。

纵情性安恣睢[1]，禽兽行，不足以合文通治[2]；然而其持之有故[3]，其言之成理[4]，足以欺惑愚众，是它嚣、魏牟也[5]。

［注释］

[1] 安：而，连词。恣睢（suī）：恣意暴戾。 [2] 合：符合。文：文饰，这里指礼仪。通：达到。治：治理。 [3] 持之有故：立论有根据。王先谦集解引郝懿行曰："'故'者，'咨于故实'之'故'，谓其持论有本也。" [4] 言之成理：话讲得合乎道理。 [5] 它嚣：生平不详。《韩诗外传》卷四作"范雎"，疑为"范睢"之形讹。魏牟：战国时魏国公子，著有《公子牟》四篇。

谿：通"磎"，尖刻。

苟：当为"茍"字形讹。茍：亟，急于，急切地。

忍情性[1]，綦谿利跂[2]，苟以分异人为高[3]，不足以合大众[4]，明大分[5]；然而其持之有故，其言之成理，足以欺惑愚众，是陈仲、史鰌也[6]。

［注释］

[1] 忍：抑制、克制。情性：本性。 [2] 綦谿：犹忌刻、忌克，指为人妒忌尖刻。綦，通"惎"，忌。利跂：矜持自负。利，通"离"。 [3] 分异人为高：以自己与众不同为高明。 [4] 合大众：与大众相合，和广大民众打成一片。 [5] 明：彰明。大分：大体、大义。 [6] 陈仲：即《不苟篇》之田仲，其事迹《孟子·滕文公下》有载。

不知壹天下、建国家之权称[1]，上功用、大俭约而僈差等[2]，曾不足以容辨异、县君臣[3]；然而其持之有故，其言之成理，足以欺惑愚众，是墨翟、宋钘也[4]。

荀子以墨翟与宋钘为一派，值得注意。

［注释］

[1] 壹：统一。权称：法度，标准。权，秤锤。称，通“秤”。　[2] 上功用：崇尚功利。大：看重。僈：轻慢。　[3] 辨异：区分差异。县：通“悬”，悬殊。　[4] 墨翟：即墨子，墨家学派创始人。宋钘：战国时宋人。

尚法而无法[1]，下修而好作[2]，上则取听于上，下则取从于俗，终日言成文典[3]，反紃察之[4]，则倜然无所归宿[5]，不可以经国定分[6]；然而其持之有故，其言之成理，足以欺惑愚众，是慎到、田骈也。

成：陈旧的。《荀子·解蔽》：“一家得周道，举而用之，不蔽于成积也。”杨倞注：“成积，旧习也。”晋谢沈《祥禫议》：“忌日举哀，如昔成制。”

［注释］

[1] 尚法而无法：崇尚法律但却不施行法律。　[2] 下修而好作：轻视贤才，喜欢另外来一套。　[3] 文典：文籍典册，此指文献典故。　[4] 紃（xún）察：循察、考察。紃，通“循”。　[5] 倜（tì）然：远离的样子，形容迂阔而远离实际。归宿：指归，意向所归。　[6] 经国：治理好国家。定分：确定好名分，制定好规矩。

不法先王，不是礼义[1]，而好治怪说，玩琦辞[2]，甚察而不惠[3]，辩而无用，多事而寡功，不可以为治纲纪[4]；然而其持之有故，其言之成理，足以欺惑愚众，是惠施、邓析也。

“为”字疑为衍文。《韩诗外传》卷四有：“说皆不足合大道，美风俗，治纲纪。”

五行：指仁、义、礼、智、圣五常为人生而有之性善论。

[注释]

[1] 不是：不认同，不赞成。 [2] 琦辞：诡异的言论、异端邪说。琦，通“诡”。 [3] 甚察而不惠：聪明深察但却毫无用处。 [4] 纲纪：法度、纲常，此指制度。

犹：通“庮”，旧屋朽木。《说文·广部》：“庮，久屋朽木。”段玉裁注：“久屋而后有朽木。”《玉篇·广部》：“庮，朽木也，臭也，久屋木也。”又指朽木散发的臭气。《周礼·天官·内饔》：“牛夜鸣则庮。”郑玄注引郑司农云：“庮，朽木臭也。”犹儒：即“庮儒”，指散发出酸腐气味的腐儒、朽儒。

略法先王而不知其统[1]，犹然而材剧志大[2]，闻见杂博。案往旧造说[3]，谓之五行，甚僻违而无类[4]，幽隐而无说[5]，闭约而无解[6]。案饰其辞而祗敬之曰[7]：“此真先君子之言也。”子思唱之[8]，孟轲和之，世俗之沟犹瞀儒嚾嚾然不知其所非也[9]，遂受而传之，以为仲尼、子游为兹厚于后世[10]，是则子思、孟轲之罪也。

“子游”当为“子弓”之误。荀子书四次将仲尼与子弓并言，除此外，并没有再将仲尼与子游并列的。此外，从下文对“子游氏之贱儒”的批评看，子游地位与子张、子夏相当，也绝无与孔子并列之理。

[注释]

[1] 统：要领。 [2] 犹然：微笑自得的样子。材剧志大：多才而且志向远大。材，通“才”。 [3] 案往旧造说：根据古代旧说来生造新说。案，根据。 [4] 僻违：邪僻。 [5] 幽隐而无说：隐晦而难以解说。 [6] 闭约而无解：晦涩而难解。 [7] 案：乃、于是。祗（zhī）敬：恭敬。 [8] 唱：同“倡”，倡导。 [9] 沟犹瞀儒：当作“沟瞀犹儒”。沟瞀，通“怐愗（kòu mào）”，愚昧。嚾（huān）嚾然：喧嚣的样子。 [10] 子游：孔子的著名弟子，姓言，名偃，字子游，亦称“言游”“叔氏”，春秋末吴国人，与子夏、子张齐名，“孔门十哲”之一，曾为武城宰。兹厚：滋润泽被。兹，通“滋”。

若夫总方略，齐言行，壹统类，而群天下之英杰而告之以大古[1]，教之以至顺，奥窔之间[2]，簟席之上[3]，敛然圣王之文章具焉[4]，佛然平世之俗起焉[5]，六说者不能入也[6]，十二子者不能亲也[7]，无置锥之地而王公不能与之争名，在一大夫之位则一君不能独畜[8]，一国不能独容，成名况乎诸侯[9]，莫不愿以为臣，是圣人之不得势者也，仲尼、子弓是也。

这是说孔子、子弓不遇，其实也是荀子的夫子自道。其《成相篇》《宥坐篇》也多有这样的感慨。

［注释］

[1] 群：群聚。大古：太古。这里指古代的事迹。　[2] 奥窔（yào）之间：屋子里面。奥，屋子里的西南角。窔，屋子里的东南角。　[3] 簟（diàn）：竹席。　[4] 敛然：聚集的样子。　[5] 佛（bó）然：勃兴的样子。佛，通“勃”。平世之俗起：太平清明的社会风气兴起。　[6] 六说：上述六种说法。　[7] 十二子：上述六种说法的十二位代表人物。　[8] 在一大夫之位则一君不能独畜：虽处在一个大夫的职位上，但一国之君不能单独蓄养得下他。畜，通“蓄”，蓄养。　[9] 成：通“盛”。况：比。

一天下，财万物[1]，长养人民[2]，兼利天下[3]，通达之属莫不从服[4]，六说者立息，十二子者迁化[5]，则圣人之得势者，舜、禹是也。

［注释］

[1] 财：通“裁”，成，成就。　[2] 长养：养育。　[3] 兼利天下：给全天下人好处。　[4] 通达之属：行迹所至之处，指全天下。　[5] 迁化：转变，变化。

今夫仁人也，将何务哉[1]？上则法舜、禹之制，下则法仲尼、子弓之义[2]，以务息十二子之说，如是则天下之害除，仁人之事毕，圣王之迹著矣[3]。

［注释］

[1] 务：致力于。　[2] 上则法舜、禹之制，下则法仲尼、子弓之义：据《韩诗外传》卷四引，当作：“上法舜、禹之制，下则仲尼、子弓之义”。上句的“则”、下句的“法”为衍文。“则”也是“法”的意思。　[3] 著：彰显，显明。

信信[1]，信也；疑疑，亦信也。贵贤，仁也；贱不肖，亦仁也。言而当，知也[2]；默而当，亦知也。故知默犹知言也[3]。故多言而类[4]，圣人也；少言而法，君子也；多言无法而流湎然[5]，虽辩，小人也。故劳力而不当民务谓之奸事[6]，劳知而不律先王谓之奸心，辩说譬谕、齐给便利而不顺礼义谓之奸说[7]。此三奸者，圣王之所

多言：当据宋浙本作“多少”。“多少”，犹多、许多。《汉书·刑法志》：“今郡国被刑而死者岁以万数，天下狱二千余所，其冤死者多少相覆，狱不减一人，此和气所以未洽者也。”杜牧《江南春》诗：“南朝四百八十寺，多少楼台烟雨中。”《朱子语类》卷一一七：“且人一日间此心是起多少私意，起多少计较都不会略略回心转意去看，把圣贤思量，不知是在天地间做甚么也！”多少无法而沉湎然：做了许多无法之事而沉湎其中，坚持不改。

禁也。知而险，贼而神[8]，为诈而巧[9]，言无用而辩，辩不惠而察，治之大殃也。行辟而坚[10]，饰非而好[11]，玩奸而泽[12]，言辩而逆[13]，古之大禁也。知而无法，勇而无惮，察辩而操僻[14]，淫大而用乏[15]，好奸而与众[16]，利足而迷[17]，负石而坠[18]，是天下之所弃也。

［注释］

[1]“信信”以下四句：相信可信的，是诚实；怀疑可疑的，也是诚实。 [2]知：通“智”。 [3]知默犹知言：懂得沉默好比懂得言说一样。 [4]多言而类：多言而且合乎法度。 [5]多言：宋本原作“多少”，卢文弨、王先谦据《大略篇》改。流湎：沉湎，指沉湎于非法中，放纵无度。《劝学篇》“昔者瓠巴鼓瑟而流鱼出听”，《大戴礼记·劝学》“流”即作“沈（沉）”。 [6]劳力而不当民务：费力但却不契合百姓的需求。 [7]齐给便利：口才流利，反应敏捷。 [8]贼而神：好作乱而且手法莫测。 [9]为：通“伪”，诡诈。 [10]行辟而坚：行为怪僻而顽固不化。辟，通“僻”，邪僻。 [11]饰非而好：文过饰非而看似完美。 [12]玩奸而泽：玩弄奸计而看似有恩惠。 [13]言辩而逆：能言善辩而违反常理。 [14]察辩而操僻：行事缜密深察，却喜好操持邪僻之事。 [15]淫大而用乏：奢侈而费用贫乏。淫，过分。大，同“太”，过分。 [16]好奸而与众：爱玩弄阴谋诡计而吸引众多从众。 [17]利足而迷：善于行走却陷入迷途。 [18]石：疑当作“名”。负名：享有盛名。应劭《风俗通·正失·孝文帝》：“是时，待诏贾山谏以为‘不宜数从郡国贤良吏出游猎，重令此人负名，不称其举’。”

不争先人：不以争先人。“以”字省，“争先”义同。

兼服天下之心：高上尊贵不以骄人[1]，聪明圣知不以穷人，齐给速通不争先人[2]，刚毅勇敢不以伤人；不知则问，不能则学，虽能必让，然后为德。遇君则修臣下之义，遇乡则修长幼之义[3]，遇长则修子弟之义，遇友则修礼节辞让之义，遇贱而少者则修告导宽容之义[4]。无不爱也，无不敬也，无与人争也，恢然如天地之苞万物[5]，如是则贤者贵之，不肖者亲之。如是而不服者，则可谓訞怪狡猾之人矣[6]。虽则子弟之中，刑及之而宜[7]。《诗》云：“匪上帝不时[8]，殷不用旧。虽无老成人，尚有典刑。曾是莫听，大命以倾。”此之谓也。

［注释］

[1]高上尊贵不以骄人：不因高上尊贵而傲视别人。 [2]齐给速通：口才流利，反应敏捷。 [3]乡：乡大夫，此指乡亲。 [4]容：裕。 [5]恢然：广大的样子。苞：同“包”。 [6]訞：通“妖”。 [7]虽则子弟之中，刑及之而宜：虽然是亲属子弟，施以刑罚也很适宜。 [8]“匪上帝不时”以下六句：并非上帝不善良，而是商纣不守老规矩。即使没有旧臣在，毕竟还有常法存。竟然一点也不听，王朝因此而覆倾。诗见《诗·大雅·荡》。时，通“是”。典刑，经典常法。

古之所谓士仕者[1]，厚敦者也，合群者也，乐富贵者也[2]，乐分施者也[3]，远罪过者也，务事理者也，羞独富者也。今之所谓士仕者，污漫者也[4]，贼乱者也，恣睢者也，贪利者也，触抵者也[5]，无礼义而唯权势之嗜者也[6]。

［注释］

[1] 士仕：据下文“处士”的结构，这里当作“仕士”。 [2] 乐富贵：与前后文不协，当作“乐可贵”，指以可贵的道德伦理为乐。 [3] 分施：施舍，给人恩惠。 [4] 污漫：污秽，卑污。 [5] 触抵：指触犯刑法。 [6] 嗜：贪，贪求。

古之所谓处士者[1]，德盛者也，能静者也，修正者也[2]，知命者也，著是者也[3]。今之所谓处士者，无能而云能者也，无知而云知者也，利心无足而佯无欲者也[4]，行伪险秽而强高言谨悫者也[5]，以不俗为俗，离纵而跂訾者也[6]。

能：通“耐”，经受得住。耐静：经受得住清静，安于清静，忍受寂寞。杨万里《壕上感春》诗：“长壕无事不耐静，若非织绡便磨镜。”陈景沂《金橘》：“诚斋老子不耐静，偶拄乌藤出苔径。”

［注释］

[1] 处士：有才能而隐居不仕的人。 [2] 修正者：行为端正的人。 [3] 著是者：宣扬正确思想的人。著，显明，彰明。 [4] 利心无足而佯无欲者：贪得无厌却装得毫无欲望。 [5] 高言：自我吹嘘。谨悫：谨慎忠厚。 [6] 离纵（zōng）：脱离正道。纵，通

“踪”。跂訾：踮起脚尖，指故意与众不同。訾，通“趾”。

士君子之所能不能为[1]：君子能为可贵[2]，不能使人必贵己；能为可信，不能使人必信己；能为可用，不能使人必用己。故君子耻不修，不耻见污[3]；耻不信，不耻不见信；耻不能，不耻不见用。是以不诱于誉[4]，不恐于诽，率道而行[5]，端然正己[6]，不为物倾侧[7]，夫是之谓诚君子。《诗》云：“温温恭人，维德之基[8]。”此之谓也。

人：疑读为“仁”。恭人：即恭仁。

［注释］

[1] 能不能为：能为与不能为。 [2] 能为可贵：指做值得尊重的事。 [3] 不耻见污：不耻于被人污蔑。 [4] 不诱于誉：不被荣誉所吸引迷惑。 [5] 率：循，顺。 [6] 端然：严肃的样子。 [7] 不为物倾侧：不被外在事物改变立场和观点。 [8] 温温恭人，维德之基：见于《诗·大雅·抑》。《不苟》《君道》篇也有引。

士君子之容：其冠进[1]，其衣逢[2]，其容良[3]，俨然[4]，壮然[5]，祺然[6]，蕼然[7]，恢恢然，广广然[8]，昭昭然，荡荡然[9]，是父兄之容也。其冠进，其衣逢，其容悫，俭然[10]，恀然[11]，辅然[12]，端然[13]，訾然[14]，洞然[15]，缀缀然[16]，瞀瞀然[17]，是子弟之容也。

[注释]

[1]进：前进，指帽子向前而高出。[2]衣逢：衣服宽大。[3]容良：面容和蔼。[4]俪：当从宋本作“俨”。[5]壮：通“庄”。[6]祺然：面容安详的样子。[7]蕼（sì）然：面容宽舒的样子。[8]恢恢然，广广然：心胸宽广的样子。[9]昭昭然，荡荡然：心胸坦荡的样子。[10]俭然：谦逊的样子。[11]恀然：美好的样子。恀，通“姼（shì）”，美好。[12]辅然：亲近的样子。[13]端然：端正、正直的样子。[14]訾然：勤勉的样子。“訾”，通“孜”。[15]洞然：恭敬的样子。[16]缀缀然：不背离的样子。[17]瞀瞀然：垂目不敢正视的样子。

吾语汝学者之嵬容[1]：其冠绕[2]，其缨禁缓[3]，其容简连[4]。填填然[5]，狄狄然[6]，莫莫然[7]，瞡瞡然[8]，瞿瞿然[9]，尽尽然[10]，盱盱然[11]。酒食声色之中则瞒瞒然，瞑瞑然[12]。礼节之中则疾疾然[13]，訾訾然[14]。劳苦事业之中则儢儢然[15]，离离然[16]。偷儒而罔[17]，无廉耻而忍謑詢[18]，是学者之嵬也。

“学者”为“士君子”之反，即“小人之学”者，其为贬义无疑。从荀子的描写看，其德行可谓无耻之尤。疑“学”当读为“狡”，“狡者”，狡猾、奸诈之人。

[注释]

[1]嵬容：丑态。[2]绕：读为“俛”，同“俯”，低俯。[2]禁：通“寻”，长。《方言》第一：“寻，长也。陈楚之间曰修，海、岱、

大野之间曰寻……自关而西，秦、晋、梁、益之间，凡物长谓之寻。”《淮南子・齐俗》：“深溪峭岸，峻木寻枝。”左思《魏都赋》：“硕果灌丛，围木竦寻。” [4] 简：怠慢。连：难，此指脸色难看，待人不善。 [5] 填填然：行动迟钝的样子。 [6] 狄：通“趯”，跳跃。 [7] 莫莫然：沉默不言的样子。莫，通“默”。 [8] 瞡（guī）瞡然：见识短浅的样子。 [9] 瞿瞿然：惊慌失措的样子。 [10] 尽尽然：沮丧的样子。 [11] 盱盱然：直目瞪眼的样子。 [12] 瞒瞒然，瞑瞑然：沉醉迷乱的样子。 [13] 疾疾然：憎恶的样子。 [14] 訾訾然：骂骂咧咧的样子。 [15] 儢（lǚ）儢然：怠慢的样子。 [16] 离离然：懒惰的样子。 [17] 偷儒：怠惰懦弱。儒，通“懦”。罔：无视。 [18] 謑詬：辱骂。詬，同“诟”，骂。

弟佗其冠[1]，神禫其辞[2]，禹行而舜趋[3]，是子张氏之贱儒也[4]。正其衣冠，齐其颜色，嗛然而终日不言[5]，是子夏氏之贱儒也[6]。偷儒惮事，无廉耻而耆饮食[7]，必曰“君子固不用力”[8]，是子游氏之贱儒也。

从“子游氏之贱儒”说来看，荀子对子游缺乏尊敬，前文称“以为仲尼、子游为兹厚于后世”，将“子游”与“仲尼”并列，显然有误。说是“子弓”之误，更为可信。

[注释]

[1] 弟佗其冠：指帽子戴得歪歪斜斜。弟佗，颓唐、歪斜的样子。 [2] 神禫（zhòng dàn）其辞：说话平淡无味。神禫：通“冲淡”。 [3] 禹行而舜趋：学习禹和舜的走路法。禹脚跛，舜在父母面前低头快步。 [4] 子张：姓颛孙，名师，春秋时陈国人，孔子的学生。 [5] 嗛然：装出谦虚的样子。嗛，通“谦”。 [6] 子夏：即卜商，春秋时卫国人，孔子的学生。 [7] 耆：通“嗜”，

贪爱。 [8] 固：本来、原本。力：劳力。

彼君子则不然：佚而不惰[1]，劳而不僈[2]，宗原应变[3]，曲得其宜[4]。如是，然后圣人也。

［注释］

[1] 佚：同“逸”。 [2] 僈：惰怠。 [3] 宗原应变：遵从根本的原则去应对各种变化。 [4] 曲得其宜：各方面处理得当。

［点评］

本文是荀子论春秋战国学术史的名篇，与《庄子·天下》篇并称而超乎《吕氏春秋·不二》《尸子·广泽》两篇之上。荀子从儒学正统出发，评价了当时道家、名家、法家等学派的思想，也对儒家内部诸流派的思想提出了批评。荀子分别批判的十二个人分别是它嚣（范雎）、魏牟、陈仲、史鳝、墨翟、宋钘、慎到、田骈、惠施、邓析、子思、孟轲。这十二子分属六个派别，荀子依次进行了评点批判。

荀子批评它嚣（范雎）、魏牟放纵性情，不合礼义；批评陈仲、史鳝抑制人性，偏离大道；批评墨翟、宋钘轻视等级差别；批评慎到、田骈崇尚法制却无法律标准；批评惠施、邓析不法先王，好辩而无实；批评子思、孟轲“思孟五行”说“僻违而无类，幽隐而无说，闭约而无解”，偏离了孔子的正道。

最后，荀子希望有圣人出现来平息十二子学说，“一天下，裁万物”。真正的圣人是什么样的？荀子在批判贱儒种种不合礼义行为的同时，提出标准：君子只有做到“佚而不惰，劳而不侵，宗原应变，曲得其宜”，才能成为圣人。

本篇荀子批判“思孟五行”说许多人颇为不解。同为孔子之徒，又都提倡仁义礼智，荀子为什么要将批判的矛头对准子思、孟轲？其实，荀子所以要批评“思孟五行”，就是因为“子思作《中庸》，孟子述之，道性善”，而荀子则“以为人性恶”。人性的善、恶之争，无异水火之不相容，于是导致了荀子对“思孟五行”的激烈批判。由此可知，荀子所批评的“思孟五行”说其实是与性善论有关。所谓“思孟五行”说，既非荀子传闻有误，错把邹衍当成孟轲；也不是指水火木金土相克相生；也非单纯地指仁义礼智圣五种德行，而是指仁义礼智圣这五种德行出于人性的性善论。荀子认为“性善则去圣王，息礼义”，危害最大。所以视其为“子思、孟轲之罪”，予以了空前激烈的批判。

仲尼篇第七

“仲尼之门人[1]，五尺之竖子[2]，言羞称乎五伯[3]。是何也？”曰：“然，彼诚可羞称也。齐桓，五伯之盛者也，前事则杀兄而争国[4]；内行则姑、姊、妹之不嫁者七人，闺门之内，般乐奢汏[5]，以齐之分奉之而不足[6]；外事则诈邾、袭莒，并国三十五。其事行也若是其险污淫汏也[7]，彼固曷足称乎大君子之门哉！”

《史记·孟子荀卿列传》：“孟轲，驺人也。受业子思之门人。”也有说“人”字为衍文的。

[注释]

[1] 仲尼之门人：据《文选》注等引文，“人”字当删。 [2] 竖子：童仆、小孩，这里指门人学生。 [3] 言羞称乎五伯：耻于在言谈中谈及五霸。五伯，指齐桓公、晋文公、楚庄王、吴王阖闾和越王勾践。伯，通“霸”。 [4] 前事：从前。 [5] 般(pán)乐：

玩乐。杨倞注："般亦乐也。"汏（tài）：通"泰"，骄奢。 [6] 分：一半。《公羊传·庄公四年》："襄公将复仇乎纪，卜之，曰：'师丧分焉。'"何休注："分，半也。师丧亡其半。" [7]"其事行也若是其险污淫汏也"以下二句：他的行为是如此的险恶和骄奢淫逸，怎么能够得上在伟大的圣人门下被称道呢？

"若是而不亡，乃霸，何也？"曰："於乎[1]！夫齐桓公有天下之大节焉[2]，夫孰能亡之？倓然见管仲之能足以托国也[3]，是天下之大知也[4]。安忘其怒[5]，出忘其雠[6]，遂立以为仲父，是天下之大决也。立以为仲父，而贵戚莫之敢妬也；与之高、国之位[7]，而本朝之臣莫之敢恶也；与之书社三百[8]，而富人莫之敢距也[9]。贵贱长少，秩秩焉[10]，莫不从桓公而贵敬之，是天下之大节也。诸侯有一节如是，则莫之能亡也。桓公兼此数节者而尽有之，夫又何可亡也？其霸也[11]，宜哉！非幸也，数也。"

倓然见管仲之能足以托国也：即"见管仲之能足以托国也则倓然"。

安：闲居、安居。《左传·文公十一年》："郕大子朱儒自安于夫钟，国人弗徇。"杜预注："安，处也。"出：出游。安忘其怒，出忘其雠：互文见义，指居游，也就是与管仲相处往来时忘记了他过去对他的愤怒和仇恨。

［注释］

[1] 於（wū）乎：同"呜呼"。 [2] 大节：高超的品节品格。这里指齐桓公知人善任。 [3] 倓：安，安然不疑，非常信任的样子。管仲：名夷吾，字仲，春秋初期齐国重臣。最开始侍奉公子纠，公子纠争王位失败被杀后，由鲍叔牙推荐给了齐桓公，辅助桓公

成就了霸业。 [4] 知：通“智”。 [5] 安：杨倞以为相当于“内”，一般以为语助词。 [6] 出：外。 [7] 与之高、国之位：给予他和高、国一样高的职位。高、国，高氏、国氏，是齐国世代的上卿。 [8] 书社：古制二十五家立为一社，把社内人名登录簿册，谓之“书社”。此指按社登记入册的人口及其土地。 [8] 距：通“拒”，敌。 [10] 秩秩：次序井然。 [11] “其霸也”以下四句：齐桓公称霸，理所应当！这不是侥幸而得，有其内在道理。数，必然的、必定的。

“然而仲尼之门人[1]，五尺之竖子，言羞称乎五伯，是何也？”曰：“然，彼非本政教也[2]，非致隆高也[3]，非綦文理也[4]，非服人之心也。乡方略、审劳佚畜积修斗而能颠倒其敌者也[5]，诈心以胜矣。彼以让饰争、依乎仁而蹈利者也[6]，小人之杰也。彼固曷足称乎大君子之门哉！”

“乡”前疑脱一“彼”字。审劳佚畜积修斗：“审”与“乡”相类似，都是谓语。“劳佚畜积修斗”都是“审”的宾语。审：明白、清楚，也就是懂得。《公孙龙子·白马》：“故黄、黑马一也，而可以应有马，而不可以应有白马，是白马之非马，审矣。”司马迁《报任少卿书》：“由此言之，勇怯，势也；强弱，形也，审矣！”而能颠倒其敌：“而”，才。

［注释］

[1] 仲尼之门人：据《文选》注引文，“人”字当删。 [2] 本政教：以政教纲常为本。 [3] 致隆高：以礼义为极致。此指推崇礼义。隆高，高超。此指礼义。 [4] 綦（qí）文理：以礼义制度为标准。綦，通“极”，标准。文理，这里指礼义制度。 [5] 乡方略：追求计谋策略。乡，通“向”，趋向，追求。佚：通“逸”。畜：通“蓄”。修斗：加强战备。颠倒：打败。 [6] 以让饰争、依乎仁而蹈利：以谦让来掩饰争夺、依仁义之名来追求实利。

彼王者则不然。致贤而能以救不肖，致强而能以宽弱[1]，战必能殆之而羞与之斗[2]；委然成文以示之天下[3]，而暴国安自化矣[4]；有灾缪者[5]，然后诛之。故圣王之诛也，綦省矣[6]。文王诛四[7]，武王诛二[8]，周公卒业[9]，至于成王则安以无诛矣[10]。故道岂不行矣哉？文王载百里地而天下一[11]；桀、纣舍之，厚于有天下之势而不得以匹夫老[12]。故善用之，则百里之国足以独立矣；不善用之，则楚六千里而为雠人役[13]。故人主不务得道而广有其势，是其所以危也。

《广雅·释诂三》："殆，败也。"《荀子·议兵》："轻利僄遬，卒如飘风。然而兵殆于垂沙，唐蔑死。""兵殆于垂沙"即"兵败于垂沙"。

载：开始。《诗·大雅·皇矣》："载锡之光，受禄无丧，奄有四方。"郑玄笺："载，始也。"《孟子·滕文公下》："汤始征，自葛载。"赵岐注："载，始也。"

广有其势：即上文"厚于有天下之势"。《诗·小雅·六月》："四牡修广，其大有颙。"毛传："广，大也。"

[注释]

[1] 致：通"至"，极。宽弱：包容弱者。 [2] 殆之：打败对方。 [3] 委然：富于文采的样子。成文：指定礼义制度。 [4] 安：语助词，于是。自化：自我转变。 [5] 缪（miù）：通"谬"，欺诈。 [6] 綦省：极少。綦，通"极"。省，简、少。 [7] 文王诛四：文王曾讨伐密须、耆、雠和崇国。 [8] 武王诛二：据《尸子》，周武王灭掉商朝后亲手斩杀纣王和恶来。 [9] 周公卒业：周公辅佐武王灭商，后来又平定三监叛乱，东征淮夷、商奄，最终平定天下。卒，终，完成。 [10] 成王：周武王的儿子。武王死时，成王年幼，周公摄政，后来成王年长，周公归政于他。安：安定。 [11] 文王载百里地而天下一：文王起初的疆域只有百里，

行道却统一了天下。[12]厚：富。老：终老、度晚年。[13]雠人：仇敌，这里指秦国。役：使役。

持宠、处位、终身不厌之术[1]：主尊贵之，则恭敬而僔[2]；主信爱之，则谨慎而嗛[3]；主专任之，则拘守而详[4]；主安近之，则慎比而不邪[5]；主疏远之，则全一而不倍[6]；主损绌之[7]，则恐惧而不怨。贵而不为夸[8]，信而不忘处谦，任重而不敢专。财利至，则言善而不及也[9]，必将尽辞让之义然后受；福事至则和而理；祸事至则静而理。富则施广，贫则用节[10]。可贵、可贱也，可富、可贫也，可杀而不可使为奸也：是持宠、处位、终身不厌之术也。虽在贫穷徒处之势[11]，亦取象于是矣[12]，夫是之谓吉人[13]。《诗》曰："媚兹一人[14]，应侯顺德。永言孝思，昭哉嗣服！"此之谓也。

［注释］

[1]处位：居位，居官任职。终身不厌：终身不被厌弃。[2]僔（zǔn）：通"撙"，抑制，谦退。[3]嗛：通"谦"。[4]拘守：小心翼翼地坚守职责。详：细密，周全。[5]慎比：顺从亲近。慎，通"顺"。比，亲近。邪：不正。这里指谄媚。[6]全一而

处谦：守谦。《盐铁论·国疾》："所以贵术儒者，贵其处谦推让，以道尽人。"又《崇礼》："昔周公处谦以卑士，执礼以治天下，辞越裳之贽，见恭让之礼也。"

徒处：没有作为，做不了什么。《晏子春秋·问下二十》："及夫大贤，则徒处与有事无择也，随时宜者也。"《战国策·秦策一》："夫徒处而致利，安坐而广地，虽古五帝、三王、五伯，明主贤君，常欲坐而致之，其势不能，故以战续之。"鲍彪注："徒，犹空也。言无所为。"

侯：美。《诗·郑风·羔裘》："羔裘如濡，洵直且侯。"陆德明释文："《韩诗》云：侯，美也。"言：通"焉"，于。思：读为"事"。

不倍：全心全意而不背叛。倍，通“背”。 [7] 损：贬黜。绌：通“黜”，罢免。 [8] 夸：自大。 [9] 善而不及：自己的功绩还配不上受到的奖励。 [10] 节：节省。 [11] 徒处：一说以为独处。 [12] 取象：效法。 [13] 吉人：道德高尚的君子。 [14]“媚兹一人”以下四句：爱戴武王这个人，当赞美他遵循先人的德行。孝事永远，继承父业多么光明。这里用来说明臣对于君应像武王尽孝那样尽忠。诗见《诗·大雅·下武》。媚，爱戴。兹，此。一人，此指周武王。应，当。顺德，循德，指遵循文王的德行。昭，昭彰。嗣，继承。服，事。

求善处大重、理任大事、擅宠于万乘之国、必无后患之术[1]：莫若好同之[2]，援贤博施，除怨而无妨害人。能耐任之[3]，则慎行此道也；能而不耐任，且恐失宠，则莫若早同之，推贤让能，而安随其后。如是，有宠则必荣，失宠则必无罪。是事君者之宝而必无后患之术也。故知者之举事也，满则虑嗛[4]，平则虑险，安则虑危，曲重其豫[5]，犹恐及其祸，是以百举而不陷也。孔子曰：“巧而好度，必节；勇而好同，必胜；知而好谦，必贤。”此之谓也。愚者反是：处重擅权，则好专事而妬贤能，抑有功而挤有罪，志骄盈而轻旧怨，以吝啬而不行施道乎上，为重

曲重：周详慎重。重：慎重、谨慎。《广韵·肿韵》：“重，慎也。”《荀子·议兵》：“重用兵者强，轻用兵者弱。”司马迁《报任安书》：“古人所以重施刑于大夫者，殆为此也。”《东观汉记·沈丰传》：“（丰）为政慎刑重杀。”

招权于下以妨害人。虽欲无危，得乎哉？是以位尊则必危，任重则必废，擅宠则必辱[6]，可立而待也，可炊而僓也[7]。是何也？则堕之者众而持之者寡矣[8]。

［注释］

[1] 重：权，这里指重要的职位。理：俞樾认为“处大重”和“任大事”对文，“理”是衍文，当删。擅宠：独受宠信、宠爱。擅，独揽、专。 [2] 同之：这里指与君王同心。 [3] 能耐任之：能力能够胜任、才能可以胜任。耐，通“能”，能够。 [4] 嗛：通“歉”，不足。 [5] 豫：通“预”，预防。 [6] 以上一段话又见《说苑·杂言》篇，作：“孔子曰：‘巧而好度，必工；勇而好同，必胜；知而好谋，必成。愚者反是。夫处重擅宠，专事妒贤，愚者之情也。志骄傲而轻旧怨，是以尊位则必危，任重则必崩，擅宠则必辱。’”好度，善于遵守法制。节，有度。同，合作。胜，胜任大事。知，通“智”。挤有罪，入人于罪，陷人以罪。 [7] 炊而僓：一顿饭的工夫就失败。僓，通“竟”，完毕。 [8] 堕：同“隳”，毁。

天下之行术[1]，以事君则必通，以为仁则必圣[2]。立隆而勿贰也[3]，然后恭敬以先之，忠信以统之，慎谨以行之，端悫以守之。顿穷则从之[4]，疾力以申重之[5]。君虽不知，无怨疾之心；功虽甚大，无伐德之色[6]。省求多功[7]，爱敬不倦。如是，则常无不顺矣。以事君则必通，以为仁则必圣，夫是之谓天下之行术。

[注释]

[1] 行术：通行的方法。 [2] 为仁：做人。仁，通“人”。下同。圣：聪明睿智。 [3] 立隆而勿贰：确立礼法为准则而不改变。贰，变易，改动。 [4] 顿穷：指君主困顿穷迫。 [5] 疾力：快速而努力。申重：告诫强调。 [6] 伐德：夸耀功劳。 [7] 省求多功：少索取而多立功。

少事长，贱事贵，不肖事贤，是天下之通义也。有人也，势不在人上，而羞为人下，是奸人之心也。志不免乎奸心，行不免乎奸道，而求有君子、圣人之名，辟之[1]，是犹伏而咶天、救经而引其足也[2]。说必不行矣，俞务而俞远[3]。故君子时诎则诎、时伸则伸也[4]。

君子要与时屈伸，服从“天下之通义”。

[注释]

[1] 辟：通“譬”，譬喻。 [2] 伏而咶（shì）天：趴在地上去舔天。咶，通“舐”，舔。救经而引其足：救上吊的人却去拉他的腿。经，上吊。 [3] 俞：通“愈”。 [4] 时：适时，合于时宜。诎：通“屈”。

[点评]

本篇并非专题论文，系取文章开头两字“仲尼”为篇名，与《劝学》诸篇的命名迥异。

文章由相对独立的两部分组成，一是论霸道与王道的优劣，二是论正确的事君之道。将这样两段文义相距较远的文字组合成一篇文章，当是荀子后学整理《荀子》的结果。

荀子对以齐桓公为代表的春秋五霸进行了评论，指出齐桓公等人险污荒淫，其行径无足称道，取得霸业是因为他们以巧诈之心取胜，并不是本于政教。而文、武那样的王者则与齐桓等五霸相反，是“务得道”，“致贤而能以救不肖，致强而能以宽弱”，所以“战必能殆之”，“载百里地而天下一”。两相对比，一高一低，表达了荀子希望以文、武之道，也就是王道治国的思想。

接着，提出了一些如何取得君王信任、巩固自己地位、担当重任的方法。特别对“事君”“为人”的“天下之行术”的总结，充满了儒家的政治智慧，也是荀子从政经验的总结。

有人怀疑本篇非荀子之文，其实并不可信。

文章第一部分的基本思想是阐述霸道虽有可取之处，但远远不及王道。这一思想，在《王制》《王霸》《强国》《正论》等篇中多有体现，是荀子政治思想的基调之一，因此，这不可能为伪。

文章第二部分先讲“持宠、处位、终身不厌之术”，列举了在“主尊贵之”“信受之”“专任之”“安近之”“疏远之”“损绌之”等种种情况下臣子应抱的态度，提出了面对贵贱、贫富、祸福等等不同情况时作臣子的处世原则。其强调的重点是：臣子对君主要忠心耿耿、任劳任怨、谨慎谦虚、尽职尽责、不搞歪门邪道、不谄媚取宠、不居功自傲、不聚敛财富等。尽管“持宠、处位、终身不厌之术”的提法有点过分，但其具体内容却并没有那种“不恤君之荣辱，不恤国之臧否，偷合苟容以持禄养交”的行为，都是合乎其“臣道”的，谈不上什么“卑鄙”“乡愿”。

又讲“事君者之宝而必无后患之术”。从形式上看，这里讲的是如何才能“处大重、理任大事、擅宠于万乘之国，必无后患”；但其内容实质上是说要“援贤博施”“推贤让能”“满则虑谦”“安则虑危”。总而言之，强调“事君”的“天下之行术”是恭敬、忠信、慎谨、端悫、疾力，并没有一点欺诈矫伪、权谋倾覆的内容。

最后主张人应该时屈时伸，应该有自知之明，不要不能屈居人下。这些，都是其“事君之术”的发挥，也谈不上有什么“妾妇之道”的问题。

因此，此篇内容为荀子所作是难以否定的。

儒效篇第八

大儒之效[1]：武王崩，成王幼，周公屏成王而及武王以属天下[2]，恶天下之倍周也[3]。履天子之籍[4]，听天下之断，偃然如固有之[5]，而天下不称贪焉；杀管叔，虚殷国[6]，而天下不称戾焉；兼制天下[7]，立七十一国，姬姓独居五十三人，而天下不称偏焉。教诲开导成王，使谕于道，而能揜迹于文、武[8]。周公归周，反籍于成王，而天下不辍事周，然而周公北面而朝之。天子也者，不可以少当也[9]，不可以假摄为也[10]。能则天下归之，不能则天下去之，是以周公屏成王而及武王以属天下，恶天下之离周也。成王冠，

及：兄传位于弟之称。《礼记·礼运》："大人世及以为礼。"孔颖达疏："世及，诸侯传位自与家也。父子曰世，兄弟曰及，谓父传与子，无子，则兄传与弟也。"《史记·宋微子世家》："父死子继，兄死弟及，天下通义也。"

成人，周公归周反籍焉，明不灭主之义也。周公无天下矣，乡有天下[11]，今无天下，非擅也[12]；成王乡无天下，今有天下，非夺也：变势次序节然也。故以枝代主而非越也[13]，以弟诛兄而非暴也[14]，君臣易位而非不顺也。因天下之和，遂文、武之业[15]，明枝主之义，抑亦变化矣，天下厌然犹一也[16]。非圣人莫之能为，夫是之谓大儒之效。

变势次序节然也：君位变化，按照规定恰好应该这样。变势，权势发生变化。此指君位转变。《韩非子·孤愤》："故当世之重臣，主变势而得固宠者，十无二三。"陈奇猷集释引王先谦曰："主势变，谓国君相嬗之时也。"梁启雄解："势，指势位。主变势，谓先君薨，后君立，君位转变。"节，通"适"，恰好。《荀子·天论》："楚王后车千乘，非知也；君子啜菽饮水，非愚也，是节然也。"

[注释]

[1]效：功效、效果。 [2]屏（bǐng）：摒弃，屏退。属：统属。 [3]恶：担心。倍：通"背"。 [4]履：践，登上。天子之籍：天子之阼，即帝位。籍，通"阼"。 [5]偃然：安然。固：本来。 [6]杀管叔，虚殷国：武王灭商后，商纣王的儿子武庚联合管叔、蔡叔和霍叔叛乱。周公东征，杀管叔和武庚，使殷都成为废墟。虚，通"墟"，荒废。国，国都。 [7]兼制：全面统治。 [8]谕：明白。揜（yǎn）迹：承袭先辈的事业。揜，袭。 [9]少当：年少的人主政。 [10]假摄：代理职权。 [11]乡：通"向"，从前。下同。 [12]擅：通"禅"，禅让。 [13]枝：支子，指嫡长子以外的诸子。周公非嫡长子，故称"枝"。 [14]以弟诛兄：指周公杀管叔。 [15]遂：完成。 [16]厌然：安然。

秦昭王问孙卿子曰[1]："儒无益于人之国？"

孙卿子曰："儒者法先王，隆礼义，谨乎臣子而致贵其上者也[2]。人主用之，则势在本朝而宜[3]；不用，则退编百姓而悫[4]，必为顺下矣[5]。虽穷困冻餧[6]，必不以邪道为贪；无置锥之地而明于持社稷之大义[7]；呜呼而莫之能应，然而通乎财万物、养百姓之经纪[8]。势在人上则王公之材也，在人下则社稷之臣，国君之宝也。虽隐于穷阎漏屋[9]，人莫不贵之，道诚存也。仲尼将为司寇，沈犹氏不敢朝饮其羊[10]，公慎氏出其妻[11]，慎溃氏逾境而徙[12]，鲁之粥牛马者不豫贾[13]，必蚤正以待之也[14]。居于阙党[15]，阙党之子弟罔不分[16]，有亲者取多[17]，孝弟以化之也[18]。儒者在本朝则美政，在下位则美俗，儒之为人下如是矣。"

贪：通"念"，念想。

[注释]

[1] 孙卿子：荀子本为孙氏，荀为后人的同音换读。卿子是尊称。 [2] 致贵其上：使其上贵。致，致使。 [3] 势：通"设"，设置，这里指被任用。下"势在人上则王公之材也"之"势"同。 [4] 退编百姓：辞退官职，编入百姓户籍之中。战国变法后"编户齐民"，平民百姓都必须按姓名、年龄、籍贯、身份、相貌、财富情况等项目一一登载编入政府户籍。 [5] 顺下：恭顺的

下民。 [6] 餧：同“馁”，饥饿。 [7] 持：维护。义：通“议”，谋。 [8] 财万物、养百姓之经纪：管理万物，养育百姓的纲常、法度。财，通“裁”，控制，管理。 [9] 阎：里巷。漏：通“陋”。 [10] 沈犹氏：春秋时鲁国人，传说他常常在早晨给羊喂饱水再去卖，以欺骗买主。 [11] 公慎氏：春秋时鲁国人，传说他放任妻子淫乱。 [12] 慎溃氏：春秋时鲁国人，传说他荒淫无度。 [13] 粥：通“鬻”，卖。豫贾：抬高物价。豫，大，此指抬高。贾，通“价”。 [14] 蚤正：《新序·杂事一》《杂事五》都作“布正”。“蚤”为“布”字形讹，“正”当读作“政”。“布政”也就是施政的意思。《左传·成公二年》：“《诗》曰：‘布政优优，百禄是遒。’子实不优而弃百禄，诸侯何害焉！”《史记·孝文本纪》：“人主不德，布政不均。” [15] 阙党：同“阙里”，在今山东省曲阜市境内。 [16] 罔不分：分配捕获的鱼兽。罔，通“网”。不，通“罘（fǔ）”，捕猎工具。 [17] 有亲者：有父母的人。 [18] 弟：通“悌”，尊敬兄长。

此句《孟子·公孙丑上》作：“行一不义、杀一不辜，而得天下，皆不为也。”

王曰：“然则其为人上何如？”孙卿曰：“其为人上也广大矣：志意定乎内，礼节修乎朝，法则度量正乎官，忠信爱利形乎下[1]。行一不义、杀一无罪而得天下，不为也[2]。此君义信乎人矣[3]，通于四海，则天下应之如讙[4]。是何也？则贵名白而天下治也[5]。故近者歌讴而乐之，远者竭蹶而趋之[6]，四海之内若一家，通达之属莫不从服[7]，夫是之谓人师[8]。《诗》曰：‘自西自东，自南自北，无思不服[9]。’此之谓也。夫其为人下也如彼，其为人上也如此，何谓其‘无益于人之国’也？”昭王曰：“善。”

思：通“使”。

[注释]

[1]形：显现。这句话意思是诚实、忠信、仁爱、利人等美德在百姓中显现。 [2]此句又见《王霸篇》。 [3]君：宋浙北刻本、《古逸丛书》本“君”后有“子”字，王念孙则以为“君”当系“若”字之误。 [4]讙（huān）：喧哗，齐声应答。 [5]贵名白：珍贵的名声显赫于天下。白，显赫。 [6]竭蹶：力尽颠仆倾跌，形容奔走之急。 [7]通达之属：凡人所能到达的地方。 [8]人师：人之所师，大家师法、学习的榜样。 [9]自西自东，自南自北，无思不服：从西到东，从南到北，没有使谁不服。见于《诗·大雅·文王有声》。

先王之道，仁之隆也[1]，比中而行之。曷谓中？曰：礼义是也。道者，非天之道，非地之道，人之所以道也[2]，君子之所道也[3]。

比：顺从，根据。《左传·昭公二十八年》：“慈和遍服曰顺，择善而从之曰比。”杜预注：“比方善事，使相从也。”王念孙《读书杂志·荀子二》：“比，顺也，从也。”

[注释]

[1]隆：最高表现。 [2]人之所以道：人所要遵循的。道，行，此指遵循。 [3]君子之所道：君子所倡导的。道，通“导”。

君子之所谓贤者[1]，非能遍能人之所能之谓也；君子之所谓知者，非能遍知人之所知之谓也；君子之所谓辩者，非能遍辩人之所辩之谓也；君子之所谓察者，非能遍察人之所察之谓也；有所正矣[2]。相高下[3]，视垸肥[4]，序五种[5]，君子不如农人；通财货，相美恶，辩贵贱，君子不如贾人；设规矩，陈绳墨，便备用[6]，君子不如工人；不恤是非然不然之情[7]，以相荐撙[8]，以相耻怍[9]，君子不若惠施、邓析。若夫譎德而定次[10]，量能而授官，使贤不肖皆得其位，能不能皆得其官[11]，万物得其宜，事变得其应，慎、墨不得进其谈[12]，惠施、邓析不敢窜其察[13]，言必当理，事必当务，是然后君子之所长也。

君子之所长在用人，在“言必当理，事必当务”。

[注释]

[1] 君子之所谓贤者：君子所谓贤能，并非能够全部做到人所能做到的一切。遍，普遍，全面。 [2] 正：据《群书治要》卷三十八引文，当作“止”。止：局限，限度。 [3] 相：察看。高下：地势的高低。 [4] 垸（qiāo）：指土质坚硬瘠薄。 [5] 序五种：按时有序播种黍、稷、谷、麻、麦等作物。五种，杨倞以为黍、稷、豆、麦、麻，郑玄以为黍、稷、菽、麦、稻。此泛指各种庄稼。 [6] 备用：器用、工具。 [7] 不恤是非然不然之情：不顾是非对错。恤，顾及、顾念。 [8] 荐撙（zǔn）：凌驾、压倒。荐，通“践”，践踏。撙，压抑，欺侮。 [9] 怍：羞悔，耻辱。 [10] 譎德而定次：据下文“明

主谲德而序位”，“讁”是“谲”字之讹。谲（jué）：通“决”，分辨、判断。《礼记·曲礼上》：“夫礼者，所以定亲疏，决嫌疑，别同异，明是非也。”一说“讁”读为“商”，度量。杨倞注：“与商同。古字。商度其德而定位次。”《字汇·言部》：“讁，与商同。度也。” [11] 官：职。《国语·晋语八》：“上医医国，其次疾人，固医官也。”韦昭注：“官，犹职也。”《韩非子·难一》：“耕、渔与陶，非舜官也，而舜往为之者，所以救败也。”《礼记·乐记》：“欣喜欢爱，乐之官也。” [12] 慎、墨不得进其谈：慎到、墨翟不能扩散他们的言论。 [13] 惠施、邓析不敢窜其察：惠施、邓析不能施展他们的诡辩。窜，容措，措置。引申为施展。

凡事行，有益于理者立之，无益于理者废之，夫是之谓中事。凡知说，有益于理者为之，无益于理者舍之，夫是之谓中说。事行失中谓之奸事，知说失中谓之奸道。奸事奸道，治世之所弃，而乱世之所从服也。若夫充虚之相施易也[1]，“坚白”“同异”之分隔也[2]，是聪耳之所不能听也，明目之所不能见也，辩士之所不能言也，虽有圣人之知，未能偻指也[3]。不知无害为君子[4]，知之无损为小人。工匠不知无害为巧，君子不知无害为治。王公好之则乱法，百姓好之则乱事。而狂惑戆陋之人[5]，乃始率其群徒，辩其谈说，明其辟称[6]，老身长子[7]，不知恶也[8]。夫是之谓上愚，曾不如相鸡狗之可以为名也[9]。《诗》曰："为鬼为蜮[10]，则不可得。有靦面目，视人罔极。作此好歌，以极反侧。"此之谓也。

罔极：疑当读作"无恒""无常"。极，通"恒"。好：通"小"。《周易·中孚》"我有好爵"陆德明《释文》引孟云："好，小也。"《说文·女部》朱骏声《通训定声》："好，叚借为小。"

[**注释**]

[1] 充虚之相施易：实与虚相互的转化。充，实。施，通"移"。 [2] 坚白：即公孙龙子所谓的"离坚白"命题。认为坚硬和白色都是石头的属性，但不能同时是石头的属性。所以只有白石和坚石，没有坚白石。同异：即惠施提出的"合同异"命题。认为事物的差别、对立是相对的，强调差异之中有同一。分隔：分别、分析。 [3] 偻指：很快就能讲清。偻，通"数"，迅速。指，语、告诉。 [4] 无害：不妨碍。 [5] 狂惑：狂妄昏惑。戆（zhuàng）：纯朴而愚蠢。陋：见闻少，知识浅薄。 [6] 辟称：譬喻称引。辟，通"譬"。 [7] 老身长子：身体衰老，儿子长大。 [8] 恶：罪过。 [9] 曾不如相鸡狗之可以为名也：还不如好为相鸡相狗可以出名。相鸡狗，当从宋本作"好相鸡狗"。 [10] "为鬼为蜮"以下六句：你究竟是鬼是狐，无法看清真面目。你有脸有眼，人看起来却变化无常没有定准。我作这首小歌，揭露你反复无常的面目。诗见《诗·小雅·何人斯》。蜮，短狐。靦（tiǎn），面貌。以极，"极"通"殛"，惩罚。反侧，反复无常。

我欲贱而贵，愚而智，贫而富，可乎？曰：其唯学乎。彼学者，行之，曰士也；敦慕焉[1]，君子也；知之[2]，圣人也。上为圣人，下为士君子，孰禁我哉！乡也，混然涂之人也[3]，俄而并乎尧、禹[4]，岂不贱而贵矣哉！乡也，效门室之辨[5]，混然曾不能决也[6]，俄而原仁义[7]，分是非，图回天下于掌上而辩白黑[8]，岂不愚而知矣哉！乡也，胥靡之人[9]，俄而治天下之大器举在此，岂不贫而富矣哉！今有人于此[10]，屑然藏千溢之宝，虽行贡而食，人谓之富矣。彼宝也者，衣之不可衣也，食之不可食也，卖之不可偻售也[11]。然而人谓之富，何也？岂不大富之器诚在此也？是杅杅亦富人已[12]，岂不贫而富矣哉！

这是古代版的“知识改变命运”说。

[注释]

[1] 敦慕：勤勉。 [2] 知之：深刻理解。 [3] 混然：无知的样子。涂之人：路人，普通人。涂，通“途”，路。 [4] 俄而并乎尧、禹：一下子与尧舜相并称。俄而，短暂的时间、不久、突然间。 [5] 效：通“校”。考核，考查。 [6] 混然曾不能决：糊里糊涂竟不能判断。 [7] 原：推究本原。 [8] 图回天下于掌上：图谋运转天下于手掌之上。回，旋转、回旋。一说“图”为“圆”字之讹。圆回，犹圆转。 [9] 胥靡：空无所有。胥，空疏。靡，无。 [10]“今有人于此”以下四句：现在有这样的人，零零碎碎地积藏了许多珍宝，即便他出去乞讨为生，人们还是说他富有。屑然：杂碎而多的样子。溢：同“镒”，古代重量单位。贡（tè）：乞讨。 [11] 偻：迅速、立刻。 [12] 杅杅：富足的样子。杅，通“于”。王先谦集解引王引之曰：“《方言》：‘于，大也。’《文王世子》：‘于其身以善其君。’郑注曰：‘于读为迂，迂犹广也、大也。’

《檀弓》：'易则易，于则于。'《正义》亦曰：'于谓广大。'重言之，则曰于于……是言学之富如财之富也。故曰：'是杅杅亦富人已。'"

故君子无爵而贵，无禄而富，不言而信，不怒而威，穷处而荣，独居而乐，岂不至尊、至富、至重、至严之情举积此哉！故曰：贵名不可以比周争也[1]，不可以夸诞有也[2]，不可以势重胁也[3]，必将诚此[4]，然后就也。争之则失，让之则至，遵道则积，夸诞则虚。故君子务修其内而让之于外，务积德于身而处之以遵道。如是，则贵名起如日月[5]，天下应之如雷霆。故曰：君子隐而显，微而明，辞让而胜。《诗》曰："鹤鸣于九皋，声闻于天[6]。"此之谓也。

用《礼记·大学》篇的话来说，"诚于中"才能"形于外"，治国平天下当"以修身为本"。

[注释]

[1] 贵名：显贵的声名。比周：结党营私。 [2] 夸诞：虚妄不实。 [3] 势重：重势，指令人畏重的威势。胁：逼迫，威吓。 [4] 诚此：专诚于学习，此：指代上文"学"。 [5] 起：飞升。 [6] 鹤鸣于九皋（gāo），声闻于天：仙鹤在曲折深远的沼泽地鸣叫，声震于天。诗见《诗·小雅·鹤鸣》。皋，沼泽。陆德明《释文》："《韩诗》云：九皋，九折之泽。"

鄙夫反是[1]：比周而誉俞少[2]，鄙争而名俞辱[3]，烦劳以求安利[4]，其身俞危。《诗》曰："民之无良[5]，相怨一方。受爵不让，至于已斯亡。"此之谓也。

[注释]

[1] 鄙夫：庸俗浅陋的人。 [2] 誉：通"与"，朋友。俞：通"愈"。下同。 [3] 鄙争：用不正当的手法争夺。 [4] 烦劳：劳累。 [5] "民之无良"以下四句：有人不善良，总是埋怨别人。居于高位却不谦让，自己一定要遭殃。引诗见《诗·小雅·角弓》。

故能小而事大，辟之是犹力之少而任重也[1]，舍粹折无适也[2]。身不肖而诬贤[3]，是犹伛伸而好升高也[4]，指其顶者愈众。故明主谲德而序位[5]，所以为不乱也；忠臣诚能然后敢受职，所以为不穷也。分不乱于上，能不穷于下，治辩之极也。《诗》曰："平平左右，亦是率从[6]。"是言上下之交不相乱也。

《周易·系辞下》："子曰：'德薄而位尊，知小而谋大，力小而任重，鲜不及矣。《易》曰："鼎折足，覆公𫗧，其形渥，凶。"言不胜其任也。'"当为荀说所本。

[注释]

[1] 辟：通"譬"。 [2] 粹：通"碎"。无适：犹无往，无路可走。 [3] 诬贤：夸说有道德有才能。 [4] 伸：宋浙本作"身"。伛身：曲身驼背。 [5] 谲：通"决"，分辨、判断。 [6] 平平左右，亦是率从：君主若能公平对待身边每一个人，人民就会归顺。

诗见《诗·小雅·采菽》。平平，公平对待，做到“无党无偏”。

以从俗为善，以货财为宝，以养生为已至道[1]，是民德也。行法至坚[2]，不以私欲乱所闻，如是，则可谓劲士矣[3]。行法至坚，好修正其所闻以桥饰其情性[4]，其言多当矣而未谕也，其行多当矣而未安也，其知虑多当矣而未周密也，上则能大其所隆[5]，下则能开道不己若者[6]，如是，则可谓笃厚君子矣。修百王之法若辨白黑，应当时之变若数一二，行礼要节而安之若生四枝[7]，要时立功之巧若诏四时[8]，平正和民之善[9]，亿万之众而博若一人[10]，如是，则可谓圣人矣。

民德：与下文“劲士”“笃厚君子”“圣人”不协，疑读为“民烝”。德，古音职部端母；烝，蒸部章母。声韵皆近。“民烝”即“烝民”。烝，众多。烝民，民众，百姓。《荀子·荣辱》：“夫天生蒸民，有所以取之。”又作“烝人”。汉蔡邕《胡广黄琼颂》：“天之烝人，有则有类。”北魏郦道元《水经注·洛水》：“天久不雨，烝人失所。”

［注释］

[1] 已：当从宋浙本作“己”。 [2] 至：通“志”。 [3] 劲士：刚正的人。 [4] 桥：《韩诗外传》卷三第五章作“矫”。饰：通“饬”，整治。矫饬：整饬、整改。 [5] 所隆：所敬重的，指礼义。 [6] 开道：开导。道，通“导”。不己若者：不若己者，不如己者。 [7] 要（yào）节：要之以节，以节义约束之，即遵循节义。要，约束。生：生长、生有。枝：通“肢”。 [8] 要时：受时的约束，即循时、守时。诏：通“绍”，承继。梁启雄释引物茂卿曰：“诏、绍通，言四时相绍代也。” [9] 之：达到。 [10] 博：依王念孙说，当为“抟”。抟：聚集。此指团结。

井井兮其有理也，严严兮其能敬己也[1]，分分兮其有终始也[2]，猒猒兮其能长久也[3]，乐乐兮其执道不殆也，炤炤兮其用知之明也[4]，修修兮其用统类之行也[5]，绥绥兮其有文章也[6]，熙熙兮其乐人之臧也[7]，隐隐兮其恐人之不当也[8]。如是，则可谓圣人矣。

[注释]

[1] 严严：庄重、严肃的样子。敬己：严于律己。敬，敬肃。[2] 分分：依王念孙说，“分分”是“介介”之讹。介介：坚定不变的样子。[3] 猒（yàn）猒：安然，安稳的样子。[4] 炤（zhào）：同“昭”，光明。知：通“智”。[5] 修修：行为端正。[6] 绥绥：草木开花的样子，犹如灿烂。绥，通“蕤”，草木开花。[7] 臧：善。[8] 隐隐：通“殷殷”，忧伤的样子。

此其道出乎一。曷谓一[1]？曰：执神而固。曷谓神[2]？曰：尽善挟治之谓神[3]，万物莫足以倾之之谓固，神固之谓圣人。圣人也者，道之管也[4]。天下之道管是矣，百王之道一是矣[5]，故《诗》《书》《礼》《乐》之归是矣。《诗》言是，其志也[6]；《书》言是，其事也；《礼》言是，其行也；《乐》言是，其和也；《春秋》言是，其微

这一段话疑当断句作：“《诗》言，是其志也；《书》言，是其事也；《礼》言，是其行也；《乐》言，是其和也；《春秋》言，是其微也。”即《诗》表现的，是圣人的意志；《书》表现的，是圣人的政务；《礼》表现的，是圣人的行动；《乐》表现的，是圣人的和谐；《春秋》表现的，是圣人的微言大义。“《诗》言”犹“《诗》所言”。

也[7]。故《风》之所以为不逐者[8]，取是以节之也；《小雅》之所以为《小雅》者，取是而文之也；《大雅》之所以为《大雅》者，取是而光之也[9]；《颂》之所以为至者，取是而通之也[10]：天下之道毕是矣。乡是者臧[11]，倍是者亡[12]。乡是如不臧，倍是如不亡者，自古及今，未尝有也。

[注释]

[1] 曷：通“何”。 [2] 曷谓神：据文意，当补作“曷谓神而固”。 [3] 挟（jiā）：通“浃”，周遍。 [4] 管：枢要、总汇。 [5] 是：指代圣人。一：全在这里。 [6]《诗》言是，其志也：《诗》表达圣人之志。 [7]《春秋》言是，其微也：《春秋》表达圣人的微言大义。 [8] 逐：放荡。 [9] 光：通“广”，推广，普及。 [10] 以上四“是”字，都指圣人的微言大义，也就是圣人之道。 [11] 乡：通“向”，顺迎。臧：善，好。 [12] 倍：通“背”。

客有道曰：“孔子曰：‘周公其盛乎[1]！身贵而愈恭，家富而愈俭[2]，胜敌而愈戒[3]。’”应之曰：“是殆非周公之行，非孔子之言也。武王崩，成王幼，周公屏成王而及武王[4]，履天子之籍[5]，负扆而坐[6]，诸侯趋走堂下[7]。当是时也，夫又谁为恭矣哉[8]！兼制天下[9]，立七十一国，

这里明言周公非摄政，而是“及武王，履天子之籍”，弟继兄位，南面称孤。

姬姓独居五十三人焉，周之子孙苟不狂惑者，莫不为天下之显诸侯，孰谓周公俭哉！武王之诛纣也，行之日以兵忌[10]，东面而迎太岁[11]，至汜而泛[12]，至怀而坏[13]，至共头而山隧[14]。霍叔惧曰[15]：'出三日而五灾至，无乃不可乎[16]？'周公曰：'刳比干而囚箕子[17]，飞廉、恶来知政[18]，夫又恶有不可焉[19]？'遂选马而进[20]，朝食于戚，暮宿于百泉，厌旦于牧之野[21]，鼓之而纣卒易乡[22]，遂乘殷人而诛纣。盖杀者非周人，因殷人也。故无首虏之获，无蹈难之赏[23]，反而定三革[24]，偃五兵[25]，合天下，立声乐，于是《武》《象》起而《韶護》废矣[26]。四海之内，莫不变心易虑以化顺之[27]！故外阖不闭[28]，跨天下而无蕲[29]。当是时也，夫又谁为戒矣哉！"

选：疑读为"先"。《说文·毛部》："毨读若选。"选马：先马，指为前驱。《荀子·正论》："诸侯持轮、挟舆、先马。"杨倞注："先马，导马也。"《汉书·百官公卿表上》："太子太傅、少傅，古官。属官有太子门大夫、庶子、先马、舍人。"颜师古注引如淳曰："前驱也。《国语》曰句践亲为夫差先马。先或作洗也。"按今本《国语·越语上》作"其身亲为夫差前马"。

[注释]

[1]盛：盛大，引申为品德高尚。 [2]俭：约束、节制。 [3]戒：防备、警戒。指此小心谨慎。 [4]及：继。弟继兄位之称。 [5]籍：位。 [6]负：背靠。扆（yǐ）：古时宫殿中门和窗之间的屏风。坐：《礼记·曲礼下》："天子当依而立，诸侯北面而见天子曰觐。"据此，"坐"似当作"立"。 [7]趋走：小步快走。 [8]夫又谁为恭矣哉：又是谁恭敬呢？ [9]兼制：一并统制、全面统治。 [10]兵忌：出兵忌

讳的日子。 [11] 迎：逆。太岁：即木星，岁星。木星十二年绕天一周，每年运转在一定的方位。古人迷信，认为谁如果冲犯了木星所在的方位，就会遭殃。 [12] 氾：当作“汜”，水名。泛：河水泛滥。 [13] 怀：怀城，在黄河附近。坏：城墙崩坏。 [14] 共头：山名，在今河南辉县。隧：通“墜”。 [15] 霍叔：周武王之弟。 [16] 无乃：恐怕。 [17] 刳（kū）：剖开。比干：殷贤臣，纣王的叔父，因屡次强谏而被纣王施以刳刑。箕子：纣王的叔父，因强谏而被纣王囚禁。 [18] 飞廉、恶来：商末著名的奸臣。知政：当政。 [19] 恶：通“何”。 [20] 选：简选、简择。 [21] 厌旦：黎明。杨倞注：“厌，掩也；夜掩于旦，谓未明已前也。” [22] 易乡：改变方向。乡，通“向”。 [23] 蹈难：经受危险。 [24] 定：息，搁置。三革：铠甲、头盔、盾牌。这里泛指护身的装备。 [25] 偃：隐藏不用。五兵：这里泛指所有的兵器。 [26]《武》：又名《大武》，周武王灭商以后周公所作乐章。《象》又称《象舞》，周武王所作的摹仿文王时击刺之法的舞曲名。《韶護》：商汤时的乐曲名。《左传·襄公二十九年》：“见舞《韶護》者。”杜预注：“殷汤乐。” [27] 变心易虑：改变思想。化顺：受教化而顺从。 [28] 外阖：指国门。阖，门扇。 [29] 跨：跨越，此指走遍。蕲（qí）：通“圻”，边界。

造父者[1]，天下之善御者也，无舆马则无所见其能[2]。羿者，天下之善射者也，无弓矢则无所见其巧。大儒者，善调一天下者也[3]，无百里之地则无所见其功。舆固马选矣[4]，而不能以至远[5]，一日而千里，则非造父也。弓调矢直矣[6]，而不能以射远中微，则非羿也。用百里之地[7]，而不能以调一天下，制强暴[8]，则非大儒也。

[注释]

[1] 造父：传说是周穆王的车夫，善于驾驭车马。 [2] 见：通“现”，表现。下同。 [3] 调一：也作“调壹”。协调，统一。 [4] 选：精良，精选，一时之选。班固《白虎通·圣人》：“五人曰茂，十人曰选，百人曰俊，千人曰英，倍英曰贤，万人曰杰，万杰曰圣。” [5] 至：通“致”。 [6] 弓调矢直：弓经过调试，箭也很直。 [7] 用：治理。 [8] 制：克制，制服。

彼大儒者，虽隐于穷阎漏屋[1]，无置锥之地[2]，而王公不能与之争名；在一大夫之位，则一君不能独畜，一国不能独容，成名况乎诸侯，莫不愿得以为臣；用百里之地而千里之国莫能与之争胜，笞棰暴国[3]，齐一天下，而莫能倾也。是大儒之征也。其言有类[4]，其行有礼，其举事无悔，其持险应变曲当[5]，与时迁徙，与世偃仰[6]，千举万变，其道一也。是大儒之稽也[7]。其穷也，俗儒笑之；其通也，英杰化之[8]，嵬琐逃之[9]，邪说畏之，众人愧之。通则一天下，穷则独立贵名。天不能死，地不能埋[10]，桀、跖之世不能污，非大儒莫之能立，仲尼、子弓是也。

此段文字《非十二子篇》有相似的表述：“无置锥之地而王公不能与之争名，在一大夫之位则一君不能独畜，一国不能独容，成名况乎诸侯，莫不愿以为臣，是圣人之不得势者也，仲尼、子弓是也。”

［注释］

[1] 穷阎：陋巷，穷人住的里巷。漏屋：简陋的房屋。漏，通“陋”。 [2] 无置锥之地：亦作“无立锥之地”“无置锥地”，形容十分贫穷。 [3] 箸極：打击。 [4] 类：统类，也就是义理、逻辑。 [5] 持险：处理危险。曲当：各方面都适当。 [6] 偃仰：俯仰，这里指随世俗应付。 [7] 大儒之稽：同“大儒之征”。稽，表现、样子、标准。 [8] 化：受感化。 [9] 嵬琐：奸诈卑劣者。 [10] 埋：通“薶”，沾污。《淮南子·缪称》：“天弗能杀，地弗能薶也。”又《俶真》：“夫鉴明者，尘垢弗能薶。”高诱注：“薶，污也。薶读倭语之倭。”

故有俗人者，有俗儒者，有雅儒者，有大儒者。不学问，无正义，以富利为隆[1]：是俗人者也。逢衣浅带[2]，解果其冠[3]，略法先王而足乱世，术缪学杂，举不知法后王而一制度[4]，不知隆礼义而杀《诗》《书》。其衣冠行伪已同于世俗矣[5]，然而不知恶者；其言议谈说已无以异于墨子矣，然而明不能别。呼先王以欺愚者[6]，而求衣食焉；得委积足以揜其口，则扬扬如也。随其长子[7]，事其便辟[8]，举其上客[9]，僡然若终身之虏而不敢有他志[10]：是俗儒者也。法后王，一制度，隆礼义而杀《诗》《书》，其言行已有大法矣，然而明不能齐法教之所不及[11]，闻

举：皆，全。《左传·哀公六年》：“僖子不对而泣曰：‘君举不信群臣乎？’”《孟子·梁惠王下》：“百姓闻王钟鼓之声，管籥之音，举疾首蹙頞而相告。”焦循正义：“举，犹皆也。”

见之所未至，则知不能类也；知之曰知之，不知曰不知，内不自以诬[12]，外不自以欺，以是尊贤畏法而不敢怠傲：是雅儒者也。法先王，统礼义，一制度，以浅持博，以古持今，以一持万[13]。苟仁义之类也，虽在鸟兽之中，若别白黑。倚物怪变[14]，所未尝闻也，所未尝见也，卒然起一方[15]，则举统类而应之，无所儗㤚[16]；张法而度之，则晻然若合符节[17]：是大儒者也。故人主用俗人则万乘之国亡；用俗儒则万乘之国存；用雅儒则千乘之国安；用大儒则百里之地久，而后三年，天下为一，诸侯为臣，用万乘之国则举错而定[18]，一朝而伯[19]。

在荀子看来，“法先王”与“法后王”本质上是一致的，但有难易之别。“大儒”“以浅持博，以古持今，以一持万”，“所未尝闻也，所未尝见也，卒然起一方，则举统类而应之，无所儗㤚”，所以能“法先王”。“雅儒”“明不能齐法教之所不及，闻见之所未至”，“知不能类也”，所以只能“法后王”。

［注释］

[1] 隆：最高目标。 [2] 逢衣：一种袖子宽大的衣服，古代儒者所穿。逢，宽大。浅带：宽松的腰带。 [3] 解（xiè）果：通“懈惰”，即《非十二子篇》之“弟佗”，指帽子戴得歪歪斜斜。 [4] 术缪学杂：学术荒谬杂乱。举：一般据《韩诗外传》，以为“举”是衍文。 [5] 伪：通“为”。 [6]“呼先王以欺愚者”以下四句：称颂先王以欺骗百姓，从而求得衣食；得到人家的财物就完全可以捂住口不言其非，却还得意洋洋。委积，储备粮草，此泛指财物、货财。揜掩盖，此指捂住。则表转折，相当于“却”。 [7] 长子：这里指储君。 [8] 便辟（pián bì）：通“便嬖”，受宠信的佞

臣。 [9] 举：通“誉”，吹捧。 [10] 愢（huàn）然：提心吊胆的样子。愢：同“患”。 [11] 齐：通“济”，济救。 [12] 自以诬：自我欺骗。外不自以欺：《韩诗外传》卷五第五章作“外不诬人”。 [13] 持：把握。 [14] 倚：通“奇”。 [15] 卒然：突然。卒，通“猝”。 [16] 儗（yì）：犹豫。怍（zuò）：同“怍”，改变容色。此指害怕。 [17] 晻（yǎn）然：吻合的样子。晻，通“奄”，合、同。符节：古代的符信。分为两半，使用时两片相合为验。 [18] 举错：通“举措”，举动，行为。此指一举动间、一发动间，形容很快、不费力。 [19] 一朝而伯：一朝而名显于天下。伯，通“白”，指名声显著、显赫。

学以致用，圣人便是榜样。用今天的话来讲，就是“学习的目的全在于应用”。

不闻不若闻之，闻之不若见之，见之不若知之，知之不若行之，学至于行之而止矣。行之，明也。明之为圣人。圣人也者，本仁义，当是非[1]，齐言行[2]，不失豪厘[3]，无它道焉，已乎行之矣[4]。故闻之而不见，虽博必谬；见之而不知，虽识必妄；知之而不行，虽敦必困[5]。不闻不见，则虽当，非仁也，其道百举而百陷也[6]。

[注释]

[1] 当是非：判断是非。当，断，判决。 [2] 齐言行：言行一致。 [3] 豪：通“毫”。毫厘：比喻微小。 [4] 已：止，停止、终止。 [5] 敦：知识丰富。困：困惑。 [6] 举：行，实行。陷：失败。

故人无师无法而知则必为盗[1]，勇则必为贼，云能则必为乱[2]，察则必为怪[3]，辩则必为诞[4]。人有师有法而知则速通，勇则速威，云能则速成，察则速尽[5]，辩则速论[6]。故有师法者，人之大宝也；无师法者，人之大殃也。

《王制篇》称："人何以能群？曰：分。分何以能行？曰：义。""人生不能无群，群而无分则争，争则乱，乱则离，离则弱，弱则不能胜物。"说法与此相近。"师法"就是"分""义"的另一种表述。

［注释］

[1] 师：长、首领。《周礼·天官·序官》："甸师，下士二人。"郑玄注："郊外曰甸，师犹长也。"也就是君长、领导。法：礼义法度。知：通"智"。下同。 [2] 云能：有才能。《广雅·释诂一》："云，有也。" [3] 怪：责怪，埋怨。此指苛责，求全责备。 [4] 诞：指言论虚妄夸诞，说大话。《荀子·哀公》："健，贪也；诎，乱也；口啍，诞也。"王先谦集解引郝懿行曰："诞者夸大。" [5] 尽：透彻地了解全部事理。 [6] 论：断定、评定。

人无师法则隆性矣[1]，有师法则隆积矣[2]，而师法者，所得乎积[3]，非所受乎性，性不足以独立而治[4]。性也者，吾所不能为也，然而可化也；积也者[5]，非吾所有也，然而可为也。注错习俗，所以化性也；并一而不二[6]，所以成积也。习俗移志，安久移质，并一而不二则通于神明[7]，参于天地矣[8]。

"性"是礼义所"化"的对象，可见此"性"非善为恶，非常清楚。

［注释］

[1] 隆性：推重、放任本性。隆，厚。 [2] 积：后天的习养，后天的学习积累。 [3] 积：原作“情”，据杨倞注改。 [4] 性不足以独立而治：性不足以单独自我完善。“性”字宋本无，据上下文义补。 [5] 积：原作“情”，据杨倞注改。 [6] 并一而不二：专心而不三心二意。不二，没有二心。 [7] 通于神明：指智慧达到神妙圣明的境界。 [8] 参：并列。

故积土而为山，积水而为海，旦暮积谓之岁。至高谓之天，至下谓之地，宇中六指谓之极[1]；涂之人百姓积善而全尽谓之圣人[2]。彼求之而后得，为之而后成，积之而后高，尽之而后圣。故圣人也者，人之所积也。人积耨耕而为农夫[3]，积斲削而为工匠[4]，积反货而为商贾[5]，积礼义而为君子。工匠之子莫不继事[6]，而都国之民安习其服[7]。居楚而楚，居越而越，居夏而夏，是非天性也，积靡使然也[8]。

强调“积”，就是强调后天努力的重要。这说明起决定作用的是“为”而不是“性”。

［注释］

[1] 宇：空间。六：指上、下、东、南、西、北六个方向。指：延伸。 [2] 涂：通“途”。“百姓”二字疑原是“涂之人”的注，窜入正文。 [3] 耨（nòu）耕：锄草耕地。 [4] 斲（zhuó）：砍。 [5] 反：通“贩”。 [6] 事：父辈的事业。 [7] 都国：国都，都城。服：事情、

职业。　[8] 积靡：积累习染。靡，通“摩”，磨练。引申为习染。

故人知谨注错[1]，慎习俗，大积靡，则为君子矣；纵性情而不足问学，则为小人矣。为君子则常安荣矣，为小人则常危辱矣。凡人莫不欲安荣而恶危辱，故唯君子为能得其所好，小人则日徼其所恶[2]。《诗》曰：“维此良人[3]，弗求弗迪；维彼忍心，是顾是复。民之贪乱，宁为荼毒。”此之谓也。

贪：疑读为“念”，思。“民之贪乱”犹人心思乱。

[注释]

[1] 注错：通“注措”，安排处置。　[2] 徼（yāo）：通“邀”，招致。　[3]“维此良人”以下六句：善良之人在这里，不求教不任用；狠心歹毒的人那里，又是照顾又是爱护。为什么要残害人民？使他们想起了反抗。诗见《诗·大雅·桑柔》。迪，任用。忍心，狠心，昧着良心。此指狠心之人。复，覆盖、遮蔽。引申为保护、庇护。宁，何，为什么。荼毒，残害。

人论[1]：志不免于曲私[2]，而冀人之以己为公也[3]；行不免于污漫[4]，而冀人之以己为修也[5]；其愚陋沟瞀[6]，而冀人之以己为知也[7]：是众人也。志忍私[8]，然后能公；行忍情性，然后能修；

论：疑训为衡量、评定。《商君书·禁使》：“赏随功，罚随罪，故论功察罪，不可不审也。”《吕氏春秋·论人》：“此贤主之所以论人也。”高诱注：“论，犹论量也。”《礼记·王制》：“凡官民材，必先论之。”郑玄注：“论，谓考其德行道艺。”《管子·立政》：“孟春之朝，君自听朝，论爵赏校官，终五日。”人论：各种人的分辨、评定。以下分别讲什么是“众人”，什么是“小儒”，什么是“大儒”。而下文的“人伦尽矣”之“人伦”与此不同，是就上文“礼”而言，是讲为人的规则。所以，“人论”不等于“人伦”非常明显。

知而好问，然后能才。公、修而才：可谓小儒矣。志安公，行安修，知通统类，如是则可谓大儒矣。大儒者，天子三公也[9]。小儒者，诸侯大夫士也。众人者，工农商贾也。礼者，人主之所以为群臣寸尺寻丈——检式也[10]，人伦尽矣[11]。

［注释］

[1] 人论：一般以为指人的等类、类别。论，通“伦”，等类。 [2] 曲私：偏私。 [3] 冀：希望。 [4] 污漫：肮脏污秽。 [5] 修：美好。 [6] 其：王念孙认为当“甚”字之讹。沟瞀（kòu mào）：通“怐愗”，愚昧无知。 [7] 知：通“智”。 [8] 忍：克制。 [9] 三公：司马、司空、司徒。天子以下地位最高的官。 [10] 寸尺寻丈：古代不同的长度单位，这里指衡量检验群臣的尺度。检式：法度。 [11] 人伦尽矣：做人的各种规定都在礼中了。尽，全、完备。

后王：文、武以后西周的贤王，主要指成王、康王，甚至也包括“制礼作乐”的周公。

君子言有坛宇[1]，行有防表[2]，道有一隆[3]。言政治之求[4]，不下于安存；言志意之求，不下于士；言道德之求，不二后王[5]。道过三代谓之荡[6]，法二后王谓之不雅[7]。高之、下之，小之、巨之，不外是矣，是君子之所以骋志意于坛宇宫庭也[8]。故诸侯问政不及安存，则不告也；匹夫问学不及为士，则不教也；百家之说不及后王[9]，则不听也。夫是之谓君子言有坛宇，行有防表也。

［注释］

[1] 坛：古代祭祀所用的高台。坛宇：这里指界限。宇，屋檐。 [2] 防表：标准。防，堤防，这里指限度。 [3] 一隆：专重。一，专一。 [4] 政治：原作"道德"，杨倞注据下文"诸侯问政不及安存"改。 [5] 不二后王：不背离后王。 [6] 荡：渺茫。 [7] 雅：正。 [8] 骋：施展。宫庭：此指一定的范围。 [9] 后王：宋浙刻本、《古逸丛书》本及杨倞注皆作"先王"。

［点评］

本篇荀子为儒者正名，讨论了儒者的价值和社会功效。

开篇以周公为儒者的代表，列举了其不拘一格、勇于担当，开创西周盛世的事迹，许其为"大儒之效"，树立了学习的榜样。

接着，又借助与秦昭王的对话，肯定了儒者的作用，认为"儒者在朝则美政，在下位则美俗"，"近者歌讴而乐之，远者竭蹶而趋之，四海之内若一家，通达之属莫不从服，夫是之谓人师"，定义了儒者的价值。

荀子比较了各种儒者的不同，进一步阐明了什么是真正的儒者，什么是真正的儒学精神。荀子认为儒有大儒、俗儒、雅儒之别。俗儒主张法先王，不懂得法后王而统一社会制度，不知道推崇礼义，只知道教条主义地对待经典，衣冠不同于世俗，言论类似于墨家，吹捧古代帝王，依附权贵之人，结果是"略法先王而足乱世"。

雅儒虽然懂得法后王，统一制度，推崇礼义而看轻书本，但智识尚不能触类旁通，难以解决法教尚未触及的问题。而大儒法先王，统一制度，推崇礼义，“以浅持博，以古持今，以一持万”，运用礼法能够触类旁通。在用人上“谲德而定次，量能而授官”，德行上“志安公，行安修”而才能上“知通统类”。君主任用大儒的结果是“天下为一，诸侯为臣”，“举措而定”天下，“一朝而伯”。

如何才能成为“大儒”？荀子告诉我们：全在于后天的学习和修养，这就是所谓“积”。荀子认为“圣人也者，人之所积也”，“是非天性也，积靡使然也”，“涂之人积善而全尽谓之圣人”，“纵情性而不足问学，则为小人矣”。所以，就要掌握“师法”，“知谨注错，慎习俗，大积靡”，从做君子开始，“言有坛宇，行有防表，道有一隆”，“并一而不二”，才能成为像周公那样的“大儒”，像周公那样的“圣人”。

从“纵情性而不足问学，则为小人矣”“人无师法则隆性也”“注错习俗，所以化性也”等论述看，荀子此篇所谓“性”也是负面的。这与《性恶篇》“人性恶”的认识是一致的。所以，认为荀子只在《性恶篇》有“人性恶”的论述是站不住脚的。

王制篇第九

请问为政？曰：贤能不待次而举[1]，罢不能不待须而废[2]，元恶不待教而诛[3]，中庸民不待政而化[4]。分未定也则有昭缪[5]。虽王公士大夫之子孙也，不能属于礼义[6]，则归之庶人。虽庶人之子孙也，积文学，正身行[7]，能属于礼义，则归之卿相士大夫。故奸言、奸说、奸事、奸能、遁逃反侧之民[8]，职而教之[9]，须而待之[10]，勉之以庆赏，惩之以刑罚，安职则畜，不安职则弃。五疾[11]，上收而养之，材而事之[12]，官施而衣食之，兼覆无遗。才行反时者死无赦[13]。夫是之谓天德，王者之政也。

中庸民不待政而化：行为符合礼义之人不用刑赏就服从王化。中，符合。庸，常，此指礼义。中庸，行为符合礼义。"中庸民"与"元恶"相对，一善一恶，就犹如"贤能"与"罢不能"相对一样，意义相反。李中生有曰："中庸民，实原为'中民'，指的是行为符合礼义之民。""中庸民"，《古逸丛书》本作"中庸杂民"，疑"中庸民"如宋浙刻本原作"中庸"，"杂民"是后人的注，混入正文。"杂"有"配合"义。《周礼·考工记·画缋》："画缋之事，杂五色，东方谓之青，南方谓之赤，西方谓之白，北方谓之黑，天谓之玄，地谓之黄。"孙诒让正义引《说文》："杂，五采相合也。"刘勰《文心雕龙·原道》："夫玄黄色杂，方圆体分。"詹锳义证："《易·坤·文言》：'夫玄黄者，天地之杂也，天玄而地黄。'又《系辞下》：'物相杂，故曰文。'韩康伯注：'刚柔交错，玄黄相杂。'正义：'言万物递相错杂，若玄黄相间，故谓之文也。'"疑"杂民"即配合之顺民，故以之释"中庸"。

[注释]

[1] 贤：贤德之人。能：有才能的人。待：需要。《史记·天官书》："至天道命，不传；传其人，不待告。"张守节正义："待，须也。"次：次序等级。 [2] 罢（pí）：通"疲"，病，不贤的人。不能：没有才能的人。须：当作"顷"，片刻。 [3] 元恶：罪魁祸首。 [4] 中庸民：一般以为即普通人、中等之人。政：刑赏。 [5] 缪（mù）：通"穆"。昭穆：古代宗法制度下，宗庙的排列次序以始祖居中，每两代中父居左为昭，子居右为穆。此指按行为表现来确定位次待遇。 [6] 属：符合。 [7] 正：端正。身行：品行。 [8] 反侧：反复无常，此指不安分。 [9] 职而教之：安排职事教化之。 [10] 须而待之：花时间等待他们（去改变）。须，迟缓。 [11] 五疾：五种残疾，即哑、聋、瘸、骨折、侏儒。 [12] 材：通"才"，才能，指量才。事：安排事情。 [13] 才行：才智和德行。反时：不适时、不合于时宜。

成都诸葛武侯祠对联："能攻心则反侧自消，从古知兵非好战；不审势即宽严皆误，后来治蜀要深思。""审势"就是要把握"听政之大分"。

听政之大分[1]：以善至者待之以礼，以不善至者待之以刑。两者分别则贤不肖不杂[2]，是非不乱。贤不肖不杂则英杰至，是非不乱则国家治。若是，名声日闻[3]，天下愿[4]，令行禁止，王者之事毕矣。凡听：威严猛厉而不好假道人[5]，则下畏恐而不亲，周闭而不竭[6]。若是，则大事殆乎弛，小事殆乎遂[7]。和解调通[8]，好假道人而无所凝止之[9]，则奸言并至，尝试之说锋起[10]。若是，则听大事烦[11]，是又伤之也。

[注释]

[1] 听政：处理政务。大分：要领。 [2] 贤不肖不杂：贤与不贤的人不相混杂。 [3] 闻：响亮。 [4] 愿：羡慕，倾慕，向往。 [5] 好（hào）：喜好。假道：宽容诱导。假，宽容。道，通“导”，诱导。 [6] 周闭而不竭：隐瞒而不去把话说尽。 [7] 殆：接近。弛：废弛。遂：通“坠”，废弃。 [8] 和解调通：随和而容易接近。 [9] 凝止：停止。此指限制。 [10] 尝试：试探。锋起：蜂拥而起。锋，通“蜂”。 [11] 听：接受。此指所处理的政务。大：扩大。

辟：罪、罪过。《左传・僖公二十三年》：“子之能仕，父教之忠，古之制也。策名委质，贰乃辟也。”杜预注：“辟，罪也。”《国语・周语上》：“阴阳分布，震雷出滞。土不备垦，辟在司寇。”韦昭注：“辟，罪也。”

故法法而不议[1]，则法之所不至者必废；职而不通[2]，则职之所不及者必队[3]。故法而议，职而通，无隐谋，无遗善，而百事无过，非君子莫能。故公平者，职之衡也[4]；中和者[5]，听之绳也。其有法者以法行，无法者以类举，听之尽也[6]；偏党而无经[7]，听之辟也。故有良法而乱者有之矣；有君子而乱者，自古及今，未尝闻也。《传》曰[8]：“治生乎君子，乱生乎小人。”此之谓也。

《君道篇》：“有乱君，无乱国；有治人，无治法。羿之法非亡也，而羿不世中；禹之法犹存，而夏不世王。故法不能独立，类不能自行，得其人则存，失其人则亡。”说与此近。

[注释]

[1] 议：斟酌、商议。 [2] 职：按规定的职责办事。通：通融。 [3] 队：通“坠”，出现差错。 [4] 职：当作“听”字。已涉上文“职”字而误。衡：准则。 [5] 中和：适当，指宽严适度。 [6] 尽：极，这里指最好的办法。 [7] 偏党：偏私。经：原

则。 [8]《传》：古书传记。

分均则不偏[1]，势齐则不壹[2]，众齐则不使[3]。有天有地而上下有差，明王始立而处国有制。夫两贵之不能相事，两贱之不能相使，是天数也[4]。势位齐而欲恶同，物不能澹则必争[5]，争则必乱，乱则穷矣。先王恶其乱也，故制礼义以分之，使有贫富贵贱之等，足以相兼临者，是养天下之本也。《书》曰："维齐非齐。"[6]此之谓也。

《富国篇》："群而无分则争，争则乱，乱则穷矣。故无分者，人之大害也；有分者，天下之本利也。"《礼论篇》："人生而有欲，欲而不得，则不能无求。求而无度量分界，则不能不争。争则乱，乱则穷。先王恶其乱也，故制礼义以分之，以养人之欲、给人之求；使欲必不穷乎物，物必不屈于欲。"说与此同。

[注释]

[1] 分：名分。均：等同。偏：通"辨"，分辨。这句话意思是：名分职位相等，就没有高低之分了。 [2] 势齐则不壹：势力齐平，就无法统一指挥。壹，号令统一、号令一致。 [3] 众齐则不使：大家相互平等，谁也无法使役谁。使，使役。 [4] 天数：自然的道理。 [5] 澹：通"赡（shàn）"，满足。 [6] 维齐非齐：要想秩序整齐，就必须有不齐。引《书》见于《尚书·吕刑》。

马骇舆则君子不安舆[1]，庶人骇政则君子不安位。马骇舆则莫若静之，庶人骇政则莫若惠之。选贤良，举笃敬，兴孝弟，收孤寡，补贫穷，如是，则庶人安政矣。庶人安政，然后君子安位。

《传》曰："君者，舟也；庶人者，水也。水则载舟[2]，水则覆舟。"此之谓也。故君人者欲安则莫若平政爱民矣，欲荣则莫若隆礼敬士矣，欲立功名则莫若尚贤使能矣，是君人者之大节也[3]。三节者当，则其余莫不当矣；三节者不当，则其余虽曲当[4]，犹将无益也。孔子曰："大节是也，小节是也，上君也。大节是也，小节一出焉，一入焉[5]，中君也。大节非也，小节虽是也，吾无观其余矣。"

孔子此段话不见于其他文献，但"大节是也，小节非也，一出焉，一入焉"与《论语·子张》篇载"子夏曰(《韩诗外传·二》《说苑·尊贤》则作'孔子曰')""大德不逾闲，小德出入可也"说义近。

[注释]

[1] 骇舆：惊车。 [2] 则：助词，相当于"能"。《孔子家语》有异文作"所以"。下句同。 [3] 大节：大的原则。 [4] 曲当：周全得当。 [5] 大节是也，小节一出焉，一入焉：据卢文弨说，当补"非也"二字，作："大节是也，小节非也，一出焉，一入焉"。一出焉，一入焉：指小节时有出入，时有错误。此"出""入"犹"过""不及"，都是"非"的表现。

成侯、嗣公[1]，聚敛计数之君也[2]，未及取民也[3]；子产[4]，取民者也，未及为政也[5]；管仲，为政者也，未及修礼也。故修礼者王，为政者强，取民者安，聚敛者亡。故王者富民，霸者富士，仅存之国富大夫，亡国富筐箧[6]，实府库。筐箧已富，府库已实，而百姓贫，夫是之谓上溢而下漏[7]。入不可以守，出不可以战，则倾覆灭亡可立而待也。故我聚之以亡，敌得之以强。聚敛者，召寇、肥敌、亡国、危身之道也[8]，故明君不蹈也[9]。

“国富民穷”是“召寇、肥敌、亡国、危身之道也”，荀子提倡的是“王者富民”。

[注释]

[1] 成侯、嗣公：战国时卫国国君。嗣公是成侯之孙。 [2] 计数：精于计算、精于权谋。 [3] 取民：得民心。一说“取”通“聚”。 [4] 子产：春秋时郑国政治家。姓公孙，名侨，字子产。公元前 543 年执政，在郑国实行改革，推行法治。 [5] 为政：治理好国家。 [6] 筐箧（qiè）：泛指盛东西的器具，此指国君的私囊。箧，箱子。 [7] 溢：满，这里形容财物很多。漏：水流泄，不能积蓄，这里形容贫穷。 [8] 召：招来。肥：养肥。 [9] 蹈：行走；实行。

王夺之人[1]，霸夺之与，强夺之地。夺之人者臣诸侯，夺之与者友诸侯，夺之地者敌诸侯。臣诸侯者王，友诸侯者霸，敌诸侯者危。用强者，人之城守，人之出战，而我以力胜之也，则伤人之民必甚矣。伤人之民甚，则人之民恶我必甚矣；人之民恶我甚，则日欲与我斗。人之城守，人之出战，而我以力胜之，则伤吾民必甚矣。伤吾民

较之孟子的“天时不如地利，地利不如人和”更深刻。

甚，则吾民之恶我必甚矣；吾民之恶我甚，则日不欲为我斗。人之民日欲与我斗，吾民日不欲为我斗，是强者之所以反弱也。地来而民去，累多而功少，虽守者益，所以守者损，是以大者之所以反削也[2]。诸侯莫不怀交接怨而不忘其敌[3]，伺强大之间[4]，承强大之敝[5]，此强大之殆时也。知强大者不务强也[6]，虑以王命全其力[7]，凝其德。力全则诸侯不能弱也，德凝则诸侯不能削也，天下无王霸主则常胜矣[8]。是知强道者也[9]。

［注释］

[1]“王夺之人”以下三句：想要称王天下者当争夺别国的民众，要称霸诸侯者当争夺同盟，要强大者当争夺土地。之，代词，指代他国。与，同盟。　[2] 是以：“以”当为衍文。　[3] 怀交接怨：安抚友邦，联合对强国有怨恨的国家。　[4] 间：间隙。　[5] 承：同“乘”。敝：通“弊”，困境。　[6] 务强：致力于以强力胜人。　[7] 全：保全。　[8] 王霸主：称王称霸的君主。　[9] 强道：强国之道。

彼霸者不然，辟田野[1]，实仓廪，便备用[2]，案谨募选阅材伎之士[3]，然后渐庆赏以先之[4]，严刑罚以纠之[5]。存亡继绝，卫弱禁暴，而无兼并之心，则诸侯亲之矣。修友敌之道，以敬接诸

渐：疑通“巉”，突出、加重。本指山石高峻。《集韵·衔韵》：“巉，巉巗，高也。或作渐。”《诗·小雅·渐渐之石》：“渐渐之石，维其高矣。”毛传：“渐渐，山石高峻。”

侯，则诸侯说之矣[6]。所以亲之者，以不并也；并之见[7]，则诸侯疏矣。所以说之者，以友敌也；臣之见[8]，则诸侯离矣。故明其不并之行，信其友敌之道，天下无王霸主，则常胜矣。是知霸道者也。闵王毁于五国[9]，桓公劫于鲁庄[10]，无它故焉，非其道而虑之以王也[11]。

［注释］

[1] 辟：开辟。　[2] 便：通“办”，置办。备用：设备器用。[3] 案：发语词。谨：严格谨慎。募：招募。选：选择、挑选。阅：观察、考察。材：通“才”。伎：同“技”。　[4] 先：引导。　[5] 纠：约束。　[6] 说（yuè）：通“悦”。　[7] 见（xiàn）：同“现”。下同。　[8] 臣之见：表露出有使诸侯为臣之心。　[9] 闵王：齐闵王，战国时齐国国君。在位期间，齐国曾一度强盛，与秦昭王并称东西帝，又灭宋国。燕、秦、魏、韩、赵等五国联合攻齐，闵王被杀。　[10] 桓公：齐桓公。鲁庄：即鲁庄公。桓公劫于鲁庄：公元前681年，齐桓公与鲁庄公会盟，庄公随从曹沫以匕首胁迫齐桓公归还齐国所侵占的汶阳之田，齐桓公被迫答应。　[11] 非其道：违背王道。虑之以王：想要借邪门歪道以称王。

疑“眇”当读为“少”，稀少、少有、鲜有。三国魏刘劭《人物志·材理》：“由此论之，谈而定理者眇矣。”杜甫《北征》诗：“靡靡逾阡陌，人烟眇萧瑟。”仇兆鳌注：“眇，少也。”“仁眇天下”，即其仁天下少有；“义眇天下”，即其义天下少有；“威眇天下”，即其威天下少有。

彼王者不然。仁眇天下[1]，义眇天下，威眇天下。仁眇天下，故天下莫不亲也；义眇天下，故天下莫不贵也；威眇天下，故天下莫敢敌也。

以不敌之威，辅服人之道，故不战而胜，不攻而得，甲兵不劳而天下服。是知王道者也。知此二具者[2]，欲王而王[3]，欲霸而霸，欲强而强矣。

［注释］

[1] 眇：一般从王念孙说，训为高、高远。 [2] 二：宋浙本作“三”。三具指上文所述或强、或霸、或王三种情形。 [3] 而：则、就，表示承接。

王者之人[1]：饰动以礼义[2]，听断以类[3]，明振毫末[4]，举措应变而不穷。夫是之谓有原[5]。是王者之人也。

《诗·周颂·载芟》：“匪今斯今，振古如兹。”朱熹集传：“振，极也。”案：“振”当读为“眕”。《说文·目部》：“眕，目有所恨而止也。”“明振毫末”，即明止毫末，明至毫末，也就是明极毫末、明尽毫末。

［注释］

[1] 王者之人：践行王道之人，指践行王道的君王及其辅佐大臣。 [2] 饰：通“饬”，整治，端正。 [3] 类：类推，指逻辑推理。 [4] 振：一般训为兴起。 [5] 有原：抓住了根本。

王者之制：道不过三代，法不贰后王，道过三代谓之荡，法贰后王谓之不雅。衣服有制，宫室有度，人徒有数，丧祭械用皆有等宜[1]，声则凡非雅声者举废，色则凡非旧文者举息[2]，械用则凡非旧器者举毁。夫是之谓复古。是王

《儒效篇》：“言道德之求，不二后王。道过三代谓之荡，法二后王谓之不雅。”说与此同。

者之制也。

［注释］

[1] 宜：通“仪”，规制，标准。 [2] 旧文：指古代礼制所规定的车服器用等物的彩绘文饰。

王者之论[1]：无德不贵，无能不官，无功不赏，无罪不罚，朝无幸位[2]，民无幸生[3]，尚贤使能而等位不遗[4]，析愿禁悍而刑罚不过[5]，百姓晓然皆知夫为善于家而取赏于朝也，为不善于幽而蒙刑于显也。夫是之谓定论[6]。是王者之论也。

遗：疑读为“溃”，漫溢、泛滥。《汉书·沟洫志》引汉谷永《塞河议》：“今溃溢横流，漂没陵阜，异之大者也。”“溃溢”并称，复词同义。《逸周书·小开》：“贵而不傲，富而不骄，两而不争，闻而不遥，远而不绝，穷而不匮者鲜矣。”朱右曾校释：“匮宜作溃，溢也。”案：“穷而不匮”之“匮”即《论语·卫灵公》“小人穷斯滥矣”之“滥”。“等位不遗”，即“等位不溃”，也就是“等位不滥”。

［注释］

[1] 论：衡量、评定的原则、标准。 [2] 幸位：指侥幸得位，无功受禄者。幸：侥幸。 [3] 幸生：不劳而获者。 [4] 等位：官阶爵位。遗：一般训为失、差错。 [5] 析：据《韩诗外传》卷三第四章当改作“折”，抑制。愿：通“傆”，狡诈。禁悍：禁止凶暴。过：过分、过度。 [6] 定论：确定的衡量原则，确定的评判标准。

王者之法[1]：等赋、政事[2]，财万物[3]，所以养万民也。田野什一[4]，关市几而不征[5]，山林泽梁以时禁发而不税[6]，相地而衰政[7]，理道之远近而致贡[8]，通流财物粟米，无有滞留，使相归移也[9]。四海之内若一家，故近者不隐其能，远者不疾其劳。无幽闲隐僻之国[10]，莫不趋使而安乐之。夫是之谓人师，是王者之法也。

《儒效篇》："近者歌讴而乐之，远者竭蹶而趋之，四海之内若一家，通达之属莫不从服，夫是之谓人师。"说与此近。

［注释］

[1] 王者之法："法"字原无，依王念孙说补。 [2] 等：使有差等。政：通"正"，治，处理好。 [3] 财：通"裁"，利用。 [4] 田野：田亩。什一：按十分之一份额征税。 [5] 关市：关卡市场。几：通"讥"，检查。 [6] 禁发：指国家对山林泽薮等资源的封闭和开放。禁，谓禁民采取。发，谓许民采取。 [7] 相地而衰（cuī）政：视土地之差等以征税。衰，等差。政，通"征"。 [8] 理：分别。致贡：收取贡品。 [9] 归（kuì）：通"馈"，供给。移：运输。 [10] 无：即使。《左传・僖公二十二年》："国无小，不可易也。"《韩诗外传》卷三第三十五章作"虽"。

北海则有走马吠犬焉[1]，然而中国得而畜使之[2]；南海则有羽翮、齿革、曾青、丹干焉[3]，然而中国得而财之[4]；东海则有紫、紶、鱼、盐焉[5]，然而中国得而衣食之；西海则有皮革、文旄焉[6]，然而中国得而用之。故泽人足乎木，山人足乎鱼，农夫不斲削、不陶冶而足械用[7]，工贾不耕田而足菽粟。故虎豹为猛矣，然君子剥而彼：指太王。作：始。《诗·鲁颂·駉》："思马斯作。"毛传："作，始也。"此指太王开荒垦田。康：美善，光大。

用之。故天之所覆，地之所载，莫不尽其美，致其用，上以饰贤良，下以养百姓而乐安之。夫是之谓大神[8]。《诗》曰："天作高山[9]，大王荒之。彼作矣，文王康之。"此之谓也。

[注释]

[1] 北海：北方边区。"东海""南海""西海"词义类似。 [2] 中国：这里指中原地区。 [3] 羽翮（hé）：羽毛。曾（céng）青：矿产品，可作绘画用的颜料。丹干：丹砂。 [4] 财：通"裁"，用。 [5] 紫：练紫，染成紫色的缯帛。紶："绤（xì）"字之误。绤，粗葛布。 [6] 文旄：染有文采的旄牛尾。多用以装饰旗帜。 [7] 斲削：砍削，指木工活。 [8] 大神：大治。《儒效篇》言"尽善挟治之谓神"。 [9]"天作高山"以下四句：见《诗·周颂·天作》。作：生。大（tài）王：周的先王古公亶（dǎn）父，周人在他带领下强盛起来。荒：开荒垦田。

"始则终，终则始，若环之无端也"是形容"以类行杂，以一行万"的效果，属于正说。

以类行杂[1]，以一行万[2]：始则终，终则始，若环之无端也；舍是而天下以衰矣[3]。天地者，生之始也；礼义者，治之始也；君子者，礼义之始也。为之[4]，贯之，积重之[5]，致好之者[6]，君子之始也。故天地生君子，君子理天地。君子者，天地之参也[7]，万物之总也[8]，民之父母也。无君子则天地不理，礼义无统[9]，上无君师[10]，下无父子，夫是之谓至乱。君臣、父子、兄弟、夫妇，始则终，终则始，与天地同理，与万世同久，夫是之谓大本。故丧祭、朝聘、师旅一也[11]；贵贱、杀生、与夺一也[12]；君君、臣臣、父父、子子、兄兄、弟弟一也[13]；农农、士士、工工、商商一也[14]。

[注释]

[1]类：同类事物的规律、法则。行：驾驭。杂：纷繁的事物。 [2]一：总的原则。 [3]是：代“类”和“一”。衰：混乱。 [4]为之：指学习研究礼义。 [5]积重：积累增多。 [6]致：通“极”。 [7]参：并赞。 [8]总：总管。 [9]统：头绪。 [10]君师：君长，指君主与官长。师，长。 [11]一：道理一样。下同。 [12]与夺：给予和剥夺。 [13]君君、臣臣、父父、子子、兄兄、弟弟：君主像个君主、臣子像个臣子、父亲像个父亲、儿子像个儿子、兄长像个兄长、弟弟像个弟弟。 [14]农农、士士、工工、商商：农民像个农民、士人像个士人、工匠像个工匠、商人像个商人。

水火有气而无生，草木有生而无知，禽兽有知而无义，人有气、有生、有知[1]，亦且有义，故最为天下贵也。力不若牛，走不若马，而牛马为用，何也？曰：人能群，彼不能群也。人何以能群？曰：分。分何以能行？曰：义。故义以分

“分”，就是“礼”。“分义”，就是“礼义”。“义”是“分（礼）”的内在价值要求，“分（礼）”是“义”的外在表现形式。

则和，和则一,一则多力，多力则强，强则胜物，故宫室可得而居也。故序四时，裁万物，兼利天下，无它故焉，得之分义也。故人生不能无群，群而无分则争，争则乱，乱则离，离则弱，弱则不能胜物，故宫室不可得而居也，不可少顷舍礼义之谓也。能以事亲谓之孝，能以事兄谓之弟[2]，能以事上谓之顺，能以使下谓之君。君者，善群也。群道当则万物皆得其宜，六畜皆得其长，群生皆得其命。故养长时则六畜育[3]，杀生时则草木殖[4]，政令时则百姓一，贤良服。

[注释]

[1] 气：物质构成的基本元素。 [2] 弟：通“悌”。指善事兄长。 [3] 养长（zhǎng）时：养育生长适时。 [4] 杀生：砍伐种植。殖：孳生、繁殖，此指生长繁荣茂盛。

圣王之制也，草木荣华滋硕之时则斧斤不入山林[1]，不夭其生，不绝其长也；鼋鼍、鱼鳖、鳅鳣孕别之时[2]，罔罟毒药不入泽，不夭其生，不绝其长也；春耕、夏耘、秋收、冬藏四者不失时，故五谷不绝而百姓有余食也；汙池渊沼川泽谨其时禁[3]，故鱼鳖优多而百姓有余用也；斩伐养长不失其时，故山林不童而百姓有余材也[4]。

这里体现了荀子的环境保护思想。

［注释］

[1] 荣：草木植物开花。华：木本植物开花。滋：生长。硕：大。 [2] 鼋（yuán）：大鳖。鼍（tuó）：扬子鳄。鳣（shàn）：同“鳝”。别：离别母体，生育。 [3] 汙池渊沼：泛指生长鱼类的水塘。 [4] 童：童秃，山岭草木被砍光。

圣王之用也[1]，上察于天[2]，下错于地[3]，塞备天地之间[4]，加施万物之上。微而明，短而长，狭而广，神明博大以至约[5]。故曰：一与一是为人者[6]，谓之圣人。

与：操持，掌握。《方言》卷十二：“与，操也。”郭璞注：“谓操持也。”一与一：即“以一行万”“以一持万”，也就是以一（礼义）操持一切（万）。

一与一是为人者：即为人一与一者，为人能“以一行万”者。是，助词。

［注释］

[1] 用：功用。 [2] 察：通“际”，至、及。 [3] 错：通“措”，施行。 [4] 塞备：塞满、充满。 [5] 以：而。至约：极其简要。 [6] 与：一般以为通“举”，统率。

序官[1]：宰爵知宾客、祭祀、飨食、牺牲牢之数[2]，司徒知百宗、城郭、立器之数[3]，司马知师旅、甲兵、乘白之数[4]。修宪命[5]，审诗商[6]，禁淫声，以时顺修[7]，使夷俗邪音不敢乱雅[8]，大师之事也[9]。修堤梁，通沟浍[10]，行水潦[11]，安水臧[12]，以时决塞，岁虽凶败水旱，使民有所耘艾[13]，司空之事也[14]。相高下、视肥垸，序五种[15]，省农功[16]，谨蓄藏，以时顺修，使农夫朴力而寡能[17]，治田之事也[18]。修火宪[19]，养山林薮泽草木鱼鳖百索[20]，以时禁发，使国家足用而财物不屈[21]，虞师之事也[22]。顺州里[23]，定廛宅[24]，养六畜，闲树艺[25]，劝教化，趋孝弟[26]，以时顺修，使百姓顺命，安乐处乡，乡师之事也[27]。论百工[28]，审时事[29]，辨功苦[30]，尚完利[31]，便备用，使雕琢文采不敢专造于家[32]，工师之事也[33]。相阴阳[34]，占祲兆[35]，钻龟陈卦[36]，主攘择五卜[37]，知其吉凶妖祥，伛巫、跛击之事也[38]。修采清[39]，易道路，谨盗贼，平室律[40]，以时顺修，使宾旅安而货财通[41]，治市之事也[42]。抃急禁悍[43]，防淫除邪，戮之以五刑，使暴悍以变，奸邪不作，司寇之事也。本政教，正法则，兼听而时稽之，度其功劳，论其庆赏，以时顺修，使百吏免尽而众庶不偷[44]，冢宰之事也[45]。论礼乐，正身行，

行：也作“衍”，即“道”，通“导”，故训为疏通。《尚书·禹贡》：“导岍及岐，至于荆山。”《淮南子·墬形》：“河水出昆仑东北陬，贯渤海，入禹所导积石山。”《汉书·沟洫志》：“禹之行河水，本随西山下东北去。”颜师古注：“行谓通流也。”“行”亦通“导”。

广教化，美风俗，兼覆而调一之，辟公之事也[46]。全道德，致隆高，綦文理，一天下，振毫末，使天下莫不顺比从服[47]，天王之事也。故政事乱则冢宰之罪也；国家失俗则辟公之过也[48]；天下不一，诸侯俗反[49]，则天王非其人也[50]。

说见上“明振毫末”。

［注释］

[1] 序官：叙述官员的职责。 [2] 宰爵：掌管接待宾客、宴饮和祭祀时供应酒食祭品等事务的官员。知：掌管。牺牲：供祭祀用的纯色整牛、整羊和整猪。牢：牛、羊和猪等牺牲的计量单位。 [3] 司徒：官名，掌管民政。 [4] 司马：官名，掌管军队。乘（shèng）：一辆战车、四匹战马为一乘。白：通“伯”，古代军队编制，百人为伯。 [5] 修：修订。宪命：宪令。此指历法。 [6] 商：通“章”，乐章。 [7] 顺修：整理修饬。 [8] 夷：对边远少数民族的卑称。雅：中原正音。 [9] 大（tài）师：乐官之长。大，同“太”。 [10] 浍（kuài）：田间大沟渠。 [11] 行：疏通。潦（lào）：积水。 [12] 安水臧：加固水库以蓄水。安，稳固。臧，通“藏”。 [13] 耘：锄草。此指耕耘、耕种。艾（yì）：通“刈”，收割。 [14] 司空：掌管土木工程的官员。 [15] 相高下、视肥垸，序五种：《儒效篇》作“相高下、视垸肥，序五种”。 [16] 省：检查。农功：农事。 [17] 朴力：专心尽力。寡能：缺少从事末业的技能。 [18] 治田：管理农业的官。 [19] 修火宪：制订防火的法令。 [20] 百索：百蔬，各种蔬菜。索，“素”之形讹。素：蔬菜。《富国篇》有“荤菜百疏”。 [21] 屈（jué）：竭，尽。 [22] 虞师：管理山林湖泊的官。 [23] 顺：理顺，使之协调。

州里：周代基层行政单位。 [24] 廛（chán）：市场店铺。宅：居民区住所。 [25] 闲：同“娴”，熟习。 [26] 趋（cù）：通“促”。弟（tì）：同“悌”。 [27] 乡师：掌管乡民教化和政事。 [28] 论：评论。 [29] 审时事：不同的时节安排不同的工作。 [30] 功：通“工”，精善。苦：通“楛”，粗劣。 [31] 尚：注重。完利：坚固好用。 [32] 专造：私自制造。 [33] 工师：管理手工业工匠的官员。 [34] 相阴阳：相宅相墓等方术活动。 [35] 占：观察征兆来预测吉凶。祲（jìn）：吉凶的预兆。 [36] 钻龟：龟卜。在龟甲上钻孔，灼烧后出现裂纹，根据裂纹预测吉凶。陈卦：筮（shì）卜。用蓍草按一定的方式计算推断吉凶。杨倞注：“陈卦，谓揲蓍布卦也。” [37] 攘（rǎng）：通“禳”，以祭祷来祛除灾祸的巫术活动。择：选择吉日。五卜：指占卜时龟甲上出现的五种兆形，详见《尚书·洪范》。 [38] 伛（yǔ）：驼背。击：通“觋（xí）”。从事占卜等迷信职业的男性。 [39] 采：通“滓”，污秽。《史记·屈原贾生列传》：“蝉蜕于浊秽，以浮游尘埃之外，不获世之滋垢，皭然泥而不滓者也。”清：通“圊”，厕所。 [40] 室：“质”字的音误。质律：买卖时议价的文书契券。 [41] 宾：依王引之的说法，“宾（賓）”是“賔”字之误。“賔”，同“商”。 [42] 治市：管理城镇的官。 [43] 抃：“折”之讹字。折：抑制。急：暴。折急：抑制急暴。 [44] 免：通“勉”，努力。尽：指尽心。 [45] 冢宰：宰相。 [46] 辟（bì）公：诸侯。 [47] 比：亲近。从服：服从。 [48] 失俗：风尚不正，风俗有失。 [49] 俗反：想要反叛。俗，通“欲”。 [50] 天王非其人：天王不得其人，天王没有合适人选。

具具而王[1]，具具而霸；具具而存，具具而亡。用万乘之国者，威强之所以立也，名声之所以美也，敌人之所以屈也，国之所以安危臧否也[2]，制与在此[3]，亡乎人[4]。王、霸、安存、危殆、灭亡，制与在我，亡乎人。夫威强未足以殆邻敌也，名声未足以县天下也[5]，则是国未能独立也，岂渠得免夫累乎[6]？天下胁于暴国，而党为吾所不欲于是者[7]，日与桀同事同行，无害为尧。是非功名之所就也[8]，非存亡安危之所堕也[9]。功名之所就，存亡安危之所堕，必将于愉殷赤心之所[10]。诚以其国为王者之所，亦王；以其国为危殆灭亡之所，亦危殆灭亡。

所：意，谓流露的情态。《汉书·董贤传》："上有酒所，从容视贤笑，曰：'吾欲法尧禅舜，何如？'"王先谦补注："酒所，犹酒意。"《汉书·周亚夫传》："此非不足君所乎？"杨树达《古书疑义举例续补》卷二："所者，意也；不足君所者，于君意有不足者也。"这里引申为思想。"必将于愉殷赤心之所"，指一定要有苦心孤诣、专心一致的思想；"诚以其国为王者之所"，真有想在自己的国家实行王道的思想；"以其国为危殆灭亡之所"，有想让自己的国家陷入危险、走向灭亡的思想。

这一段强调"功名之所就，存亡安危之所堕"在心不在势，在己不在人。

［注释］

[1] 具具：条件具备。第一个"具"字为名词，义与下文"此五等者，不可不善择也，王、霸、安存、危殆、灭亡之具也"句之"具"同，犹条件；第二个"具"字为动词，义为具备。下同。 [2] 安危：安于危。这里指转危为安。臧否（pǐ）：臧于否。这里指化凶为吉。 [3] 制：控制、把握。与：通"举"，都。此：指代自己。 [4] 亡（wú）乎人：不在于别人。亡，通"无"。乎，在。 [5] 县（xuán）：通"悬"，高耸。这里指受景仰。 [6] 岂渠：怎么。渠：通"遽"。免：免除。累：受连累、使受害。 [7] 党：通"倘"，假如。是：这，指像暴国那样做。 [8] 是：此，指上文之"人"，也就是他人。 [9] 堕：通"随"，从、由。下同。 [10] 愉殷：形容苦心孤诣，

费尽心思。愉，劳、劳苦。《尔雅·释诂下》："愉，劳也。" 邢昺疏："谓劳苦也。" 王引之述闻："愉之言瘉也。上文曰：'瘉，病也。'凡劳与病事相类。" 殷，忧、忧伤。《说文·心部》："慇，痛也。"《集韵·谆韵》："慇，忧也。亦省。" 赤心：专一的心志。

殷之日[1]，案以中立[2]无有所偏而为纵横之事[3]，偃然案兵无动[4]，以观夫暴国之相卒也[5]。案平政教[6]，审节奏[7]，砥砺百姓[8]。为是之日，而兵刬天下劲矣[9]；案然修仁义[10]，伉隆高[11]，正法则，选贤良，养百姓，为是之日，而名声刬天下之美矣。权者重之，兵者劲之，名声者美之。夫尧、舜者，一天下也，不能加毫末于是矣[12]。

权：威势。《逸周书·大戒》："权先申之。" 孔晁注："权，谓势重。"《史记·苏秦列传》："是故夫衡人日夜务以秦权恐愒诸侯以求割地。"

［注释］

[1] 殷之日：国家强盛之时。　[2] 案以：乃以。案，连词，相当于"安"。　[3] 纵横：或纵或横，无所偏。　[4] 偃然：形容停息的状态。案：通"按"。　[5] 卒(zuó)：通"捽"，冲突、殴斗。《国语·晋语一》："戎夏交捽。" 韦昭注："捽，交对也。"《庄子·列御寇》："齐人之井饮者相捽也。" 王夫之解："井养不穷，齐人尚争，乃相捽。"《淮南子·说林》："故解捽者不在于捌格，在于批扰。"　[6] 案：句首发语词。平：整治。　[7] 审：审定。节奏：礼节制度。　[8] 砥砺：磨炼。　[9] 刬：通"专"，专享、独有。劲：强劲。　[10] 然：疑为衍文。　[11] 伉：极，致于极点。王念孙《读

书杂志·荀子三》："伉者极也……伉、致、期皆极也。"隆高：高超，这里指礼义。 [12]不能加毫末于是：指权重、兵劲、名声美三者无以复加。毫末，毫毛的末端，比喻极其细微。

权谋倾覆之人退[1]，则贤良知圣之士案自进矣[2]；刑政平，百姓和，国俗节[3]，则兵劲城固，敌国案自诎矣[4]；务本事，积财物，而勿忘栖迟薛越也[5]，是使群臣百姓皆以制度行，则财物积，国家案自富矣。三者体此而天下服[6]，暴国之君案自不能用其兵矣。何则？彼无与至也[7]。彼其所与至者，必其民也，其民之亲我也欢若父母，好我芳若芝兰；反顾其上则若灼黥[8]，若仇雠[9]。彼人之情性也，虽桀、跖，岂有肯为其所恶贼其所好者哉[10]！彼以夺矣[11]。故古之人有以一国取天下者，非往行之也[12]，修政其所莫不愿[13]。如是而可以诛暴禁悍矣。故周公南征而北国怨，曰："何独不来也？"东征而西国怨，曰："何独后我也？"[14]孰能有与是斗者与？安以其国为是者王。

其：犹于。《礼记·祭义》："夏后氏祭其闇，殷人祭其阳，周人祭日，以朝及闇。"《庄子·达生》："不厌其天，不忽于人。"《史记·滑稽列传》："齐赵陪位于前，韩魏翼卫其后。"《荀子·议兵》："故汤之放桀也，非其逐之鸣条之时也；武王之诛纣也，非以甲子之朝而后胜之也。"

［注释］

[1]权谋：权术，阴谋。倾覆：邪僻不正，反覆无常。 [2]知：通"智"。 [3]国俗：一国的风俗。节：有节制，这里指简

朴。[4]诎：通“屈”，屈服。[5]忘：通“妄”，胡乱。栖迟（zhì）：耗散。薛越：狼藉遗弃。[6]体：体现，表现。[7]彼无与：暴国之君没有人跟从。[8]反顾：回头看。[9]灼黥（qíng）：遭受了灼刑黥刑的罪犯。灼，烧。黥，墨刑。[10]“彼人之情性也”以下二句：那人的性情，即使像桀、跖一样，哪里肯为了他厌恶的人，而去残害他喜欢的人呢！[11]以：同“已”。夺：夺走。指民心已背。[12]往：指前往别国。行：夺取。[13]修政：修明政教。所：所在，犹言所在地。莫不愿：疑当作“天下莫不愿”，脱“天下”二字。[14]《孟子·梁惠王下》有“臣闻七十里为政于天下者，汤是也。未闻以千里畏人者也。《书》曰：‘汤一征，自葛始。’天下信之，东面而征，西夷怨；南面而征，北狄怨，曰：‘奚为后我？’民望之，若大旱之望云霓也。归市者不止，耕者不变，诛其君而吊其民，若时雨降，民大悦。《书》曰：‘徯我后，后来其苏。’”又《滕文公下》：“‘汤始征，自葛载’，十一征而无敌于天下。东面而征，西夷怨；南面而征，北狄怨，曰：‘奚为后我？’民之望之，若大旱之望雨也。归市者弗止，芸者不变，诛其君，吊其民，如时雨降。民大悦。《书》曰：‘徯我后，后来其无罚。’”又《尽心下》：“国君好仁，天下无敌焉。南面而征，北夷怨；东面而征，西夷怨，曰：‘奚为后我？’”

殷之日，安以静兵息民[1]，慈爱百姓，辟田野，实仓廪，便备用，安谨募选阅材伎之士；然后渐赏庆以先之，严刑罚以防之，择士之知事者使相率贯也[2]，是以厌然畜积修饰而物用之足也[3]。兵革器械者，彼将日日暴露毁折之中原，

“渐赏庆”之“渐”，说见上。

我今将修饰之，拊循之[4]，掩盖之于府库；货财粟米者，彼将日日栖迟薛越之中野，我今将畜积并聚之于仓廪；材技股肱、健勇爪牙之士，彼将日日挫顿竭之于仇敌[5]，我今将来致之、并阅之、砥砺之于朝廷[6]。如是，则彼日积敝，我日积完[7]；彼日积贫，我日积富；彼日积劳，我日积佚[8]。君臣上下之间者，彼将厉厉焉日日相离疾也[9]，我今将顿顿焉日日相亲爱也[10]，以是待其敝。安以其国为是者霸。

竭：败坏、毁灭。《逸周书·铨法》："有如忠言，竭亲以为信。"朱右曾校释："竭，败也。败其所亲近者以取信于君。"《左传·宣公十二年》："且律竭也。"杜预注："竭，败也。"

[注释]

[1]静兵：停止用兵。息民：使人民休养生息。 [2]知事：明白事理之人。率贯：统率指挥。 [3]厌（yàn）然：满足的样子。畜：通"蓄"。饰：通"饬"。修饬：修治整饬。 [4]拊（fǔ）循：通"抚插"，护养。 [5]挫顿：摧折损伤。 [6]来：通"徕"，招徕。致：招引。并：容纳。阅：考察。 [7]完：完善。 [8]佚：同"逸"，安逸。 [9]厉厉：憎恨的样子。离疾：疏离憎恨。 [10]顿（dùn）：通"敦"，笃厚。

立身则从佣俗[1]，事行则遵佣故[2]，进退贵贱则举佣士[3]，之所以接下之人百姓者则庸宽惠[4]，如是者则安存。立身则轻楛[5]，事行则蠲

佣士：有功之士。佣：通"庸"，功劳、功勋。《尔雅·释诂下》："庸，劳也。"邢昺疏："庸者，民功曰庸。"《左传·僖公二十七年》："车服以庸。"杜预注："庸，功也。"《国语·晋语七》："无功庸者，不敢居高位。"

疑[6]，进退贵贱则举佞侻[7]，之所以接下之人百姓者则好取侵夺[8]，如是者危殆。立身则憍暴[9]，事行则倾覆，进退贵贱则举幽险诈故[10]，之所以接下之人百姓者，则好用其死力矣，而慢其功劳[11]，好用其籍敛矣[12]，而忘其本务，如是者灭亡。此五等者，不可不善择也，王、霸、安存、危殆、灭亡之具也。善择者制人，不善择者人制之；善择之者王，不善择之者亡。夫王者之与亡者，制人之与人制之也，是其为相县也亦远矣[13]。

[注释]

[1] 立身：做人。佣：通“庸”，常、法。庸俗：合理的习惯。 [2] 事行：做事。佣：通“庸”。庸故：合理的惯例。 [3] 进退贵贱：指用人。下同。 [4] 之所以：其所以。下同。庸：通“用”，以。 [5] 轻楛（kǔ）：轻率恶劣。 [6] 觿（juān）疑：狐疑。觿，通“携”，离散，有二心。 [7] 佞侻：指谄媚取悦的奸人。侻，通“悦”。 [8] 好取：巧取。 [9] 憍：骄横。 [10] 幽险：阴险。诈故：指欺诈的人。故，诡诈、巧伪。 [11] 慢其功劳：轻慢他们的功劳。 [12] 籍敛：税收、税敛。 [13] 县（xuán）：通“悬”，悬殊。

[点评]

本篇荀子系统阐述了王者治理天下的政治制度，表达了其实现王道政治的治国理想。

荀子认为其理想的“王者之政”，在政治上统治者就是要“平政爱民”，仁、义、威三者兼备，“仁眇天下，义眇天下，威眇天下”，统一天下，不能仅靠武力，应该使武力征伐与争取民心相结合。在用人上，要“尚贤使能”，打破“世卿世禄”的陋习，做到“贤能不待次而举，罢不能不待须而废”。要以“礼义”为标准来选人、用人，“虽王公士大夫之子孙也，不能属于礼义，则归之庶人。虽庶人之子孙也，积文学，正身行，能属于礼义，则归之卿相士大夫”，重新划分阶级等级，建立一个崭新的用人制度。在经济上，荀子认为“王者之法”，“等赋、政事、财万物，所以养万民也”。因此主张努力发展农业，加强物资交流，做到“财物积”而“国家富”。具体而言，就是要轻徭薄赋，减轻人民负担。在税赋上，做到“相地而衰政”，根据土地好坏而征税；实行“田野什一”之制，甚至提倡“关市几而不征”。还要保护山林鱼泽，在追求经济发展的同时注意保护环境。

这些主张，有些是儒家的传统口号，但也有不少是荀子在新形势下的创新发展，甚至有人说是法家思想。不过，从本篇荀子所谓“听政之大分”的讨论上看，荀子对“法”其实是有保留、有批评的。荀子认为“法”有“所不至者”，“有良法而乱者，有之矣；有君子而乱者，未尝闻也”，主张的是“人治”而非“法治”。荀子虽然与墨家、法家一样，也主张“尚贤使能”，但“贤能”的内涵是不同的。荀子的标准是儒家的“礼义”而非一般的“军功”。同样是“一天下”，荀子主张的是“王夺之人”，否定的是“霸夺之与”“强夺之地”，重在争取民心，自然也就与主张“霸道”的法家划清了界限。这是我们讲荀子的“王制”新思想时一定要注意的。

富国篇第十

万物同宇而异体[1]，无宜而有用为人，数也。人伦并处[2]，同求而异道[3]，同欲而异知，生也[4]。皆有可也[5]，知愚同；所可异也，知愚分。势同而知异[6]，行私而无祸，纵欲而不穷，则民心奋而不可说也[7]。如是，则知者未得治也。知者未得治，则功名未成也。功名未成，则群众未县也[8]。群众未县，则君臣未立也。无君以制臣，无上以制下，天下害生纵欲[9]。欲恶同物[10]，欲多而物寡，寡则必争矣。故百技所成，所以养一人也[11]。而能不能兼技，人不能兼官[12]，离居不相待则穷[13]，群而无分则争。

杨柳桥读“生”为“性”。按：此“生”与《劝学篇》“君子生非异也，善假于物也”之“生”同，犹“身”，指人的身体。《吕氏春秋·壅塞》：“牛之性不若羊，羊之性不若豚。”高诱注：“性犹体也。”《史记·留侯世家》：“留侯性多病，即道引不食谷。”“性多病”即“身多病”。

人：此指人才、杰出人物。《左传·文公十三年》：“子无谓秦无人，吾谋适不用也。”《史记·夏本纪》：“于是帝尧乃求人，更得舜。”这一意义上的“人”其实当读为“仁”。《尚书·金縢》：“予仁若考能，多材多艺，能事鬼神。”“仁”与“能”并举，义为“多材多艺”，与此“能”与“人”对称同。

穷者患也，争者祸也，救患除祸，则莫若明分使群矣[14]。强胁弱也，知惧愚也，民下违上，少陵长，不以德为政，如是，则老弱有失养之忧，而壮者有分争之祸矣。事业所恶也，功利所好也，职业无分，如是，则人有树事之患[15]，而有争功之祸矣。男女之合、夫妇之分、婚姻娉内送逆无礼[16]，如是，则人有失合之忧[17]，而有争色之祸矣。故知者为之分也。

[注释]

[1]“万物同宇而异体”以下三句：万物同在天地之间而形体不一，对人虽然没有一定的意义，但总会有用，这是必然的道理。宇，天地之间。宜，通“义”。为，通“于”。数，必然的道理。 [2]人伦：各类人。伦，类。 [3]同求而异道：人有共同追求，但方式不一。道，方式，方法。 [4]知：通“智”。生：通“性”。 [5]“皆有可也”以下四句：人民对于事情有自己认可的看法，智者和愚者都是如此。但看法却不相同，这就是智愚之分。 [6]势同而知异：地位、势利相同，但认识不同。知，这里指行为方式和人生追求。 [7]奋：骄矜，矜夸。《晏子春秋·谏上一》：“庄公奋乎勇力，不顾于行义。”《荀子·子道》：“奋于言者华，奋于行者伐。”杨倞注：“奋，振矜也。”《吕氏春秋·本味》：“人主有奋而好独者，则名号必废熄。”俞樾《诸子平议·吕氏春秋》：“奋犹矜也。奋而好独者，矜而好独也。”说：通“脱”，解脱。 [8]县（xuán）：通“悬”，差别。 [9]害生：祸害产

生。[10]同物：同一个东西。[11]故百技所成，所以养一人也：社会各行各业工匠的产出，共同供养一个人。技，工匠。[12]能：有能者。兼官：兼职太多。《淮南子·主术》："工无二伎，士不兼官。"[13]离居：分散居住，各顾各地生活。相待：相互依赖。待，通"恃"。[14]明分使群：荀子思想的重要命题，指构建社会需要制定礼义，确立人的各种差别与等级。[15]有树事之患：有事业难以建立的后果。患，后果。[16]娉（pìn）：同"聘"，古代婚礼诸环节中的问名，即询问女方之名。内（nà）：同"纳"，指古代婚礼诸环节中纳征。逆：迎。[17]失合：失去婚配。

足国之道，节用裕民而善臧其余[1]。节用以礼，裕民以政。彼裕民，故多余。裕民则民富，民富则田肥以易[2]，田肥以易则出实百倍。上以法取焉，而下以礼节用之，余若丘山，不时焚烧，无所臧之，夫君子奚患乎无余[3]？故知节用裕民，则必有仁义圣良之名，而且有富厚丘山之积矣。此无它故焉，生于节用裕民也[4]。不知节用裕民则民贫，民贫则田瘠以秽[5]，田瘠以秽则出实不半，上虽好取侵夺，犹将寡获也。而或以无礼节用之[6]，则必有贪利纠诱之名[7]，而且有空虚穷乏之实矣。此无它故焉，不知节用裕民也。《康诰》曰："弘覆乎天，若德裕乃身[8]。"此之此节论富国在于节用裕民。

谓也。

[注释]

[1] 臧：通“藏”，积藏。下同。 [2] 肥：使肥沃，施肥。易：治理。 [3] 奚：疑问语气词，怎么、何必。 [4] 生：出，产生。 [5] 秽：荒芜、杂草丛生。 [6] 或：通“又”。 [7] 贪利：贪求利益。纠：急戾。《荀子·议兵》：“矜纠收缭之属为之化而调。”王先谦集解：“矜纠收缭皆急戾之意，故与调和相反。”讦：通“绞”，急切。《论语·阳货》：“好直不好学，其蔽也绞。”邢昺疏：“绞者，绞切也。”《左传·昭公元年》：“叔孙绞而婉。”杜预注：“绞，切也。” [8]《康诰》：《尚书》篇名。整句话意思是：上天广覆大地，如果遵循礼义，你将变得富裕。弘，广大。若，顺。

从“此之谓也”可知，“故曰”犹“《传》曰”，非荀子语，是荀子引用的古书传记之说，“故”字当加书名号。故：疑通“古”，也就是“古语”。《管子·形势》“故曰伐矜好专举事之祸也”，《集校》引宋翔凤云：“故，古也，谓古语也。”

此节集中体现了荀子的用人观：“德必称位，位必称禄，禄必称用。”统而言之，就是：“朝无幸位，民无幸生。”

礼者，贵贱有等，长幼有差，贫富轻重皆有称者也[1]。故天子袾褛衣冕[2]，诸侯玄褛衣冕，大夫裨冕[3]，士皮弁服[4]。德必称位，位必称禄，禄必称用。由士以上则必以礼乐节之，众庶百姓则必以法数制之[5]。量地而立国，计利而畜民[6]，度人力而授事，使民必胜事，事必出利，利足以生民，皆使衣食百用出入相揜[7]，必时臧余，谓之称数[8]。故自天子通于庶人，事无大小多少，由是推之。故曰：“朝无幸位，民无幸生。”[9] 此之谓也。

[注释]

[1]称(chèn):相称,适宜。[2]袾(zhū):大红色衣服。裷:即"衮(gǔn)",帝王的礼服。衣(yì):穿戴。冕(miǎn):帝王、卿大夫所戴的礼帽。[3]裨(pí):古代祭祀时较次等的礼服。[4]皮弁(biàn):鹿皮做的帽子。[5]法数:法度术数。《管子·形势解》:"以规矩为方圜,则成;以尺寸量短长,则得;以法数治民,则安。"[6]畜:畜养。[7]揜:合。[8]称数:符合规律。[9]引文见《王制篇》"王者之论"。

轻田野之税,平关市之征[1],省商贾之数,罕兴力役,无夺农时,如是,则国富矣。夫是之谓以政裕民[2]。

《王制篇》有"田野什一,关市几而不征"说。

[注释]

[1]平:抑制。[2]以政裕民:用轻徭薄赋之政令使民富足。以,用。

人之生,不能无群,群而无分则争,争则乱,乱则穷矣。故无分者,人之大害也;有分者,天下之本利也[1];而人君者,所以管分之枢要也[2]。故美之者,是美天下之本也;安之者,是安天下之本也;贵之者,是贵天下之本也。古者先王分割而等异之也[3],故使或美或恶,或厚或薄,或佚或乐[4],或劬或劳[5],非特以为淫泰夸丽之声[6]，将以明仁之文[7]，通仁之顺也[8]。故为之雕琢、刻镂、黼黻、文章，使足以辨贵贱而已，不求其观；为之钟鼓、管磬、琴瑟、竽笙，使足以辨吉凶，合欢定和而已，不求其余；为之宫室台榭，使足以避燥湿，养德辨轻重而已[9]，不求其外。《诗》曰："雕琢其章[10]，金玉其相。亹亹我王，纲纪四方。"此之谓也。

此节荀子论"尊君"的原因，是"明分使群"的需要，这是从功能作用上论"尊君"的必要性，与传统的"天命"说截然有别。

［注释］

[1] 本利：根本利益。 [2] 枢要：关键。 [3] 等异之：以等次区别之。 [4] 佚：通"逸"。 [5] 劬（qú）：劳累。或佚或乐或劬或劳：当作"或佚乐或劬劳"。 [6] 特以：特意，特地。淫：放荡。泰：奢侈。夸：美好。丽：美好。声：声势。《战国策 · 齐策一》："吾三战而三胜，声威天下。"高诱注："声，势。威，震。" [7] 文：美、善。《荀子 · 正名》："故期、命、辨、说也者，用之大文也。"《韩非子 · 说疑》："文言多，实行寡。" [8] 通：贯彻、实现。顺：道理。《汉书 · 文帝纪》："孝悌，天下之大顺也。" [9] 轻重：这里指尊卑。 [10]"雕琢其章"以下四句：雕琢出精美的花纹，它的质料如金玉一样。我们勤勉的君王，是四方的大纲要领。诗见《诗 · 大雅 · 棫朴》。相，质料。亹（wěi）亹，勤勉的样子。纲纪，大纲要领。《荀子 · 劝学》："《礼》者，法之大分、类之纲纪也。"

若夫重色而衣之，重味而食之，重财物而制之，合天下而君之，非特以为淫泰也，固以为王天下，治万变，材万物，养万民，兼制天下者，为莫若仁人之善也夫[1]！故其知虑足以治之，其仁厚足以安之，其德音足以化之[2]。得之则治，失之则乱。百姓诚赖其知也，故相率而为之劳苦以务佚之[3]，以养其知也；诚美其厚也，故为之出死断亡以覆救之[4]，以养其厚也；诚美其德也，故为之雕琢、刻镂、黼黻、文章以藩饰之，以养其德也。故仁人在上，百姓贵之如帝，亲之如父母，为之出死断亡而愉者[5]，无它故焉，其所是焉诚美，其所得焉诚大，其所利焉诚多[6]。《诗》曰："我任我辇[7]，我车我牛，我行既集，盖云归哉！"此之谓也。

此节论百姓之所以"尊君"，是因为"其所是焉诚美，其所得焉诚大，其所利焉诚多"，是从老百姓自己的利益出发的。

［注释］

[1] 为莫若仁人之善也夫：则没有比仁人更好的了。 [2] 德音：善言、德言，指合乎仁德的言语、教令。《国语·楚语上》："忠信以发之，德音以扬之。" [3] 相率：相继，一个接一个。 [4] 出死：效死、拼死、献出生命。《淮南子·氾论》："使管仲出死捐躯，不顾后图，岂有此霸功哉？"《越绝书·越绝外传枕中》："欲捐躯出死，以报吴仇。"断亡：决死。覆救：掩护救助。 [5] 为之出死断亡而愉："愉"当读为"偷"；从《王霸篇》作"为之出死断亡而不愉"可知"愉"前脱"不"字。当作"为之出死断亡而不偷"。 [6] 其所是焉诚美，其所得焉诚大，其所利焉诚多：此

三“其”字皆指代百姓。 [7]“我任我辇”以下四句：我背东西我拉车，我推车子我牵牛；我们的出行已完成，何不全部都归顺。诗见《诗·小雅·黍苗》。任，负荷。辇，挽辇，拉车。集，成。盖，通“盍”，何不。《诗·魏风·园有桃》：“其谁知之，盖亦勿思！”《礼记·檀弓上》：“公子重耳谓之曰：‘子盖言子之志于公乎？’”郑玄注：“‘盖’皆当为‘盍’，何不也。”

从“此之谓也”可知，“故曰”犹“《传》曰”，非荀子语，是荀子引用的古书传记之说。“天地生之，圣人成之”又见《荀子·大略篇》，当为古书传记之说无疑。

此节极言“德”之重要。

故曰：“君子以德[1]，小人以力。力者，德之役也。”百姓之力，待之而后功[2]；百姓之群，待之而后和；百姓之财，待之而后聚；百姓之势，待之而后安；百姓之寿，待之而后长。父子不得不亲[3]，兄弟不得不顺，男女不得不欢，少者以长[4]，老者以养。故曰：“天地生之，圣人成之[5]。”此之谓也。

［注释］

[1]“君子以德”以下四句：《左传·襄公九年》：“君子劳心，小人劳力。”《孟子·滕文公上》：“劳心者治人，劳力者治于人。”说与此近。 [2]待之：“之”指代“德”。下同。功：成效。 [3]不得：没有君子之德。下同。得，通“德”。 [4]以：以之，因此。 [5]天地生之，圣人成之：天地生养了人民，圣人以德教化成就了人民。

今之世而不然：厚刀布之敛以夺之财[1]，重田野之税以夺之食，苛关市之征以难其事。不然而已矣[2]，有掎挈伺诈[3]，权谋倾覆，以相颠倒，以靡敝之[4]，百姓晓然皆知其污漫暴乱而将大危亡也[5]。是以臣或弑其君[6]，下或杀其上，粥其城[7]，倍其节[8]，而不死其事者，无它故焉，人主自取之。《诗》曰："无言不雠，无德不报[9]。"此之谓也。

此节承上讲无"德"的恶果。

［注释］

[1] 厚刀布之敛：加重对钱财的搜刮。刀布，战国时代的货币。 [2] 不然：不仅仅这样。 [3] 有：通"又"。掎（jǐ）挈伺诈：故意发难，伺机欺诈。掎，牵制。挈，抓。 [4] 靡敝：毁坏、破坏。 [5] 污漫：污秽，卑污。杨倞注："污、漫皆秽行也。" [6] 或：通"有"。下同。 [7] 粥：通"鬻"，卖。 [8] 倍：通"背"，违背、违反。《群书治要》卷三十八引正作"背"。 [9] 无言不雠，无德不报：诗见《诗·大雅·抑》。没有不酬之言，没有不报之德。雠，通"酬"，酬报。

兼足天下之道在明分。掩地表亩[1]，刺中殖谷[2]，多粪肥田，是农夫众庶之事也。守时力民[3]，进事长功[4]，和齐百姓，使人不偷，是将率之事也[5]。高者不旱，下者不水，寒暑和节而五谷以时孰，是天下之事也[6]。若夫兼而覆之，兼而爱之，兼而制之，岁虽凶败水旱，使百姓无

表：通"暴（曝）"。表亩：疑指冒着烈日在田地里耕作。《三国志·蜀书·秦宓传》："仆得曝背于陇亩之中……安身为乐，无忧为福。"

冻餧之患[7]，则是圣君贤相之事也。

［注释］

[1] 掩地：耕地。掩，通“稚”。《广雅·释地》：“稚，种也。”《玉篇·耒部》：“稚，犁种也。”亩：田垄。　[2] 刺：绝，铲除。屮：古“草”字。　[3] 力民：勤民。　[4] 进事长功：发展农事，增长功业。　[5] 率：同“帅”。古代战时征战，平时务农，将帅兼管农事。　[6] 天下：一说“下”字是衍文，一说“下”当作“地”。　[7] 餧：同“馁”。冻馁：饥寒交迫。《孟子·尽心上》：“不暖不饱，谓之冻馁。”

墨子之言昭昭然为天下忧不足[1]。夫不足，非天下之公患也，特墨子之私忧过计也。今是土之生五谷也，人善治之则亩数盆[2]，一岁而再获之[3]，然后瓜桃枣李一本数以盆鼓[4]，然后荤菜百疏以泽量[5]，然后六畜禽兽一而剸车[6]，鼋鼍、鱼鳖、鳅鳣以时别[7]，一而成群，然后飞鸟凫雁若烟海[8]，然后昆虫万物主其间[9]，可以相食养者不可胜数也。夫天地之生万物也，固有余足以食人矣；麻葛、茧丝、鸟兽之羽毛齿革也[10]，固有余足以衣人矣。夫有余不足[11]，非天下之公患也，特墨子之私忧过计也。

此节坚信生产力的发展，足以满足人类生活的需要，批评墨子的“节用”说。

[注释]

[1]昭昭：通“怊怊”，惆怅失意的样子。王逸《楚辞·九思·守志》：“乌鹊惊兮哑哑，余顾瞻兮怊怊。”《魏书·阳固传》：“心怊怊而惕惕兮，志悯悯而绵绵。”《庄子·天地》：“怊乎若婴儿之失其母也。”陆德明释文引《字林》：“怊，怅也。”《楚辞·远游》：“步徙倚而遥思兮，怊惝怳而乖怀。”王逸注：“惆怅失望，志乖错也。”《楚辞·九章·哀郢》：“发郢都而去闾兮，怊荒忽其焉极。”蒋骥注：“怊，悲也。”　[2]盆：古代量器名。　[3]一岁而再获之：一年收获两次。　[4]本：一株。数(shù)：计算。鼓：古量器名。　[5]荤菜：有辛臭气味的蔬菜，如葱、蒜、韭、姜之类。疏：通“蔬”。泽：池塘。以泽量：用泽来计量。　[6]一：每一种。下同。剸(zhuān)：通“专”。专车：满车。　[7]鼋(yuán)：大鳖。鼍(tuó)：扬子鳄。别：指离别母体，生育。　[8]凫：野鸭。　[9]主：当从宋本作“生”。[10]麻：大麻，可织布。葛：草本植物，皮可制葛布。齿：指象牙。革：皮。　[11]有余不足：依王先谦说，“有余”二字为衍文。

天下之公患，乱伤之也。胡不尝试相与求乱之者谁也[1]？我以墨子之“非乐”也则使天下乱，墨子之“节用”也则使天下贫，非将堕之也[2]，说不免焉。墨子大有天下，小有一国，将蹙然衣粗食恶[3]，忧戚而非乐[4]，若是则瘠，瘠则不足欲，不足欲则赏不行。墨子大有天下，小有一国，将少人徒，省官职，上功劳苦[5]，与百姓均事业，齐功劳，若是则不威，不威则罚不行。赏不行，则贤者不可得而进也；罚不行，则不肖者不可得而退也。贤者不可得而进也，不肖者不可得而退也，则能不能不可得而官也。若是则万物失宜，事变失应，上失天时，下失地利，中失人和，天下敖然[6]，若烧若焦。墨子虽为之衣褐带索[7]，嚽菽饮水[8]，恶能足之乎？既以伐其本[9]，竭其原[10]，而焦天下矣。

批评墨子的“非乐”“节用”之说是“伐其本，竭其原，而焦天下”。

［注释］

[1] 相与：一道、共同。[2] 堕：通“隳”，诋毁。[3] 蹙（cù）：忧愁不悦。衣粗食恶：指“节用”。[4] 忧戚：忧愁烦恼。[5] 上功：“上”通“尚”，“功”字于鬯以为衍文。[6] 敖：通“熬”。熬然：受煎熬的样子。[7] 褐（hè）：粗布衣服。带：腰带，这里用作动词。索：粗绳。[8] 嚽（chuò）：同“啜”，吃。菽：豆类植物。[9] 以：同“已”。[10] 原：通“源”。

故先王圣人为之不然。知夫为人主上者不美不饰之不足以一民也[1]，不富不厚之不足以管下也，不威不强之不足以禁暴胜悍也。故必将撞大钟、击鸣鼓、吹笙竽、弹琴瑟以塞其耳，必将錭琢、刻镂、黼黻、文章以塞其目[2]，必将刍豢稻粱、五味芬芳以塞其口[3]，然后众人徒、备官职、渐庆赏、严刑罚以戒其心。使天下生民之属皆知己之所愿欲之举在是于也，故其赏行；皆知己之所畏恐之举在是于也，故其罚威。赏行罚威，则贤者可得而进也，不肖者可得而退也，能不能可得而官也。若是，则万物得宜，事变得应，上得天时，下得地利，中得人和，则财货浑浑如泉源[4]，汸汸如河海[5]，暴暴如丘山[6]，不时焚烧，无所臧之[7]，夫天下何患乎不足也？故儒术诚行，则天下大而富[8]，使而功[9]，撞钟击鼓而和。《诗》曰："钟鼓喤喤[10]，管磬玱玱，降福穰穰。降福简简，威仪反反。既醉既饱，福禄来反。"此之谓也。

此节强调礼义之文的重要，以反驳墨子的"节用""非乐"说。

［注释］

[1] 一民：统治、领导人民。 [2] 錭：同"雕"。 [3] 五味：甜、咸、酸、苦、辣。 [4] 浑浑：通"滚滚"，奔流不息的样子。 [5] 汸（páng）汸：同"滂滂"，水流盛大的样子。 [6] 暴暴：通"勃勃"，突起的样子。 [7] 臧：通"藏"。 [8] 大（tài）：通"泰"，平安。 [9] 使：当为"佚"字讹文，安逸。 [10]"钟鼓喤喤"以下七句：敲击钟鼓声声亮，管磬和鸣声铿锵，福佑纷纷从天而降。天降福佑深又广，威严仪容多端庄。酒醉饭饱德无量，福禄来归万年长。诗见《诗·周颂·执竞》。喤喤，象声词，形容声音响亮。玱玱，象声词，玉相击的声音。穰穰，众多的

样子。简简，义同“穰穰”。反（bǎn）反，通“昄昄”，和善的样子。反，同“返”，归。

故墨术诚行则天下尚俭而弥贫，非斗而日争，劳苦顿萃而愈无功[1]，愀然忧戚非乐而日不和[2]。《诗》曰：“天方荐瘥[3]，丧乱弘多。民言无嘉，憯莫惩嗟。”此之谓也。

［注释］

[1] 萃：通“悴”。 [2] 愀然：忧惧担忧的样子。 [3] “天方荐瘥（cuó）”以下四句：诗见《诗·小雅·节南山》。上天连连降病灾，死亡祸乱又太多。民众没有好话说，批评从没停止过。荐，一而再。瘥，病。憯，通“谮”，批评。惩，止。嗟，语气助词，表叹息。

民：从下文“垂事养誉”看，当为“闻”字音讹。养闻：博取虚名。

垂事养民[1]，拊循之[2]，呴呕之[3]，冬日则为之饘粥[4]，夏日则与之瓜麮[5]，以偷取少顷之誉焉，是偷道也[6]，可以少顷得奸民之誉，然而非长久之道也。事必不就，功必不立，是奸治者也。傮然要时务民[7]，进事长功[8]，轻非誉而恬失民[9]，事进矣而百姓疾之，是又不可偷偏者也。徙坏堕落[10]，必反无功[11]。故垂事养誉不可，以遂功而忘民亦不可[12]，皆奸道也。

此节批评墨子的“节用”说是“养闻”“养誉”，是“偷道”“奸道”。

[注释]

[1]垂事：放弃应该做的事。 [2]拊（fǔ）循：通“抚揗”，安抚、抚慰。 [3]呃（wá）呕：婴儿的声音。此指模仿婴儿的声音以表现慈爱。 [4]饘（zhān）粥：稀饭。 [5]麮（qù）：大麦粥。 [6]偷道：苟且之道。 [7]傮：通“造”。造然：急迫的样子。要（yāo）：通“邀”，求取。 [8]进事长功：发展事业，增长功业。 [9]恬（tián）：内心淡泊。 [10]徙坏：往坏处走。 [11]反：通“返”。 [12]遂功：犹成功、建立功业。

故古人为之不然：使民夏不宛暍[1]，冬不冻寒，急不伤力，缓不后时，事成功立，上下俱富；而百姓皆爱其上，人归之如流水，亲之欢如父母，为之出死断亡而愉者[2]，无它故焉，忠信调和均辨之至也[3]。故君国长民者，欲趋时遂功[4]，则和调累解[5]，速乎急疾；忠信均辨，说乎赏庆矣[6]；必先修正其在我者，然后徐责其在人者，威乎刑罚。三德者诚乎上，则下应之如景向[7]。虽欲无明达，得乎哉！《书》曰：“乃大明服[8]，惟民其力懋和，而有疾。”此之谓也。

此节讲人君争取民众的办法，不在于“养誉”，而在于调和宽缓、忠信平正、正人先正己三种美德。

[注释]

[1]宛：通“蕴”，闷热。暍（yē）：中暑。 [2]为之出死断亡而愉：当作“为之出死断亡而不偷”。说见上。 [3]均辨：均平。辨，

通“平”。 [4] 趋时：抓紧时机、及时。 [5] 和调：和睦、使和睦。累解：即“蟹螺”“解果”倒文，犹合会、交构。 [6] 说（yuè）：通“悦”。乎：于，比。 [7] 如景（yǐng）向：比喻民众的积极响应。景，同“影”。向，通“响”，回声。 [8]“乃大明服”以下三句：文见《尚书·康诰》。君主的治理非常英明，百姓出力，勤勉、协调而又迅速。服，治。惟，语助词。懋（mào），勤勉。疾，迅速。

故不教而诛，则刑繁而邪不胜；教而不诛，则奸民不惩；诛而不赏，则勤属之民不劝[1]；诛赏而不类[2]，则下疑俗俭而百姓不一[3]。故先王明礼义以壹之，致忠信以爱之，尚贤使能以次之，爵服庆赏以申重之[4]，时其事、轻其任以调齐之[5]，潢然兼覆之[6]，养长之，如保赤子[7]。若是，故奸邪不作，盗贼不起，而化善者劝勉矣[8]。是何邪？则其道易，其塞固，其政令一，其防表明[9]。故曰：“上一则下一矣，上二则下二矣，辟之若中木[10]，枝叶必类本[11]。”此之谓也。

故：疑通“古”，也就是“古语”。这一段引文当是引自古书传记，“故曰”与“《传》曰”近同。

[注释]

[1] 属：据《群书治要》卷三十八引文，当改作“励”。勤励：勤劳奋勉。 [2] 类：合法。 [3] 俗俭：险恶。俭：通“险”。不一：民心不齐。 [4] 申：告诫。重：强调。 [5] 调齐：调整，协调。 [6] 潢（huàng）：通“滉”，水流大的样子，这里形容君主

恩泽的广布。 [7] 赤子：婴儿。 [8] 化善：改过向善。劝勉：劝导勉励。 [9] 防：堤防。表：标准、准则。 [10] 辟：通“譬”。屮：古“草”字。 [11] 类：与……同类。

不利而利之，不如利而后利之之利也；不爱而用之，不如爱而后用之之功也。利而后利之，不如利而不利者之利也；爱而后用之，不如爱而不用者之功也。利而不利也，爱而不用也者，取天下矣。利而后利之，爱而后用之者，保社稷也。不利而利之，不爱而用之者，危国家也。

此节比较“不利而利之”“利而后利之”“不爱而用之”“爱而后用之”的功过。

观国之治乱臧否[1]，至于疆易而端已见矣[2]。其候徼支缭[3]，其竟关之政尽察[4]，是乱国已[5]。入其境，其田畴秽，都邑露[6]，是贪主已。观其朝廷则其贵者不贤，观其官职则其治者不能，观其便嬖则其信者不悫[7]，是暗主已。凡主相臣下百吏之俗[8]，其于货财取与计数也，须孰尽察[9]，其礼义节奏也[10]，芒轫僈楛[11]，是辱国已。其耕者乐田，其战士安难[12]，其百吏好法，其朝廷隆礼，其卿相调议[13]，是治国已。观其朝廷则其贵者贤，观其官职则其治者能，观其便嬖则其信者悫，是明主已。凡主相臣下百吏之属，其于货财取与计数也，宽饶简易[14]，其于礼义节奏也，陵谨尽察[15]，是荣国已。贤齐则其亲者先贵，能齐则其故者先官，其臣下百吏，污者皆化而修，悍者皆化而愿，躁者皆化而悫[16]，是明主之功已。

此节比较“乱国”“贪主”“暗主”“辱国”与“治国”“明主”“荣国”的异同。

［注释］

[1] 臧否：好坏。 [2] 易：通“埸（yì）”，边界。见：通“现”。 [3] 候：哨兵。徼（jiào）：巡察。支缭：繁多歧出。支，分散。缭，环绕。 [4] 竟：通“境”。尽察：极其苛察。 [5] 已：同“也”。下同。 [6] 露：破败。 [7] 便嬖（pián bì）：君主宠信的人。 [8] 俗：据下文当改作“属”。 [9] 须：“顺”字之讹。顺：通“慎”。孰：同“熟”，仔细。 [10] 节奏：制度，指礼节礼仪等方面的具体规定。 [11] 芒：通“茫”，混沌暗昧，模糊不清。轫：柔软，这里是松弛。僈楛：怠慢粗疏。 [12] 安：乐，爱好。难（nàn）：祸乱。 [13] 调议：议论协调。 [14] 宽饶：宽厚。 [15] 陵：严密。 [16] 躁：骄狂。

观国之强弱贫富有征：上不隆礼则兵弱，上不爱民则兵弱，已诺不信则兵弱[1]，庆赏不渐则兵弱，将率不能则兵弱[2]。上好功则国贫，上好利则国贫，士大夫众则国贫，工商众则国贫，无制数度量则国贫[3]。下贫则上贫，下富

渐：通“巉”，突出。

则上富。故田野县鄙者[4]，财之本也；垣窌仓廪者[5]，财之末也；百姓时和、事业得叙者[6]，货之源也[7]；等赋府库者，货之流也。故明主必谨养其和，节其流，开其源，而时斟酌焉[8]，潢然使天下必有余而上不忧不足。如是则上下俱富，交无所藏之，是知国计之极也。故禹十年水，汤七年旱，而天下无菜色者。十年之后，年谷复孰而陈积有余[9]。是无它故焉，知本末源流之谓也。故田野荒而仓廪实，百姓虚而府库满，夫是之谓国蹶。伐其本，竭其源，而并之其末，然而主相不知恶也，则其倾覆灭亡可立而待也。以国持之而不足以容其身，夫是之谓至贪，是愚主之极也。将以求富而丧其国，将以求利而危其身。古有万国，今有十数焉。是无它故焉，其所以失之一也[10]。君人者亦可以觉矣，百里之国足以独立矣[11]。

本节提出并讨论了“观国之强弱贫富”的征兆、标志。

［注释］

[1] 已：禁止，不许。 [2] 率：同“帅”。 [3] 制数度量：法度。 [4] 县鄙：《周礼·地官·遂人》：“五家为邻，五邻为里，四里为酂，五酂为鄙，五鄙为县。” [5] 垣（yuán）：货仓。窌

(jiào):同“窖”。 [6] 时:调。得叙:得其次序。 [7] 货:泛指财物。 [8] 斟酌:调节。 [9] 孰:通“熟”。 [10] 一:一样、相同。 [11] 百里之国:方圆百里之国,指小国。

凡攻人者,非以为名,则案以为利也[1],不然,则忿之也[2]。仁人之用国,将修志意,正身行,伉隆高[3],致忠信,期文理[4]。布衣𬘘屦之士诚是[5],则虽在穷阎漏屋[6],而王公不能与之争名;以国载之[7],则天下莫之能隐匿也[8]。若是,则为名者不攻也。将辟田野,实仓廪,便备用,上下一心,三军同力,与之远举极战则不可[9]。境内之聚也[10],保固视可[11],午其军[12],取其将,若拨䒳[13]。彼得之不足以药伤补败。彼爱其爪牙[14],畏其仇敌。若是,则为利者不攻也。将修小大强弱之义以持慎之,礼节将甚文,珪璧将甚硕[15],货赂将甚厚,所以说之者[16],必将雅文辩慧之君子也[17]。彼苟有人意焉[18],夫谁能忿之?若是,则忿之者不攻也。为名者否,为利者否,为忿者否,则国安于盘石[19],寿于旗、翼[20]。人皆乱,我独治;人皆危,我独安;人皆失丧之,我按起而治之。故仁人之用国,非

持慎:犹持重,稳重、谨慎的意思。慎:重。

特将持其有而已也，又将兼人。《诗》曰：“淑人君子[21]，其仪不忒。其仪不忒，正是四国。”此之谓也。

此节论“仁人之用国”的重要。

[注释]

[1] 案：语助词。 [2] 忿：怨恨。 [3] 伉：极，致于极点。王念孙《读书杂志·荀子三》：“伉者极也……伉、致、期皆极也。”隆高：高超，这里指礼义。 [4] 期：通“綦”，极。 [5] 布衣紃屦（xún jù）之士：平民。紃屦，麻绳编的鞋。 [6] 穷阎：陋巷。漏屋：陋室。漏，通“陋”。穷阎漏屋，《群书治要》引作“穷阎陋屋”，《韩诗外传》作“穷巷陋室”。 [7] 载：任、担负。 [8] 隐匿：隐藏、埋没，这里指超过、盖过。 [9] 远举：远征。举，行动，这里指战争。极战：苦战。极，竭力。 [10] 聚：城镇。 [11] 保固：指恃其险固而自守。保，恃。视可：见可。 [12] 午：通“迕”，逆，迎。 [13] 葑（fēng）：通“蓬”，麦之芽粒，故以手拨之至易也。 [14] 爱：吝惜、爱惜。爪牙：喻勇士、武臣。 [15] 珪璧：朝聘等所用的玉器。 [16] 所以：所使。 [17] 辩慧：智慧。辩，通“辨”，智慧。《性恶篇》“性质美而心辩知”，“辩知”一本作“辨知”。《群书治要》卷三十八引作“辨智”。“辩（辨）知（智）”复词同义，辨即智。 [18] 人意：人的意识。 [19] 盘：通“磐”。磐石：厚而大的石头。 [20] 旗：通“箕”，箕宿，二十八宿之一。翼：二十八宿之一。 [21] “淑人君子”以下四句：仁德的君子，他们的表率做得不错。他们的表率做得不错，四方邦国拨乱反正。诗见《诗·曹风·尸鸠》。淑人，善人，仁德之人。仪，表率。忒（tè），差错。正，指在政治、道德、思想、言论、礼仪等方面，将违反原则、标准或规定的匡正过来。

持国之难易[1]：事强暴之国难，使强暴之国事我易。事之以货宝，则货宝单而交不结[2]；约信盟誓，则约定而畔无日[3]；割国之锱铢以赂之[4]，则割定而欲无猒[5]。事之弥烦[6]，其侵人愈甚，必至于资单国举然后已[7]。虽左尧而右舜，未有能以此道得免焉者也。辟之是犹使处女婴宝珠[8]，佩宝玉，负戴黄金而遇中山之盗也，虽为之逢蒙视[9]，诎要桡腘[10]，君卢屋妾[11]，由将不足以免也[12]。故非有一人之道也[13]，直将巧繁拜请而畏事之[14]，则不足以持国安身，故明君不道也[15]。必将修礼以齐朝[16]，正法以齐官，平政以齐民，然后节奏齐于朝，百事齐于官，众庶齐于下。如是，则近者竞亲[17]，远方致愿[18]，上下一心，三军同力，名声足以暴炙之[19]，威强足以捶笞之，拱揖指挥[20]，而强暴之国莫不趋使，譬之是犹乌获与焦侥搏也[21]。故曰：事强暴之国难，使强暴之国事我易。此之谓也。

从“故曰”看，“事强暴之国难，使强暴之国事我易”当为荀子引用他书之说，故下云“此之谓也”。如果是荀子自己的话，就不应说“此之谓也”。所以，此“故曰”犹“《传》曰”，非常明显。

［注释］

[1] 持：守，保持、守住、保住。 [2] 单：通“殚”，尽。下同。 [3] 畔：通“叛”。 [4] 锱铢（zī zhū）：古代重量单位，比

喻微小。此指少量国土。[5]猒(yàn):通“厌”,满足。[6]烦:据《韩诗外传》卷六第二十三章,当改作“顺”。[7]资:当为“货”字形讹。举:尽。《管子·牧民》:“地辟举则民留处。”尹知章注:“举,尽也。”已:停止。[8]婴:通“缨”,系在颈上。[9]逢蒙视:微视,不正视。[10]诎(qū):通“屈”。要(yāo):“腰”的初文。桡(náo):通“挠”,曲。腘(guó):膝后弯曲处。[11]若庐屋妾:好似家中的臣妾。君,“若”字之讹。卢,通“庐”,小屋。[12]由:同“犹”,仍然。[13]一人:使全国之人齐心协力。[14]将:相当于“以”。巧繁:巧敏,便佞。繁,通“敏”,敏捷。[15]道:遵行、实行。《管子·任法》:“法不一,则有国者不祥;民不道法,则不祥。”《荀子·王霸》:“不可不善为择道然后道之,涂薉则塞。”王念孙《读书杂志·荀子四》:“道之,行之也。”[16]齐:整齐、整治。下同。[17]竞亲:竞相亲近。[18]致愿:极力投诚、输诚、归顺。[19]暴:当从《韩诗外传》卷六作“熏”。熏炙(zhì):威慑,比喻名声盖人、夺人、凌人、压人。[20]拱揖:像作拱作揖一样地容易。[21]乌获:秦国的大力士。焦侥(yáo):传说中的矮人。

[点评]

本篇荀子论述了“富国”——使国家富足之道,提出了一系列发展经济的政治原则和方针策略。如“明分使群”“裕民以政”,以使社会安定,促使经济发展;“尚贤使能”“严明赏罚”,以刺激劳动积极性;“强本抑末”“开源节流”“节用裕民”,以调整生产、消费结构,保证经济的良性发展。

荀子批评了墨子“节用”的经济主张,认为造成天下不足的原因是政局混乱，光靠节衣缩食解决不了问题，只会导致“伐本”“竭源”。而以仁政聚拢人心，上得天时、下得地利、中得人和，国用自然富足。

值得注意的是，荀子不但主张“富国”，更提倡“王者富民”。他反对法家讲“富国”而忽视“富民”，认为只靠搜刮和聚敛来使国家富强的做法，会导致国家覆亡，主张统治者应当爱护百姓，以富民为富国之基础，富民与富国应当并重。这是荀子民本思想在经济政策上的表现，从而坚持了儒家传统的立场，与法家的“富国”“强国”论划清了界限。

王霸篇第十一

国者，天下之制利用也[1]；人主者，天下之利势也。得道以持之[2]，则大安也，大荣也，积美之源也。不得道以持之，则大危也，大累也[3]，有之不如无之。及其綦也[4]，索为匹夫不可得也[5]，齐湣、宋献是也[6]。故人主，天下之利势也，然而不能自安也，安之者必将道也。

利势：最盛的权势，权势最盛的。

持：奉、行。《荀子·荣辱》："父子相传，以持王公。"王念孙《读书杂志·荀子一》："持，犹奉也……《广雅》'奉，持也'，是持与奉同义。"下同。

将：犹"持"，遵奉、秉承。《仪礼·聘礼》："束帛将命于朝。"郑玄注："将，犹奉也。"

［注释］

[1] 制利用：当作"利用"，"制"是衍文。利用，利器，最有效的工具。用，工具。　[2] 得道以持之：能以道持之。得，能，能够。下同。　[3] 大累：与上文"大荣"相对，大辱。　[4] 綦（qí）：通"极"。　[5] 索：求。为：做。　[6] 齐湣：即齐闵王。宋献：即宋康王，曾被齐湣王打败。

故用国者[1]，义立而王[2]，信立而霸，权谋立而亡。三者，明主之所谨择也，仁人之所务白也[3]。

[注释]

[1]用国：主持国政。 [2]义立而王：立足于义就能称王。立，立身、立足。《晏子春秋·谏上二》："群臣以力为政，强者犯弱，而日易主，君将安立矣？"下同。 [3]白：明白，明晓。

心：挂怀，关心。曹操《祀故太尉桥玄文》："奉命东征，屯次乡里，北望贵土，乃心陵墓。"心国：所倾心、所心仪的国家。

若是：如此。指代下文"之所与为之者之人，则举义士也；之所以为布陈于国家刑法者，则举义法也；主之所极然帅群臣而首乡之者，则举义志也"。故"其固也"下当为冒号，以统括、引起下文。

这两句的意思是：坚定服侍照顾所倾的国家，就会如此之可靠。

挈国以呼礼义而无以害之[1]，行一不义、杀一无罪而得天下，仁者不为也[2]。擽然扶持心国，且若是其固也[3]。之所与为之者之人[4]，则举义士也[5]；之所以为布陈于国家刑法者[6]，则举义法也；主之所极然帅群臣而首乡之者[7]，则举义志也。如是，则下仰上以义矣，是綦定也[8]。綦定而国定，国定而天下定。仲尼无置锥之地，诚义乎志意[9]，加义乎身行[10]，著之言语[11]，济之日[12]，不隐乎天下[13]，名垂乎后世。今亦以天下之显诸侯诚义乎志意[14]，加义乎法则度量[15]，著之以政事，案申重之以贵贱杀生[16]，使袭然终始犹一也[17]。如是，则夫名声之部发于天地之间也[18]，岂不如日月雷霆然矣哉！故曰：以国齐义[19]，一日而白，汤、武是也。汤以亳[20]，武王以鄗[21]，皆百里之地也，天下为一，诸侯为臣，通达之属莫不从服，无它故焉，以济义矣。是所谓义立而王也。

此节论“义立而王”，立足于仁义就能称王的道理。

[注释]

[1] 挈：通“制”，治。呼：提倡。 [2] 又见《儒效篇》。《孟子·公孙丑上》作：“行一不义，杀一不辜，而得天下，皆不为也。” [3] 擽（luò）然：通“落然”，坚定的样子。扶持：服侍、照顾、守护。其：助词，用于定语之后或主谓之间，犹“之”。《尚书·康诰》：“朕其弟，小子封。”《大戴礼记·保傅》：“凡是其属，太保之任也。”《楚辞·九章·涉江》：“苟余心其端直兮，虽僻远之何伤？” [4] 之：其。下同。与为之者：一起共事的人。 [5] 举：皆，都。 [6] 布陈：设置，颁布。 [7] 主：衍文。极：通“亟”，急切。首乡：面向。乡，通“向”。 [8] 綦：通“基”，根基。 [9] 诚义乎志意：即义诚乎志意，义充满志意。诚，专诚。下同。 [10] 加义乎身行：施行义于立身行事。加，施行、施用。 [11] 著：显现。 [12] 济：成功。 [13] 隐：埋没。 [14] 以：使、令。 [15] 度量：法度。 [16] 案：乃。申重：告诫强调。 [17] 袭然：合一，一致的样子。 [18] 部：通“勃”。勃发：蓬勃生发。 [19] 齐：通“济”，成，做到。下文“无它故焉，以济义矣”，“齐义”正作“济义”。 [20] 亳（bó）：商汤的都城，今河南省商丘市北。 [21] 鄗（hào）：通“镐”，周武王的都城，今陕西西安长安区沣河以东。

德虽未至也，义虽未济也，然而天下之理略奏矣[1]，刑赏已、诺，信乎天下矣，臣下晓然皆知其可要也[2]。政令已陈，虽睹利败[3]，不欺其民；约结已定，虽睹利败，不欺其与。如是，则兵劲城固，敌国畏之；国一綦明[4]，与国信之。虽在僻陋之国[5]，威动天下，五伯是也。非本政教也，非致隆高也，非綦文理也，非服人之心也，乡方略，审劳佚，谨畜积，修战备，齺然上下相信[6]，而天下莫之敢当。故齐桓、晋文、楚庄、吴阖闾、越句践，是皆僻陋之国也，威动天下，强殆中国[7]，无它故焉，略信也[8]。是所谓信立而霸也。

此节论“信立而霸”，立足于信就能称霸的道理。

［注释］

[1] 奏（còu）：通“凑”，会聚，此指掌握。 [2] 其：指代君主。要（yāo）：约，交往。 [3] 利败：利害，有利有害。下同。 [4] 国一綦明：举国上下守信。綦，通“期”，约。 [5] 虽在僻陋之国：宋浙刻本作“虽末在僻陋之国”，多出一“末”字，当为衍文。 [6] 齺（zōu）：上下牙齿相咬。 [7] 殆：威胁、危害。 [8] 略信：通达于信，通晓于信。略，通达、通晓。《淮南子·修务》：“通道略物。”高诱注：“略，达物事也。”

挚国以呼功利，不务张其义，齐其信[1]，唯利之求，内则不惮诈其民而求小利焉，外则不惮诈其与而求大利焉，内不修正其所以有[2]，然常欲人之有。如是，则臣下百姓莫不以诈心待其上矣。上诈其下，下诈其上，则是上下析也，如是，则敌国轻之，与国疑之，权谋日行，而国不免危削，綦之而亡[3]，齐闵、薛公是也[4]。故用强齐，非以修礼义也，非以本政教也，非以一天下也，绵绵常以结引驰外为务。故强，南足以破楚，西足以诎秦，北足以败燕，中足以举宋。及以燕、赵起而攻之[5]，若振槁然[6]，而身死国亡，为天下大戮[7]，后世言恶则必稽焉[8]。是无它故焉，唯其不由礼义而由权谋也。

［注释］

[1] 齐：《群书治要》卷三十八引文作“济”。济：成。　[2] 修正：整治。以：同“已”。　[3] 綦：极。　[4] 薛公：战国时齐国贵族孟尝君，因封于薛，故称薛公。　[5] 及以：及夫、至于。　[6] 槁：枯木。　[7] 大戮：亦作“大僇”，大耻辱。　[8] 稽：查考。

三者[1]，明主之所以谨择也，而仁人之所以

挚：“摰”之讹文。“摰”同“掣”，读为“制”。“挚（掣）国”即上文之“挈国”。王念孙《广雅疏证》卷一下：“摰、挚二字音义各别。摰音充世反，与掣同，引也。字从手，埶声。挚音至，握持也。字从手，执声。《广雅》摰训为引，当音充世反。《集韵》、《类篇》挚音至，引《说文》‘握持也’。又尺制切与掣同，是不辨挚、摰之为二字矣。考《玉篇》挚从执，音至；摰从埶，音充世切，与掣同。今据以辨正。”

振槁：摧枯拉朽。比喻事极易成。振：摧折。疑“振”通“摧”。“振”为文部字，“摧”为微部字，古韵相近。

此节论“权谋立而亡”，治国“不由礼义而由权谋”的恶果。

所：适宜的。《周易·系辞下》："交易而退，各得其所。"《晏子春秋·问下二七》："不庶几，不要幸，先其难乎而后幸，得之时其所也，失之非其罪也，可谓保其身矣。"张纯一校注："所，犹宜也。"

此节继续申论"义立而王""信立而霸""权谋立而亡"之理，即"道王者之法与王者之人为之，则亦王；道霸者之法与霸道之人为之，则亦霸；道亡国之法与亡国之人为之，则亦亡"。

务白也。善择者制人，不善择者人制之。

［注释］

[1] 三者：指前文"义立而王""信立而霸""权谋立而亡"。

国者，天下之大器也，重任也[1]。不可不善为择所而后错之，错险则危[2]；不可不善为择道然后道之，涂薉则塞[3]。危塞则亡。彼国错者[4]，非封焉之谓也[5]，何法之道，谁子之与也[6]？故道王者之法与王者之人为之，则亦王；道霸者之法与霸道之人为之，则亦霸；道亡国之法与亡国之人为之，则亦亡。三者，明主之所以谨择也，而仁人之所以务白也。

［注释］

[1] 国者，天下之大器也，重任也："国"字后当从《群书治要》卷三十八引文补"君"字。 [2] 错：通"措"，安置。 [3] 涂：通"途"，道路，此指原则、办法。薉：同"秽"，肮脏、不干净。《群书治要》卷三十八引正作"秽"。塞：堵塞。 [4] 错：通"措"，安置。此指治理。 [5] 封：在边界植树作为疆界。焉：于之。 [6] 何法之道，谁子之与：即"道何法，与谁子"。与：用。《诗·唐风·采苓》："人之为言，苟亦无与。"毛传："无与，勿用也。"《左传·文公三年》："君子是以知秦穆公之为君也，举人之

周也，与人之壹也。”《管子·海王》：“我未与其本事也。”尹知章注：“与，用也。”这句话是说国家的安置（治理），不是划分疆界，而是看选择什么样的治国之道，任用什么样的人执政。

故国者，重任也，不以积持之则不立[1]。故国者，世所以新者也[2]，是惮，惮非变也[3]，改王改行也[4]。故一朝之日也，一日之人也，然而厌焉有千岁之固[5]，何也？曰：援夫千岁之信法以持之也[6]，安与夫千岁之信士为之也[7]。人无百岁之寿，而有千岁之信士，何也？曰：以夫千岁之法自持者，是乃千岁之信士矣。故与积礼义之君子为之则王，与端诚信全之士为之则霸，与权谋倾覆之人为之则亡。三者，明主之所以谨择也，而仁人之所以务白也。善择之者制人，不善择之者人制之。

一朝之日：一个早上的时间。形容时间很短。一日之人：一段时间内的人。形容人在位掌权时间有限。此是说人生短暂，而一个人在位掌权的时间更是有限。

[注释]

[1] 积：积累，指长期积累起来的礼法。《儒效篇》也作“积靡”。 [2] 世所以新者也：据《群书治要》卷三十八引文，当作“世以新者也”。世，代。此是说国家世代都有不同的君主。 [3] 惮：通“禅（shàn）”，禅位，传位，指国君换人。变：制度的改变。 [4] 王：据《群书治要》卷三十八引文，当改作“玉”。玉：佩玉。行：步伐。改玉改行：改变佩玉，改变步行的节奏。此是

说这是制度内的改变，而不是改变了制度。 [5] 固：据《群书治要》卷三十八引文，当改作“国”。厌焉：即“厌然”。 [6] 援：援引、沿用。 [7] 安：而且。信士：诚实守法的人。

彼持国者必不可以独也，然则强固荣辱在于取相矣[1]。身能相能，如是者王；身不能，知恐惧而求能者，如是者强；身不能，不知恐惧而求能者，安唯便僻左右亲比己者之用[2]，如是者危削，綦之而亡[3]。国者，巨用之则大，小用之则小。綦大而王，綦小而亡，小巨分流者存[4]。巨用之者，先义而后利，安不恤亲疏，不恤贵贱，唯诚能之求，夫是之谓巨用之。小用之者，先利而后义，安不恤是非，不治曲直，唯便僻亲比己者之用，夫是之谓小用之。巨用之者若彼，小用之者若此，小巨分流者亦一若彼，一若此也。故曰：“粹而王[5]，驳而霸[6]，无一焉而亡。”此之谓也。

“故曰”犹“《传》曰”，故：疑通“古”，也就是“古语”。“粹而王，驳而霸，无一焉而亡”又见《荀子·儒效篇》《赋篇》，当为古书传记之说。如果是荀子自己的话，下文就不会紧接以“此之谓也”。

[注释]

[1] 强固：强大和败亡。梁启雄注：“固，破败也，与强义相反……《鲁语》：‘不识穷固又求自尔。’注：‘固，废也。’固训‘废’，与‘破败’义更相近。”取相：选择任用宰相。 [2] 安：于是。下同。

唯便僻左右亲比己者之用：即“唯用便僻左右亲比己者”。 [3]綦：通“极”，下同。 [4]分流：各有选择。流，择。 [5]粹：纯粹，指“巨用之者”。 [6]驳：杂，指“小巨分流者”。

国无礼则不正[1]。礼之所以正国也，譬之犹衡之于轻重也[2]，犹绳墨之于曲直也，犹规矩之于方圆也，既错之而人莫之能诬也[3]。《诗》云：“如霜雪之将将[4]，如日月之光明，为之则存，不为则亡。”此之谓也。

此节论“礼”之重要，“礼”就是“义立而王”之“义”，故荀子又并称之“礼义”。

［注释］

[1]正：端正，治理得好。 [2]衡：疑为“权衡”，与下文“绳墨”“规矩”相应。权衡：秤砣秤杆。 [3]错：通“措”，施用。诬：欺骗。 [4]“如霜雪之将（qiāng）将”以下四句：像霜雪那样的肃正洁净，像日月那样的光明普照，照着它做就能生存，不照着它做就会灭亡。诗句未见于今本《诗经》，当属佚诗。将将，严正肃杀的样子。《诗·大雅·绵》：“乃立应门，应门将将。”毛传：“将将，严正也。”

国危则无乐君，国安则无忧民。乱则国危，治则国安。今君人者急逐乐而缓治国，岂不过甚矣哉！譬之是由好声色而恬无耳目也[1]，岂不哀哉！夫人之情，目欲綦色，耳欲綦声，口欲綦味，鼻欲綦臭[2]，心欲綦佚[3]。此五綦者，人情之所必不免也。养五綦者有具[4]，无其具则五綦者不可得而致也。万乘之国，可谓广大、富厚矣，加有治辨、强固之道焉[5]。若是，则恬愉无患难矣[6]，然后养五綦之具具也。故百乐者生于治国者也，忧患者生于乱国者也，急逐乐而缓治国者，非知乐者也。故明君者必将先治其国，然后百乐得其中。暗君者必将急逐乐而缓治国，故忧患不可胜校也[7]，必至于身死国亡然后止也，岂不哀哉！将以为乐，乃得忧焉；将以为安，乃得危焉；将以为福，乃得死亡焉；岂不哀哉！於乎[8]！君人者亦可以察若言矣[9]。

此“强固”复词同义，上文“强固”则为反义词，故人有疑上文“强固”为“强弱”之误。

［注释］

[1]由：通“犹”。恬无耳目：安于无耳目。恬，安然。 [2]綦：通“极”，最好的。下同。臭（xiù）：气味。 [3]佚：通“逸”，安逸。 [4]具：具备。指具备条件。 [5]辨（bàn）：通“办”，治理。 [6]恬愉：快乐。 [7]校（jiào）：计数。 [8]於（wū）乎：同“呜呼”。 [9]若言：上面的这些话。若，这些。

故治国有道，人主有职。若夫贯日而治详[1]，一日而曲列之[2]，是所使夫百吏官人为也，不足以是伤游玩安燕之乐[3]。若夫论一相以兼率之[4]，

贯日而治详，一日而曲列之：此是形容难以办成的事和容易办成的事，都是指难易不同的具体事务。“贯日而治详”，是需要几天才能办好的事，指难事；“一日而曲列之”，是一天就能办好的事，指易事。

使臣下百吏莫不宿道乡方而务[5]，是夫人主之职也。若是，则一天下，名配尧、禹。之主者[6]，守至约而详，事至佚而功，垂衣裳，不下簟席之上[7]，而海内之人莫不愿得以为帝王。夫是之谓至约，乐莫大焉。

之主：此节多言“人主”，宋浙北刻本和《群书治要》卷三十八引文也皆作“人主”，“之”字当为“人”字之误。

[注释]

[1]贯日而治详：连日而治理有序。详，周详。 [2]曲：周遍。列：王念孙认为系“别”字之讹。别：通“辨”。《君道篇》正作“一日而曲辨之”。下文也多言“曲辨”。曲辨：周到地治理。 [3]伤：妨害。安燕：休息。 [4]论：选择。兼：全。 [5]宿道：归于正道、持守道义。乡：通“向”。方：道。 [6]之：其。或说通“是”，此。 [7]垂衣裳，不下簟（diàn）席之上：臀部不离开所坐的竹席，衣裳因而下垂及地，形容闲居于家的轻松样子。簟，竹席。

人主者，以官人为能者也[1]；匹夫者，以自能为能者也。人主得使人为之，匹夫则无所移之。百亩一守，事业穷，无所移之也。今以一人兼听天下，日有余而治不足者，使人为之也。大有天下，小有一国，必自为之然后可，则劳苦耗顇莫甚焉[2]，如是，则虽臧获不肯与天子易势业[3]。以是县天下，一四海，何故必自为之？为之者，拱已：拱手下视，形容不管不顾。已，读为"觊"。《墨子·公孟》："君子共已以待，问焉则言，不问焉则止。"又《非儒下》："君若言而未有利焉，则高拱下视，会噎为深，曰：'唯其未之学也。'"《玉篇·见部》："觊，见也。"《字汇补·见部》："觊，《韵会补》：垂也。"

此节讲领导方法。人主管用人，具体事务则"无为而治"，要放手让手下去干。

役夫之道也，墨子之说也。论德使能而官施之者[4]，圣王之道也，儒之所谨守也。《传》曰："农分田而耕，贾分货而贩，百工分事而劝，士大夫分职而听，建国诸侯之君分土而守，三公总方而议[5]，则天子共已而已[6]。出若入若[7]，天下莫不平均[8]，莫不治辨，是百王之所同也，而礼法之大分也。"

[注释]

[1] 官人：选取人才给以适当官职。 [2] 耗顇：疲竭憔悴。 [3] 臧获：奴婢的贱称。埶：通"设"，官职。设业：犹职业。 [4] 论德：评判品德的高下。 [5] 三公：司徒、司马、司空。总：统领。方：邦国。 [6] 共：同"拱"，拱手，形容不费力，无为而治。 [7] 出：朝廷外面。若：如此、这样。入：朝廷里面。 [8] 平均：指社会和谐。

百里之地，可以取天下，是不虚[1]。其难者，在人主之知之也。取天下者，非负其土地而从之之谓也[2]，道足以壹人而已矣[3]。彼其人苟壹，则其土地且奚去我而适它？故百里之地，其等位爵服足以容天下之贤士矣，其官职事业足以容天下之能士矣。循其旧法[4]，择其善者而明用之[5]，足以顺服好利之人矣[6]。贤士一焉[7]，能士官焉[8]，好利之人服焉，三者具而天下尽[9]，无有是其外矣[10]。故百里之地足以竭势矣。致忠信，著仁义[11]，足以竭人矣[12]。两者合而天下取，诸侯后同者先危[13]。《诗》曰："自西自东[14]，自南自北，无思不服。"一人之谓也[15]。

势：通"设"，官职爵位。竭设：完全能满足"天下之贤士""能士"对官职爵位的需求，也就是上文所谓"等位爵服足以容天下之贤士矣，其官职事业足以容天下之能士矣"的意思。

思：疑通"事"。"无思不服"即"无不服事"。

［注释］

[1] 虚：虚假。 [2] 负：背负、携带。 [3] 壹人：网罗、团结所有的人，也就是统一人心、收服人心。 [4] 循：从下句"择其善者而明用之"看，当从南宋刊删"纂图互注"巾箱本、南宋坊刻纂图分门类题注本、南宋坊刻元明递修本作"修"，修正。 [5] 明用：公开采纳。 [6] 顺：通"驯"。驯服：使……顺从。好利之人：贪图财利之人。人：当从南宋刊删"纂图互注"巾箱本、南宋坊刻纂图分门类题注本、南宋坊刻元明递修本作"民"，系唐人避李世民讳改。下同。 [7] 一：收归到一起，团结到一起。 [8] 官：任用。 [9] 天下尽：指天下人才网罗已尽。尽，穷尽，全部取得。 [10] 是其外：在此之外。 [11] 著：使显明。 [12] 竭人：竭尽人才，取得全部人才。 [13] 后同：后来认同、归顺得晚。 [14] "自西自东"以下三句：从西到东，从南到北，没有谁不服。引诗见《诗·大雅·文王有声》。 [15] 一人：同"壹人"，统一天下人之心。

羿、蜂门者[1]，善服射者也[2]；王良、造父者[3]，善服驭者也；聪明君子者，善服人者也[4]。

人服而势从之，人不服而势去之，故王者已于服人矣[5]。故人主欲得善射，射远中微则莫若羿、蜂门矣；欲得善驭，及速致远，则莫若王良、造父矣；欲得调壹天下[6]，制秦、楚，则莫若聪明君子矣。其用知甚简[7]，其为事不劳而功名致大[8]，甚易处而綦可乐也[9]，故明君以为宝，而愚者以为难[10]。

此节讲明君要善于用人。

[注释]

[1] 蜂（páng）门：即蓬蒙，以善射出名。 [2] 服射：事射。服，事，从事。 [3] 王良：春秋末赵简子的车夫，善于驾车。 [4] 服人：使人心归服。 [5] 已：止，以……为极致。 [6] 调壹：也作“调一”，协调、统一。 [7] 知：通“智”。 [8] 致：通“至”，极。 [9] 甚易处：很容易处理。綦：通“极”。 [10] 难（nàn）：灾难，祸患。

夫贵为天子，富有天下，名为圣王，兼制人，人莫得而制也，是人情之所同欲也，而王者兼而有是者也。重色而衣之[1]，重味而食之，重财物而制之，合天下而君之，饮食甚厚，声乐甚大[2]，台谢甚高[3]，园囿甚广，臣使诸侯，一天下，是又人情之所同欲也，而天子之礼制如是者也。制度以陈[4]，政令以挟[5]。官人失要则死[6]，公侯失礼则幽[7]，四方之国有侈离之德则必灭[8]。名声若日月，功绩如天地，天下之人应之如景向[9]。是又人情之所同欲也，而王者兼而有是者也。

此节讲天子的享受和权威的必要性。

［注释］

[1]“重色而衣之”以下四句：又见《富国篇》。 [2]大：通“汰”，奢侈。下同。 [3]谢：通“榭”，高土台上的房子。 [4]以：通“已”。下同。 [5]挟（jiā）：通“浃”，周洽，完备。 [6]要（yāo）：约，约束，规定。 [7]幽：幽闭、禁闭。 [8]侈离：犹言叛离。侈，通“誃”，也是离的意思。 [9]景向：通“影响”，影子和回声。

故人之情，口好味而臭味莫美焉[1]，耳好声而声乐莫大焉，目好色而文章致繁妇女莫众焉[2]，形体好佚而安重闲静莫愉焉[3]，心好利而谷禄莫厚焉，合天下之所同愿兼而有之，睾牢天下而制之若制子孙[4]，人苟不狂惑戆陋者[5]，其谁能睹是而不乐也哉！欲是之主并肩而存[6]，能建是之士不世绝[7]。千岁而不合[8]，何也？曰：人主不公，人臣不忠也。人主则外贤而偏举[9]，人臣则争职而妬贤[10]，是其所以不合之故也。

“人之情”即“人之性”，此节讲人性恶导致君臣不合，揭示了君臣矛盾的普遍性和内在根源。

［注释］

[1] 臭：通“嗅”，香。 [2] 致：通“至”。 [3] 愉：通“愈”。 [4] 罣：据《后汉书·马融传》引《孙卿子》文当改作“皋”。皋牢：牢笼，包罗。 [5] 戆（zhuàng）：愚、傻。陋：见识浅薄。 [6] 并肩而存：并肩就有，比比皆是，形容极多。 [7] 不世绝：世代不绝、不绝于世。 [8] 合：遇。下同。 [9] 外贤：疏远贤人。偏举：推举所偏爱者。 [10] 争职：争逐官职。

人主胡不广焉无恤亲疏，无偏贵贱，唯诚能之求！若是，则人臣轻职业让贤而安随其后[1]。如是，则舜、禹还至，王业还起[2]。功壹天下[3]，名配舜、禹，物由有可乐如是其美焉者乎[4]？呜呼！君人者亦可以察若言矣。杨朱哭衢涂[5]，曰：“此夫过举跬步而觉跌千里者夫[6]！”哀哭之。此亦荣辱安危存亡之衢已[7]，此其为可哀甚于衢涂。呜呼哀哉！君人者千岁而不觉也[8]。

此节强调用人要“无恤亲疏，无偏贵贱，唯诚能之求”，而事实上“君人者千岁而不觉”。

［注释］

[1] 职业：官爵、官职。贤：当作“贤能”，诸本皆脱“能”字。 [2] 还：返回。 [3] 壹：为第一。 [4] 物：事、事情。由：通“犹”，还。 [5] 杨朱：战国时魏国人，主张利己主义。衢（qú）：四面相通的道路。涂：通“途”，道路。下同。 [6] 跌：误差，

差错。 [7] 已：同“也”。 [8] 觉：觉悟。

无国而不有治法，无国而不有乱法；无国而不有贤士，无国而不有罢士[1]；无国而不有愿民[2]，无国而不有悍民；无国而不有美俗，无国而不有恶俗。两者并行而国[3]，在上偏而国安[4]，在下偏而国危，上一而王[5]，下一而亡。故其法治，其佐贤，其民愿，其俗美，而四者齐，夫是之谓上一。如是则不战而胜，不攻而得，甲兵不劳而天下服。故汤以亳，武王以鄗，皆百里之地也，天下为一，诸侯为臣，通达之属莫不从服，无它故焉，四者齐也。桀、纣即序于有天下之势[6]，索为匹夫而不可得也，是无它故焉，四者并亡也。故百王之法不同若是，所归者一也。

序：读为“豫”，大。《左传·隐公十一年》：“礼，经国家，定社稷，序民人。”俞樾《群经平议·左传一》：“序当读为豫”，“序与豫古通用”。《说文·象部》：“豫，象之大者。”段玉裁注：“引伸之，凡大皆称豫。”

[注释]

[1] 罢（pí）：通“疲”，病。 [2] 愿民：朴实善良的人。 [3] 两者并行而国：当作“两者并行而国存”。 [4] 在上偏：指偏于治法、贤士、愿民、美俗。 [5] 一：齐、全。下同。 [6] 序：《仲尼》《强国》篇作“厚”。

上莫不致爱其下而制之以礼。上之于下，如

保赤子。政令制度，所以接下之人百姓[1]。有不理者如豪末[2]，则虽孤独鳏寡必不加焉[3]。故下之亲上欢如父母，可杀而不可使不顺。君臣上下，贵贱长幼，至于庶人，莫不以是为隆正[4]。然后皆内自省以谨于分，是百王之所以同也，而礼法之枢要也。然后"农分田而耕，分货而贩[5]，百工分事而劝，士大夫分职而听，建国诸侯之君分土而守，三公总方而议，则天子共己而止矣。出若入若，天下莫不平均，莫不治辨，是百王之所同而礼法之大分也[6]。"

君上亲民而明分守礼，这是荀子理想的政治设计。

[注释]

[1]"百姓"可能是"下之人"的注文，窜入正文，当删。 [2]有不理者如豪末：有如毫末那样微小不合法的。理，法纪、法律。豪，通"毫"。 [3]孤独鳏（guān）寡：《孟子·梁惠王下》："老而无妻曰鳏，老而无夫曰寡，老而无子曰独，幼而无父曰孤。" [4]隆正：最高的准则。下同。 [5]分货而贩：与上文引文对照，"分"字前当脱一"贾"字。 [6]从"农分田而耕"以下文字，又见于上文所引"《传》曰"。

若夫贯日而治平，权物而称用[1]，使衣服有制，宫室有度，人徒有数，丧祭械用皆有等宜，以是用挟于万物[2]，尺寸寻丈莫得不循乎制数度量然后行[3]，则是官人使吏之事也，不足数于大君子之前[4]。故君人者立隆政本朝而当[5]，所使要百事者诚仁人也[6]，则身佚而国治，功大而名美，上可以王，下可以霸。立隆正本朝而不当，所使要百事者非仁人也，则身劳而国乱，功废而名辱，社稷必危。是人君者之枢机也。

此节讲做君主的关键就在于治国之道要正确，用人要得当。

［注释］

[1] 称（chèn）：合适，配得上。用：当作“周”（王念孙说）。 [2] 挟：通“浃”，周遍、通达。 [3] 尺寸寻丈：指处理各种制度。寻，古代长度单位。 [4] 数（shǔ）：数说，列举。 [5] 立隆政本朝：确立朝廷的最高标准。政，通“正”。本朝，朝廷。古以朝廷为国之本，故称。 [6] 要：总揽、掌管。下同。

故能当一人而天下取[1]，失当一人而社稷危，不能当一人而能当千人百人者，说无之有也。既能当一人，则身有何劳而为[2]？垂衣裳而天下定。故汤用伊尹[3]，文王用吕尚[4]，武王用召公[5]，成王用周公旦。卑者五伯[6]，齐桓公闺门之内[7]，县乐奢泰游抏之修[8]，于天下不见谓修[9]，然九合诸侯[10]，一匡天下，为五伯长[11]，是亦无它故焉，知一政于管仲也[12]，是君人者之要守也[13]。知者易为之兴力而功名綦大[14]，舍是而孰足为也？故古之人有大功名者，必道是者也[15]；丧其国，危其身者，必反是者也。故孔子曰："知者之知，固以多矣[16]，有以守少，能无察乎！愚者之知，固以少矣，有以守多[17]，能无狂乎！"此之谓也。

这是引用孔子之说，故下文云"此之谓也"。如果"故曰"是荀子自己的话，后面就不会有"此之谓也"。

［注释］

[1] 当：用好。天下取：取得天下。 [2] 为：有。 [3] 伊尹：商汤的大臣。 [4] 吕尚：姜姓，吕氏，名尚，字子牙，号太公望。曾辅佐周文王成功灭商，被封于齐。 [5] 召（shào）公：姬姓，名奭（shì），因采邑在召而称召公。曾帮助武王灭商，被封于燕。 [6] 卑者：次一等的。 [7] 闺门：宫苑的门。借指宫廷。 [8] 县：通"般（pán）"。般乐：玩乐。杨倞注："般亦乐也。"奢泰：奢侈。《仲尼篇》作："闺门之内，般乐奢汏。"游抏之修：游玩是修，追求游玩。抏，同"玩"。之，是。修，追求。 [9] 于天下不见谓修：没有被天下人称为好，天下人没有认为他是好。见谓，被称为、被说成。修，善、美好。 [10] 九合：多次会盟。一说谓纠合。朱熹《论语集注》："九，《春秋传》作'纠'，督也，古字通用。" [11] 五伯长：五霸之首。 [12] 知一政于管仲：把所有的政务交给管仲负责。 [13] 要守：最重要的德行操守。 [14] 知：通"智"。下同。兴力：发力，出力。綦：通"极"。 [15] 道：行、遵循。 [16] 固：本来。以：通

“已”。[17]有：通“又”。守：看管、治理、管理。这一段“孔子曰”不见于其他先秦文献。

治国者分已定[1]，则主、相、臣下、百吏各谨其所闻[2]，不务听其所不闻[3]；各谨其所见，不务视其所不见。所闻所见诚以齐矣，则虽幽闲隐辟[4]，百姓莫敢不敬分安制以礼化其上[5]，是治国之征也。

［注释］

[1]治国：治理好的国家。分：职责分工。[2]谨：慎重对待，慎守、严守。[3]务：致力、追求。[4]闲：闭塞。辟：通“僻”。[5]敬分安制：严守本分，遵守制度。化：归顺、顺服。

所：宜、应当。《周易·系辞下》：“交易而退，各得其所。”《晏子春秋·问下二七》：“不庶几，不要幸，先其难乎而后幸，得之时其所也，失之非其罪也，可谓保其身矣。”张纯一校注：“所，犹宜也。”所闻：宜闻、当闻。所不闻：不宜闻、不当闻。所见：宜见、当见。所不见：不宜见、不当见。

主道治近不治远[1]，治明不治幽，治一不治二。主能治近则远者理，主能治明则幽者化，主能当一则百事正[2]。夫兼听天下，日有余而治不足者如此也[3]，是治之极也[4]。既能治近，又务治远；既能治明，又务见幽；既能当一，又务正百：是过者也[5]。过，犹不及也[6]，辟之是犹立直木而求其景之枉也[7]。不能治近，又务治远；不能察明，又务见幽；不能当一，又务正百：是

齐：通“齋”，辨明，犹言清楚。《周易·系辞上》：“齐小大者存乎卦。”韩康伯注：“齐，犹言辩也。”

悖者也，辟之是犹立枉木而求其景之直也。故明主好要而暗主好详[8]。主好要则百事详，主好详则百事荒。君者，论一相[9]，陈一法，明一指[10]，以兼覆之，兼炤之[11]，以观其盛者也。相者，论列百官之长[12]，要百事之听，以饰朝廷臣下百吏之分[13]，度其功劳，论其庆赏，岁终奉其成功以效于君[14]。当则可，不当则废。故君人劳于索之[15]，而休于使之[16]。

使：通“事”。事之：做具体事务。休于使之：佚于事之，不忙于做具体事务。

此节论君主的君人之法，也就是君主的领导方法。

［注释］

[1] 主道：君道，指君主治国之道。 [2] 正：准确，无偏差。 [3] 治不足：所要处理的事不够。 [4] 极：最高水平。 [5] 过：过分的要求。 [6] 犹：犹如、如同。不及：达不到。 [7] 辟：通“譬”。景（yǐng）：通“影”。下同。枉：弯曲。 [8] 要：通“约”简约。 [9] 论（lún）：通“抡”，选择。 [10] 指：同“旨”。 [11] 炤：同“照”，察见。 [12] 论：通“伦”。伦列：位列、等比。 [13] 饰：同“饬”，整治，整顿。 [14] 效：报、呈报。 [15] 君人：当据《君道篇》作“君人者”，做君主之人。索之：指寻找贤相。 [16] 休：当为“佚”字形近而讹。佚：同“逸”。

用国者，得百姓之力者富，得百姓之死者强[1]，得百姓之誉者荣。三得者具而天下归之，三得者亡而天下去之。天下归之之谓王，天下去之之谓亡。汤、武者，循其道[2]，行其义，兴天下同利，除天下同害，天下归之。故厚德音以先之[3]，明礼义以道之[4]，致忠信以爱之[5]，赏贤使能以次之[6]，爵服赏庆以申重之[7]，时其事、轻其任以调齐之[8]，潢然兼覆之[9]，养长之，如保赤子[10]。生民则致宽[11]，使民则綦理辩[12]。政令制度，所以接天下之人百姓[13]，有非理者如豪末，则虽孤独鳏寡必不加焉。是故百姓贵之如帝，亲之如父母，为之出死断亡而不愉者[14]，无它故焉，道德诚明，利泽诚厚也[15]。

音：字形与“言”近，疑因此混用。“德音”即“德言”形近而讹。

齐：通“济”。调济之：调节、照顾之。

辩：通“辨”。《荀子·王霸》上文称：“万乘之国可谓广大、富厚矣，加有治辨、强固之道焉。若是，则恬愉无患难矣，然后养五綦之具具也。”“治”，理。“治辨”即“理辨”。此指处理事务合宜。《韩非子·孤愤》：“人臣之欲得官者，其修士且以精洁固身，其智士且以治辩进业。”《史记·酷吏列传》：“居官数年，一切郡中为小治辨。”

［注释］

[1] 死：效死，舍命报效。　[2] 循：各本作“脩”，“循”当为“脩”之形近而讹。脩：同“修”。　[3] 德音：善言、合乎仁德的言语、教令。《诗·邶风·谷风》：“德音莫违，及尔同死。”郑玄笺：“夫妇之言无相违者，则可与女长相与处至死。”《国语·楚语上》：“忠信以发之，德音以扬之。”先：倡导。　[4] 道：通“导”，引导。　[5] 致：通“至”，尽、极。《论语·子张》：“丧致乎哀而止。”皇侃义疏：“致，犹至也……使各至极哀而止也。”《荀子·荣辱》：“志意致修，德行致厚，智虑致明，是天子之所以取天下也。”杨倞注：“致，极也。”　[6] 赏：通“尚”。《富国篇》此句即作“尚”。次：职位。《尚书·胤征》：“惟时羲和，颠覆厥德。沈乱于酒，畔官离次。”孔传：“沈，谓醉冥失位次也。”蔡沈集传：

“次，位也……离次，则舍其所居之位。”《荀子·君道》：“论德而定次。”此指安排职位。 [7] 申重之：再三强调、反复激励之。《荀子·仲尼》：“端悫以守之，顿穷则从之，疾力以申重之。”杨倞注：“申重，犹再三也。”荀悦《申鉴·政体》：“故古之圣王，其于仁义也，申重而已。” [8] 时其事：使之以时，根据时令安排臣民的事务。 [9] 潢然：广大的样子。兼覆：比喻恩泽广覆，无所遗漏。《荀子·王制》：“五疾，上收而养之，材而事之，官施而衣食之，兼覆无遗。” [10] 赤子：婴儿。《尚书·康诰》：“若保赤子，惟民其康乂。”孔颖达疏：“子生赤色，故言赤子。”《汉书·贾谊传》：“故自为赤子而教固已行矣。”颜师古注：“赤子，言其新生未有眉发，其色赤。”李慈铭《越缦堂读书记·槎庵小乘》：“尺字古通用赤……赤子者谓始生小儿仅长一尺也。” [11] 生民：养民。致：通“至”，极。宽：疑当作“宽平”，“平”字脱。宽平：宽仁公平。《后汉书·郭躬传》：“躬家世掌法，务在宽平，及典理官，决狱断刑，多依矜恕。” [12] 綦：通“极”。 [13] 接：对待。百姓：可能是“下之人”的注文，窜入正文。 [14] 愉：通“偷”。不偷：不苟且偷生。一说“愉”通“渝”。不确，《王制篇》就有“使百吏免尽而众庶不偷”说。 [15] 利泽：恩泽。

诏：通“招”，训为羁绊、束缚。《孟子·尽心下》：“今之与杨墨辩者，如追放豚，既入其苙，又从而招之。”赵岐注：“譬如追放逸之豕豚，追而还之入兰则可，又复从而罥之。”朱熹集注：“招，罥也，羁其足也。”“诏”与下句“使不肖临贤”之“临”对，“临”为治理，“诏”训教导则不协，应是管制义。《解蔽篇》“昔者舜之治天下也，不以事诏而万物成”之“诏”同。

乱世不然：污漫、突盗以先之[1]，权谋倾覆以示之[2]，俳优、侏儒、妇女之请谒以悖之[3]，使愚诏知[4]，使不肖临贤[5]，生民则致贫隘[6]，使民则綦劳苦[7]。是故百姓贱之如尪[8]，恶之如鬼，日欲司间而相与投藉之[9]，去逐之。卒有寇难之事[10]，又望百姓之为己死，不可得也。说无以取之焉[11]。孔子曰："审吾所以适人[12]，适人之所以来我也。"此之谓也。

［注释］

[1]污漫：污秽，卑污。突盗：欺诈、偷窃。突，欺诈。 [2]权谋：权术、阴谋。倾覆：倾轧陷害。示：教导、示范。 [3]俳（pái）：滑稽演员。优：优伶，演员。侏儒：因发育不良而身材短小的人。请谒：请求。悖：惑乱。 [4]知：通"智"。 [5]临：治理。 [6]生：生养。致：通"至"，极。隘：通"阨"，穷困、窘迫。 [7]綦：通"极"。 [8]尪（wāng）：通"尫（wāng）"，骨骼弯曲的残疾人。 [9]司间（sì jiàn）：伺机。司，通"伺"，侦察。间，间隙。投藉：践踏。 [10]卒（cù）：通"猝"，突然。 [11]说无以取之：这种想法没有可取之处。说，论证。《正名篇》："说不喻然后辨。"这里指思想、想法。 [12]"审吾所以适人"以下二句：明白我用来对待别人的，正好是别人用来报答我的。这一段"孔子曰"也不见于先秦其他文献。审，明白。适人，对待别人。适：到……去，"来"之反。适，正好是。来，回来，这里是回报的意思。

伤国者何也？曰：以小人尚民而威[1]，以非所取于民而巧[2]，是伤国之大灾也。大国之主也，而好见小利，是伤国；其于声色、台谢、园囿也，愈厌而好新[3]，是伤国；不好循正其所以有[4]，啖啖常欲人之有[5]，是伤国。三邪者在匈中[6]，而又好以权谋倾覆之人断事其外[7]，若是，则权

此句难解。章诗同、张觉、王天海读"愈"为"愉"，疑"厌"当读为"懕"，训为美。《说文·女部》："懕，好也。从女，厌声。"《字汇·女部》："懕，好貌。"《广韵·艳韵》："懕，懕婆，美女。"愈厌而好新：读为"愉懕而好新"，即喜欢新的美好的。

轻名辱，社稷必危，是伤国者也。大国之主也，不隆本行[8]，不敬旧法，而好诈故[9]，若是，则夫朝廷群臣亦从而成俗于不隆礼义而好倾覆也。朝廷群臣之俗若是，则夫众庶百姓亦从而成俗于不隆礼义而好贪利矣[10]。君臣上下之俗莫不若是，则地虽广，权必轻；人虽众，兵必弱；刑罚虽繁，令不下通。夫是之谓危国，是伤国者也。

[注释]

[1]尚：通“上”，凌驾……之上。[2]非所：以不适宜的方法。所，宜、适宜。《周易·系辞下》：“交易而退，各得其所。”《晏子春秋·问下二七》：“不庶几，不要幸，先其难乎而后幸，得之时其所也，失之非其罪也，可谓保其身矣。”张纯一校注：“所，犹宜也。” [3]谢：从宋浙本作“榭”。愈：愈加。厌：“厌”后脱一字，当作“厌旧”或“厌故”。 [4]循：“脩”字形讹。脩：同“修”。修正：治理、完善整治。以：同“已”。[5]啖啖：贪婪的样子。欲：贪求。[6]匈：通“胸”。[7]断事：决断政事。其：于。[8]隆：尊崇。本行：指作为立身之本的德行。 [9]诈故：欺诈。王先谦集解引王念孙曰：“‘故’，亦诈也……《吕氏春秋·论人篇》：‘释智谋，去巧故。’高注曰：‘巧故，伪诈也。’《淮南·主术篇》：‘上多故则下多诈。’高注曰：‘故，巧也。’是‘故’与‘诈’同义。” [10]于：至、以致。

儒者为之不然，必将曲辨[1]：朝廷必将隆礼义而审贵贱[2]，若是，则士大夫莫不敬节死制者矣[3]。百官则将齐其制度[4]，重其官秩，若是，则百吏莫不畏法而遵绳矣[5]。关市几而不征[6]，质律禁止而不偏[7]，如是，则商贾莫不敦悫而无诈矣[8]。百工将时斩伐，佻其期日而利其巧任[9]，如是，则百工莫不忠信而不楛矣[10]。县鄙将轻田野之税，省刀布之敛，罕举力役，无夺农时，如是，则农夫莫不朴力而寡能矣[11]。士大夫务节死制，然而兵劲。百吏畏法循绳，然后国常不乱。商贾敦悫无诈则商旅安，货通财[12]，而国求给矣[13]。百工忠信而不楛，则器用巧便而财不匮矣。农夫朴力而寡能，则上不失天时，下不失地利，中得人和，而百事不废。是之谓政令行，风俗美。以守则固，以征则强，居则有名，动则有功。此儒之所谓"曲辨"也。

此节勾画出儒家理想的社会治理的图画，融法入儒，颇具战国中晚期新儒家的特色。

[注释]

[1]辨(bàn)：通"辦(办)"，治理。曲办：周详地治理。 [2]审：明。 [3]敬节：敬重节操。死制：为礼制效死。 [4]齐：齐一、统一。《荀子·儒效》："笞棰暴国，齐一天下，而莫能倾也。" [5]畏：敬重。遵绳：遵守法度。绳：准绳，这里指法度。 [6]几：通"讥"，稽查、查问。 [7]质律：古代买卖时议定价格的券契文书。禁止：

遇禁令则止息。偏：指偏听一面。 [8] 敦悫：厚道、诚实。 [9] 佻（tiáo）：通“窕”，放宽。期日：约定的日期。利其巧任：发挥其能力。任，能力。 [10] 楛（gǔ）：粗劣，此指出废品、出不合格产品。 [11] 朴力：专心尽力。寡能：少能，缺少从事其他行业的技能。指除专事农耕外，不从事其他行业。下同。 [12] 货通财：当作“货财通”。 [13] 求：通“赇”，财货。给：丰足、充裕。

［点评］

本篇荀子论述了王霸之道，高扬了以仁义治国的王道精神而批评了霸道等亡国危国之道，阐述了君主要称王天下所必须实行的一系列重大政治原则和方略。

荀子认为以道义治国则大安大荣，反之则大危大累。他指出治国之法有三：一是义立而王，二是信立而霸，三是权谋立而亡。三者的作用各不相同，只有以道义治国才能一统天下。

以道义治国落实到制度上就是以礼治国。“国无礼则不正”，礼就如衡器规矩，对规范人们行为和治理国家重要无比，为之则存，不为则亡。

如何以礼治国？荀子的方案是：“农分田而耕，贾分货而贩，百工分事而劝，士大夫分职而听，建国诸侯之君分土而守，三公总方而议，则天子共己而止矣”，君主治理国家不必事必躬亲，要用礼义约束百姓，用百官管理政事，自己垂拱而治就行了。

荀子认为实现礼治的关键在得人、用人，特别是要求得贤相，争取民心。荀子指出，“用国者，得百姓之力者富，得百姓之死者强，得百姓之誉者荣”，百姓对国家的兴亡作用甚大，因此贤主要竭力关心百姓，百姓才是治国的根本。

荀子所谓“礼治”与法家所谓“法治”是有原则区别的。荀子眼中的“法”，有“治法”与“乱法”之别，所以他说：“无国而不有治法，无国而不有乱法。”所谓“治法”是符合“礼治”精神之法，也是爱民之法。所谓“乱法”是违反“礼治”精神之法，也是残民之法。肯定“无国而不有乱法”的现实，看到其时“法治”的弊端，这表现了荀子思想仁民亲民的本质。

《王制篇》："有良法而乱者有之矣；有君子而乱者，自古及今，未尝闻也。"说与此近。

势：通"臬"，法。段玉裁《说文解字注·丮部》："《说文》无势字，盖古用埶为之。"《荀子·解蔽》："申子蔽于埶而不知知。"杨倞注："其说但贤得权埶，以刑法驭下。"《周礼·考工记·叙》："审曲面埶，以饬五材，以辨民器。"章炳麟《小学答问》："埶读为臬。"《广雅·释诂一》："臬，法也。"《尚书·康诰》："王曰，外事，汝陈时臬，司师兹殷罚有伦。"孔传："言外土诸侯，奉王事，汝当布陈是法，司牧其众，及此殷家刑罚有伦理者，兼用之。"孔颖达疏："汝当布陈是刑法。"

君道篇第十二

有乱君，无乱国；有治人[1]，无治法[2]。羿之法非亡也，而羿不世中[3]；禹之法犹存，而夏不世王。故法不能独立[4]，类不能自行[5]，得其人则存[6]，失其人则亡。法者，治之端也[7]；君子者，法之原也[8]。故有君子，则法虽省，足以遍矣[9]；无君子，则法虽具[10]，失先后之施，不能应事之变[11]，足以乱矣。不知法之义而正法之数者，虽博，临事必乱[12]。故明主急得其人，而暗主急得其势[13]。急得其人，则身佚而国治，功大而名美，上可以王，下可以霸；不急得其人，而急得其势，则身劳而国乱，功废而名辱，社稷必危。故君人者劳于索之[14]，而休于使之[15]。《书》曰："惟文王敬忌"，"一人以择"[16]。此之谓也。

［注释］

[1] 治人：自觉治理国家的人才。　[2] 治法：自觉治理国家的法令。　[3] 羿不世中：像羿那样射中的人，不是世世都有的。羿，夏时有穷氏国君，传说的射日英雄，神射手的代表。《荀子·儒效篇》："羿者，天下之善射者也。"　[4] 独立：自己发生作用。　[5] 类：法。自行：自己推行。　[6] 其人：指上文的"治人"、下文的"君子"。　[7] 端：开始、根本。　[8] 原：通"源"，源泉、根本。　[9] 遍：通"辨"，治理，这里指普遍得到治理。　[10] 具：通"俱"，完备、齐全。　[11] 失先后之施，不能应事之变：此十一字是注文混入正文，《群书治要》卷三十八引正无此十一字。失先后之施：即先后之施有失，施行的先后次序有误。　[12] 不知法之义而正法之数者，虽博，临事必乱：宋浙北刻本、《古逸丛书》本作"不知法之义而正法之数者，虽博传，临事必乱"，疑为"无君子，则法虽具，足以乱矣"的注文混入正文。"传"为衍文。《群书治要》卷三十八引正无此十八字。义，精神。正，定，确定。法之数，具体内容、具体条文。临事，遇事或处事。此特指治理政事。《管子·立政》："临事不信于民者，则不可使任大官。"韦昭《博弈论》："其在朝也，竭命以纳忠，临事且犹旰食，而何暇博弈之足耽？"　[13] 暗主：昏庸的君主。　[14] 索之：即"急得其人"。　[15] 休：当为"佚"字形近而讹。佚：同"逸"。此句又见《王霸篇》。　[16] 引文见《尚书·康诰》，原文作："惟文王之敬忌，乃裕民曰：我惟有及，则予一人以怿。"此系节引，意思是：文王选贤与能，自己一身轻松。忌，恭敬。《左传·昭公元年》："非羁，何忌？"杜预注："忌，敬。"敬忌，复辞同义，

使：通"事"。事之：做具体事务。休于使之：佚于事之，不忙于做具体事务。

一人：天子自称。《尚书·汤诰》："王曰：'嗟尔万方有众，明听予一人诰。'"孔传："天子自称曰予一人。"班固《白虎通·号》："王者自谓一人者，谦也，欲言已材能当一人耳。故《论语》曰：'百姓有过，在予一人。'臣谓之一人何？亦所以尊王者也，以天下之大，四海之内，所共尊者一人耳。故《尚书》曰：'不施予一人。'"择：又作"怿"，疑通"豫"，指安逸。《尔雅·释诂下》："豫、宁、绥、康、柔，安也。"邢昺疏："皆安乐也。"唐玄应《一切经音义》卷十三引《苍颉篇》："豫，佚也。"

恭敬、敬重，此指敬重贤能，一心选贤与能。

合符节[1]，别契券者[2]，所以为信也；上好权谋[3]，则臣下百吏诞诈之人乘是而后欺[4]。探筹、投钩者[5]，所以为公也；上好曲私[6]，则臣下百吏乘是而后偏。衡石、称县者[7]，所以为平也；上好倾覆[8]，则臣下百吏乘是而后险[9]。斗、斛、敦、概者[10]，所以为啧也[11]；上好贪利[12]，则臣下百吏乘是而后丰取刻与[13]，以无度取于民。故械数者[14]，治之流也，非治之原也；君子者，治之原也[15]。官人守数[16]，君子养原[17]。原清则流清，原浊则流浊。故上好礼义，尚贤使能，无贪利之心，则下亦将綦辞让、致忠信而谨于臣子矣[18]。如是则虽在小民，不待合符节、别契券而信，不待探筹、投钩而公，不待衡石、称县而平，不待斗、斛、敦、概而啧。故赏不用而民劝，罚不用而民服，有司不劳而事治，政令不烦而俗美，百姓莫敢不顺上之法，象上之志[19]，而劝上之事，而安乐之矣。故藉敛忘费[20]，事业忘劳[21]，寇难忘死[22]，城郭不待饰而固[23]，兵刃不待陵而劲[24]，敌国不待服而诎[25]，四海之民不待令而一[26]。夫是之谓至平[27]。《诗》曰："王犹允塞，徐方既来[28]。"此之谓也。

此节强调礼义为本，法数为末。在治道上，坚持了儒家典范政治的立场。

[注释]

[1]合：对合、验证。符节：古代符信之一种。以金玉竹木等制成，上刻文字，分为两半，使用时以两半相合为验。 [2]别：辨认，分辨识别。契券：契据、证券。古人在简牍上写字立契，写好后剖为两半，双方各留一半。 [3]权谋：权术，阴谋。 [4]臣下百吏诞诈之人：下面三句"臣下百吏"皆无"诞诈之人"四字，此四字当为注文误入正文。诞诈：欺诈。 [5]探筹、投钩：抽签、抓阄。王先谦集解引郝懿行曰："探筹，剡竹为书，令人探取，盖如今之掣签。" [6]曲私：偏私。偏：不公正，即"曲私"。 [7]衡石：泛指称重量的器物。衡，秤。石，古代重量单位，一百二十斤为一石。称县：即秤，测量重量的工具。称，秤杆。县，同"悬"，指秤砣。 [8]倾覆：倾轧陷害。 [9]险：偏险，邪恶不正。 [10]斗：古代量器。十合为升，十升为斗。斛（hú）：古代量器。敦（duì）：古代盛黍稷的器具。概：量谷物时刮平斗斛的木板。 [11]啧（zé）：通"赜"，齐一，指标准统一。 [12]贪利：贪求利益。 [13]丰取：大量地收取。刻与：少与。刻，刻薄、苛刻。 [14]械数：上文斗、斛、敦和概的具体度量标准，泛指度量衡制度。此指各种具体的法律条文、规章制度。 [15]君子者，治之原也：从下文"君者，治之原也"来看，"子"字当为衍文。 [16]官人守数：官吏拘守具体的方法条例。 [17]养原：把握本源、看护本源。原，通"源"。 [18]綦：通"极"，极其。 [19]象：依随、依顺。 [20]藉敛：也写作"作敛""措敛"，

聚敛民财。《墨子·辞过》："民所苦者非此也，苦于厚作敛于百姓。"《非乐上》："将必厚措敛乎万民，以为大钟鸣鼓琴瑟竽笙之声。"王念孙《读书杂志·墨子二》："'措'字以'昔'为声。措敛，亦与'籍敛'同。"费：破费、耗费，此指过分的负担。 [21] 事业：做事、办事。 [22] 寇难：敌寇入侵。 [23] 饰：通"饬"，整治。 [24] 陵：磨砺。王先谦集解："陵，谓厉兵刃也。"劲：强，坚硬。此指锐利。 [25] 服：征服。诎：通"屈"，屈服。 [26] 一：指统一行动。 [27] 至平：指贤君在位，公道大行，人尽其力的治世。 [28] 王犹允塞，徐方既来：王道确实使四海人民满足，就连远方异族的徐国也来归顺。诗见《诗·大雅·常武》。犹，道。允，确实。塞，使……满足。贾谊《过秦论》："塞万民之望，而以威德与天下，天下集矣。"《史记·汲郑列传》："以谢天下之苦，塞百姓之心。"徐方，徐邦、徐国，在淮河下游地区。此泛指远方异族。

此节论君臣、父子、兄弟、夫妇的行为规范。

请问为人君？曰：以礼分施[1]，均遍而不偏[2]。请问为人臣？曰：以礼待君[3]，忠顺而不懈。请问为人父？曰：宽惠而有礼[4]。请问为人子？曰：敬爱而致文[5]。请问为人兄？曰：慈爱而见友[6]。请问为人弟？曰：敬诎而不苟[7]。请问为人夫？曰：致功而不流[8]，致临而有辨[9]。请问为人妻？曰：夫有礼，则柔从听侍；夫无礼，则恐惧而自竦也[10]。此道也，偏立而乱[11]，俱立而治[12]，其足以稽矣[13]。

[注释]

[1]分施：施舍，施惠。[2]均遍：公平。偏：偏袒。[3]待：据《韩诗外传》卷四第三十一章异文“事”，这里是“待”字之误。下文“待上”也当作“侍上”。[4]宽惠：宽厚慈惠。[5]致文：至文，极有礼貌。致，通“至”。[6]见（xiàn）：同“现”。见友：显现友爱。[7]敬诎：恭敬顺从。诎，通“屈”。苟：轻慢。[8]致功而不流：致使成功而不耽搁事情。流，通“留”，稽留、耽搁。[9]致临：做到治理有道。临，治理。此指治家有方。有辨：指夫妻有别。辨，通“别”。[10]恐惧：惶遽不安，担心害怕。竦（sǒng）：恭敬。[11]偏立：只做到一方面。[12]俱立：各方面都做到。[13]稽：考、验证、证实。

请问兼能之奈何[1]？曰：审之礼也[2]。古者先王审礼以方皇周浃于天下[3]，动无不当也。故君子恭而不难[4]，敬而不巩[5]，贫穷而不约[6]，富贵而不骄，并遇变态而不穷[7]，审之礼也。故君子之于礼，敬而安之[8]；其于事也，径而不失[9]；其于人也，寡怨宽裕而无阿[10]；其所为身也[11]，谨修饰而不危[12]；其应变故也[13]，齐给便捷而不惑[14]；其于天地万物也，不务说其所以然而致善用其材[15]；其于百官之事、技艺之人也，不与之争能而致善用其功[16]；其待上也，忠顺而不懈；其使下也，均遍而不偏[17]；其交游也，缘

饰：通“饬”。《管子·四称》：“圣人在前，贞廉在侧，竞称于义，上下皆饰。”郭沫若等集校引安井衡曰：“‘饰’读为饬；饬，修治也。”《吕氏春秋·举难》：“自责以义则难为非，难为非则行饰。”陈奇猷校释：“饰、饬通。”修饬：约束言行，使合乎礼义，不逾规矩。

百官之事：当作“百官之吏”，各种官府中的官吏。“事”“吏”本为一字，后分化为二。汉人将战国古文转写为隶书时，本当隶定为“吏”，结果误隶为“事”。

义而有类[18]；其居乡里也，容而不乱[19]。是故穷则必有名[20]，达则必有功[21]，仁厚兼覆天下而不闵[22]，明达用天地、理万变而不疑[23]，血气和平[24]，志意广大[25]，行义塞于天地之间[26]，仁知之极也[27]。夫是之谓圣人审之礼也[28]。

[注释]

[1]兼能：即“俱立”，全面做到。[2]审：透彻了解。[3]方（páng）皇：广大。周浃（jiā）：周遍。[4]难：通“戁”，畏惧。[5]巩：通“恐”，恐惧。[6]约：卑下。[7]并遇变态而不穷：连续遭遇变故而不穷困窘迫。王先谦集解引王念孙曰：“言遍遇万事之变态而应之不穷也。”变态，万事万物变化的不同情状。此指变故，也就是不正常的状态。[8]安：自觉遵守。[9]径而不失：急速敏捷而不出差错。径，疾。[10]寡怨：很少埋怨。宽裕：宽厚。阿：奉承、偏袒。[11]其所为身：“所”为衍文。为身：对待自己。[12]危：通“诡”，违反、违犯。[13]变故：意外发生的变化或事故。[14]齐给：敏捷。齐，通“齋”。便捷：敏捷灵活。[15]务：必，追求。致：通“至”，极。材：物产。[16]争能：在具体技能上争高下。致：通“至”，极。功：成就。[17]均遍：均匀周遍，指公平、公正。偏：偏私。[18]缘义：依据道义。类：法度。[19]容：被人接受。乱：过分。[20]穷：地位低下。[21]达：显达，指地位高。有功：建立功勋。[22]兼覆：全面覆盖。闵：通“泯”，泯灭。[23]明达用天地：“用”字为衍文。理万变：处理各种事变。疑：通“凝”，南宋坊刻元明递修本正作“凝”，当训为止。[24]血气：气质、感情。和平：温和、和顺。[25]志意广大：思想开阔。[26]行

义：德义，德行道义。塞：充满。 [27] 知：通“智”。 [28] 圣人审之礼：回应上文“先王审礼”。

请问为国？曰：“闻修身[1]，未尝闻为国也[2]。”君者，仪也[3]，仪正而景正[4]。君者，槃也[5]，槃圆而水圆。君者，盂也[6]，盂方而水方。君射[7]，则臣决[8]。楚庄王好细腰[9]，故朝有饿人。故曰：“闻修身，未尝闻为国也。”

为国：从下文看，实质指治民。

[注释]

[1] 修身：指君主修养自身。 [2] 为国：治国。 [3] 君者，仪也：据卢文弨说，当补“民者，景也”四字，作“君者，仪也；民者，景也”。仪，仪器，指日晷（guǐ），利用日影来测度时间的仪器。 [4] 景：通“影”。 [5] 君者，槃也：据卢文弨说，当补“民者，水也”四字，作“君者，槃也；民者，水也”。槃，同“盘”，盘子。 [6] 盂：盛水的器皿。《韩非子·外储说左上》：“孔子曰：‘为人君者犹盂也，民犹水也，盂方水方，盂圜水圜。’”《尸子·处道》：“孔子曰：‘君者盂也，民者水者，盂方则水方，盂圆则水圆。’”（《群书治要》卷三十六引） 君者，槃也；民者，水也；槃圆而水圆。君者，盂也；盂方而水方：南宋刊删“纂图互注”巾箱本、南宋坊刻纂图分门类题注本、南宋坊刻元明递修本作“君者，槃也；槃圆而水圆。君者，盂也；盂方而水方”，一般以为“民者，水也”四字为衍文。廖按：“君者，槃也；民者，水也；槃圆而水圆”与上文“君者，仪也；民者，影也；仪正而景正”句式相对，“民者，水也”四字不似衍文。“君者，盂也；盂方而

水方”九字疑为后人因《韩非子》等所载“孔子曰”误增。宋陈彭年《重修广韵》卷一：“君者，仪也；民者，影也；仪正则影正。君者，盘也；民者，水也；盘圆则水圆。”又：“君者，民之源也，源清则流清，源浊则流浊。”也无“君者，盂也；盂方而水方”九字。唐欧阳询《艺文类聚》卷七十三引文作“君者，盘也；民者，水也；盘圆则水圆，盘方则水方。”唐白居易《白氏六帖事类集》卷四引同。所引有“盘方则水方”一句，似乎已受“孔子曰”影响。 [7] 射：打赌。枚乘《七发》：“于是使射千镒之重，争千里之逐。” [8] 决：较量、争胜、赌胜。 [9] 细腰：纤细的腰身。

君者，民之原也[1]，原清则流清，原浊则流浊。故有社稷者而不能爱民，不能利民，而求民之亲爱己，不可得也。民不亲不爱，而求其为己用，为己死，不可得也。民不为己用，不为己死，而求兵之劲[2]，城之固，不可得也。兵不劲，城不固，而求敌之不至，不可得也。敌至而求无危削[3]，不灭亡，不可得也。危削灭亡之情举积此矣，而求安乐，是狂生者也[4]。狂生者不胥时而落[5]。

此节从反面论证君民关系是相互对待关系，本质上与《礼记·檀弓下》所载子思“毋为戎首，不亦善乎”说、孟子“君之视臣如手足，则臣视君如腹心；君之视臣如犬马，则臣视君如国人；君之视臣如土芥，则臣视君如寇雠”说是一致的。

[注释]

[1] 原：通“源”。 [2] 劲：强。 [3] 危削：衰危。 [4] 狂生者：无知妄为的人，指不顾国家安危而一味追求享乐的人。 [5] 不胥（xū）时：不待时，不用很久，很快。胥，通“须”，等待。落：败，衰败。《管子·宙合》：“盛而不落者，未之有也。”

故人主欲强固安乐，则莫若反之民；欲附下一民[1]，则莫若反之政；欲修政美国[2]，则莫若求其人[3]。彼或蓄积而得之者不世绝[4]。彼其人者，生乎今之世而志乎古之道[5]。以天下之王公莫好之也，然而于是独好之[6]；以天下之民莫欲之也[7]，然而于是独为之；好之者贫，为之者穷，然而于是独犹将为之也[8]，不为少顷辍焉[9]。晓然独明于先王之所以得之[10]，所以失之，知国之安危臧否若别白黑[11]。是其人者也，大用之则天下为一，诸侯为臣；小用之则威行邻敌[12]；纵不能用[13]，使无去其疆域[14]，则国终身无故[15]。故君人者爱民而安，好士而荣，两者无一焉而亡[16]。《诗》曰："介人维藩，大师维垣[17]。"此之谓也。

反（bǎn）之民：慎重、和善地对待人民。《诗·小雅·宾之初筵》："其未醉止，威仪反反。"郑玄笺："反反，言重慎也。"陆德明释文："反如字。《韩诗》作昄昄，音蒲板反，善貌。"

反（bǎn）之政：慎重地对待政事。

不为：未有。为：有。《周易·夬》："壮于前趾，往不胜，为咎。"俞樾《群经平议·周易一》："为咎，犹有咎也……为可训有，有咎而曰为咎，亦犹有闲而曰为闲也。"《孟子·滕文公上》："夫滕，壤地褊小，将为君子焉，将为野人焉。"赵岐注："为，有也。"王充《论衡·艺增》："太平之世，家为君子，人有礼义，父不失礼，子不废行。"

是其人：即"是期人"，这个适合的人。

［注释］

[1] 附下：使臣下归附。《管子·任法》："大臣能以其私附百姓，翦公财以禄私士。"尹知章注："谓用私恩诱百姓使附也。"董仲舒《春秋繁露·保位权》："是故为人君者，固守其德以附其民，固执其权以正其臣。"一民：使人民与自己一条心。 [2] 修政：处理好政事。国：据《韩诗外传》卷五第四章，当改作"俗"字。美俗：搞好风俗。 [3] 其：廖按：通"期"，当，适合。《玉篇·月部》："期，当也。"《尚书·大禹谟》："汝作士，明于五刑，以弼

五教，期于予治。”孔传：“期，当也。叹其能以刑辅教，当于治体。”期人：适合的人，指有德才的贤人。彼其人：即“彼期人”，那适合的人。[4] 彼或蓄积：彼有蓄积，他们富于才德。或，有。蓄积，积聚、储存。得之者不世绝：追求得到这种人的君主世世代代没断绝过。[5] 志：向往。古之道：古代的治国原则。[6] 于是：据《韩诗外传》卷五第四章，当改作“是子”。下面两“是子”并同。[7] 莫欲之：都不想去做。[8] 据《韩诗外传》卷五第四章，“独”字是衍文，当删。犹：仍。[9] 少顷：片刻、一会儿。辍：停止。[10] 晓然：清楚地。[11] 臧否（pǐ）：善恶，此指政治的好坏。若别白黑：像分辨黑白一样清楚。[12] 威行：威势推行于某一对象或地方。[13] 纵：即便、纵使。[14] 去：离开。[15] 故：事故。此指祸害。[16] 而：则。[17] 介人维藩，大师维垣：贤才就是屏障，贤相就是城墙。诗见《诗·大雅·板》。介人，善人，此指贤才。藩，篱笆。大师，贤相。垣，围墙。这里的“介人”“大师”都是用来比喻上文的“其人”。

显：疑读为“简”，选拔。显设：犹“简用”，简选任用。显、简上古音都属元部。《说文·页部》朱骏声《通训定声》：“显，假借又为间。”从下文“论德而定次，量能而授官，皆使其人载其事而各得其所宜。上贤使之为三公，次贤使之为诸侯，下贤使之为士大夫，是所以显设之也”来看，“显设”不是都重用之，当为“简用”，简选任用。

道者何也？曰：君之所道也[1]。君者何也？曰：能群也[2]。能群也者何也？曰：善生养人者也[3]，善班治人者也[4]，善显设人者也[5]，善藩饰人者也[6]。善生养人者人亲之，善班治人者人安之，善显设人者人乐之，善藩饰人者人荣之。四统者俱而天下归之[7]，夫是之谓能群。不能生养人者人不亲也，不能班治人者人不安也，不能显设人者人不乐也，不能藩饰人者人不荣也。四统者亡而天下去之，夫是之谓匹夫[8]。故曰：道存则国存，道亡则国亡。省工贾，众农夫，禁盗贼，除奸邪，是所以生养之也。天子三公[9]，诸侯一相[10]，大夫擅官[11]，士保职[12]，莫不法度而公[13]，是所以班治之也。论德而定次[14]，量能而授官[15]，皆使其人载其事而各得其所宜[16]。上贤使之为三公，次贤使之为诸侯，下贤使之为士大夫，是所以显设之也。修冠弁、衣裳、黼黻、文章、雕琢、刻镂皆有等差[17]，是所以藩饰之也。

［注释］

[1] 君之所道也：君子所遵循的原则。“之所”二字据《韩诗外传》卷五第三十一章补。 [2] 能群：善于组织人。 [3] 生养：犹养育。 [4] 班（biàn）治：治理。王先谦集解：“班，读曰辨。《仪礼·士虞》注：‘古文班或为辨。’辨、治同义。” [5] 显设：安排。犹显用、重用。王先谦集解：“设，用也。显设人，犹言显用人。”显，使动用法，使之显。设，设置，安排。 [6] 藩饰：装饰，文饰，指不同的服饰显示出不同的等级。 [7] 统：本、要领。《礼记·祭统》郑玄题注：“统，犹本也，以记祭祀之本，故名祭统。”《史记·外戚世家》：“夫乐调而四时和，阴阳之变，万物之统也。”俱：通“具”，具备。 [8] 匹夫：独夫。指有勇无谋的人，含轻蔑意味。《孟子·梁惠王下》：“夫抚剑疾视曰：‘彼恶敢当我哉！’此匹夫之勇，敌一人者也。”苏轼《留侯论》：“匹夫见辱，拔剑而起，挺身而斗，此不足为勇也。” [9] 天子三公：天子配备太师、

太傅、太保三公。[10]诸侯一相：诸侯配备一个相。[11]擅官：独掌某一官职。[12]保职：守职，谨守自己的职责。[13]法度：依照法律制度办事。公：公正不偏。[14]论德而定次：审察德行来确定等级。论德，评判品德的高下。[15]量能而授官：衡量才能来授予官职。[16]使其人载其事而各得其所宜：使他们每人都承担他们的工作而各人都能得到和他的才能相适合的职务。载，担负、担任。宜，适当。[17]修：整治。冠弁：古代礼帽的总称。黼黻：泛指礼服上所绣的华美花纹。文章：礼服上错杂的色彩或花纹。雕琢刻镂：在各种器具上的雕刻图案。等差：等级次序、等级差别。

故由天子至于庶人也[1]，莫不骋其能[2]，得其志[3]，安乐其事，是所同也。衣暖而食充，居安而游乐[4]，事时制明而用足[5]，是又所同也。若夫重色而成文章[6]，重味而成珍备[7]，是所衍也[8]。圣王财衍以明辨异[9]，上以饰贤良而明贵贱，下以饰长幼而明亲疏[10]。上在王公之朝[11]，下在百姓之家，天下晓然皆知其非以为异也[12]，将以明分达治而保万世也[13]。故天子诸侯无靡费之用[14]，士大夫无流淫之行[15]，百吏官人无怠慢之事，众庶百姓无奸怪之俗[16]，无盗贼之罪，其能以称义遍矣[17]。故曰："治则衍及百姓，乱则不足及王公[18]。"此之谓也。

故：疑通"古"，也就是"古语"。从下文"此之谓也"看，"故曰"，明显是引用他人之说。

[注释]

[1]庶人：平民，百姓。[2]骋：尽量发挥。[3]得：实现。[4]居安而游乐：住得安适而玩得快乐。[5]事时：事情办得及时。制明：制度明白清楚。[6]重（chóng）色而成文章：重叠使用多种颜色而绘出衣服上的彩色花纹。重：多重。[7]备：当为“脩”字讹文。珍脩：珍羞，珍美的肴馔。[8]所衍：富裕丰饶的表现。衍，富足、丰饶。杨倞注：“衍，富裕。”《后汉书·刘焉传论》：“夫地广则骄尊之心生，财衍则僭奢之情用，固亦恒人必至之期也。”李贤注：“衍，饶也。”[9]圣王财衍以明辨异：圣王财富很多，目的是辨明不同等级。[10]上以饰贤良而明贵贱，下以饰长幼而明亲疏：在上用来显示贤能善良的人而表明各人地位的高低，在下用来显示老少而表明各人的亲疏关系。饰，表现，显示。《礼记·三年问》：“三年之丧，何也？曰：称情而立文，因以饰群，别亲疏贵贱之节。”孔颖达疏：“饰，谓章表也。群，谓五服之亲也。因此三年之丧差降各表其亲党。”《礼记·三年问》：“斩衰，苴杖，居倚庐，食粥，寝苫，枕块，所以为至痛饰也。”郑玄注：“饰，情之章表也。”[11]王公：即下文之“天子诸侯”。[12]非以为异：不是故意要用这些东西制造等级差别。[13]明分达治而保万世：明确等级名分、达到治理的目的，从而保持千秋万代永远太平。[14]靡费：浪费。[15]流淫：放荡。[16]奸怪：奸诈怪僻。[17]称义：符合道义。遍：周遍、尽、完全。[18]治则衍及百姓，乱则不足及王公：国家安定，富裕会遍及百姓；国家混乱，那么拮据不足会延及天子诸侯。

至道大形[1]：隆礼至法则国有常[2]，尚贤使能则民知方[3]，纂论公察则民不疑[4]，赏克罚偷

至：通“志”。向慕、期望，犹好。《荀子·儒效》：“行法至坚，不以私欲乱所闻。”王先谦集解：“《荀》书至、志通借。”《玉篇·心部》：“志，慕也。”《论语·述而》：“志于道，据于德。”何晏注：“志，慕也。”《孟子·告子上》：“羿之教人射，必志于彀；学者亦必志于彀。”赵岐注：“学者志道，犹射者之张也。”朱熹注：“志，犹期也。”至法：志于法，寄望于法，也就是向慕法，好法。

则民不怠[5]，兼听齐明则天下归之[6]。然后明分职，序事业，材技官能[7]，莫不治理，则公道达而私门塞矣，公义明而私事息矣。如是，则德厚者进而佞说者止，贪利者退而廉节者起。《书》曰："先时者杀无赦[8]，不逮时者杀无赦。"人习其事而固[9]，人之百事如耳目鼻口之不可以相借官也[10]，故职分而民不慢[11]，次定而序不乱，兼听齐明而百事不留。如是，则臣下百吏至于庶人莫不修己而后敢安正[12]，诚能而后敢受职。百姓易俗，小人变心，奸怪之属莫不反悫[13]。夫是之谓政教之极[14]。故天子不视而见，不听而聪，不虑而知，不动而功，块然独坐而天下从之如一体[15]，如四胑之从心[16]。夫是之谓大形。《诗》曰："温温恭人，维德之基[17]。"此之谓也。

慢：疑当读为"漫"，放纵、不受约束。《新唐书·元结传》："公漫久矣，可以漫为叟。"

此引诗也见于《不苟篇》《非十二子篇》。"人"，疑读为"仁"，"恭人"，即"恭仁"。

［注释］

[1] 至道：最好的政治原则。大形：充分体现。 [2] 至法：即"重法"。《荀子·强国》《天论》《大略》都有"隆礼尊贤而王，重法爱民而霸"说。 [3] 方：礼法。《论语·先进》："比及三年，可使有勇，且知方也。"何晏集解："方，义方。"《经典释文》引郑玄曰："方，礼法也。" [4] 纂论：指集中各种意见。纂，收集。公察：公正地考察。 [5] 克：同"剋"，苛急，引申为勤

奋努力。《广韵·德韵》："剋，急也。"《韩诗外传》卷六第三章作"勉"，同义换读。《北史·尔朱世隆传》："（世隆）性聪解，又畏荣，深自克勉，留心几案，傍接宾客，遂有解了之名。" [6] 齐（jì）明：敏捷明智。齐，通"齌"。 [7] 材技官能：安排有技术的人做事，任用有才能的人当官。《荀子·解蔽》："经纬天地而材官万物。"杨倞注："材谓当其分，官谓不失其任。" [8] "先时者杀无赦"以下二句：见伪古文《尚书·胤征》。先时，先于规定时间，提前。逮时，及时。 [9] 习：熟悉。固：固定不变。 [10] 百事：泛指一切事。借官：借用官能。 [11] 慢：宋本作"探"，王先谦集解本从《韩诗外传》引改作"慢"。骆瑞鹤认为："探者，旁窥之名，谓逾越本位。" [12] 正：通"定"，"安正"即"安定"，平静稳定。 [13] 反悫：转向诚实。反，通"返"。 [14] 政教之极：政治教化的最高境界。 [15] 块然：同"岿然"，独自屹立而不动的样子。 [16] 胑：同"肢"。 [17] 温温恭人，维德之基：温柔谦恭的人们，是以道德为根基。诗见《诗·大雅·抑》。

为人主者，莫不欲强而恶弱，欲安而恶危，欲荣而恶辱，是禹、桀之所同也。要此三欲[1]，辟此三恶[2]，果何道而便[3]？曰：在慎取相，道莫径是矣[4]。故知而不仁不可[5]，仁而不知不可，既知且仁，是人主之宝也，而王霸之佐也。不急得[6]，不知；得而不用，不仁。无其人而幸有其功[7]，愚莫大焉。

其：通"期"，适合、适当。其人：期人，适合的人。其功：期功，适合的功业。

[注释]

[1] 要（yāo）：取得。 [2] 辟（bì）：通“避”。 [3] 果：究竟。 [4] 径：即上文“便”，直接，方便。 [5] 知：通“智”。下同。 [6] 急得：急于求得。 [7] 幸：希望、侥幸。

今人主有大患[1]：使贤者为之，则与不肖者规之[2]；使知者虑之[3]，则与愚者论之[4]；使修士行之[5]，则与汙邪之人疑之[6]。虽欲成功，得乎哉！譬之是犹立直木而恐其景之枉也[7]，惑莫大焉。《语》曰[8]：“好女之色[9]，恶者之孽也[10]。公正之士，众人之痤也[11]。循乎道之人，污邪之贼也。”今使汙邪之人论其怨贼而求其无偏[12]，得乎哉！譬之是犹立枉木而求其景之直也，乱莫大焉。

[注释]

[1] 大：宋本作“六”，疑为“大”字形讹。 [2] 规：谋议。《商君书·错法》：“是以明君之使其民也，使必尽力以规其功。”《后汉书·荀彧传》：“古人尚帷幄之规，下攻拔之力。” [3] 知：通“智”。 [4] 论：评判。 [5] 修士：有道德修养的人，操行高洁之人。 [6] 汙邪：肮脏邪恶。疑：疑忌，猜忌。 [7] 景：通“影”，影子。下同。枉：弯曲。 [8]《语》：一种记言体的古书。 [9] 好女：美女。 [10] 恶者：丑人。孽：祸害。 [11] 痤：疖子。 [12] 怨贼：怨恨的人。

故古之人为之不然。其取人有道，其用人有法。取人之道，参之以礼[1]；用人之法，禁之以等[2]。行义动静[3]，度之以礼；知虑取舍[4]，稽之以成[5]；日月积久[6]，校之以功[7]。故卑不得以临尊，轻不得以县重[8]，愚不得以谋知，是以万举不过也[9]。故校之以礼，而观其能安敬也；与之举错迁移[10]，而观其能应变也；与之安燕[11]，而观其能无流慆也[12]；接之以声色、权利、忿怒、患险，而观其能无离守也[13]。彼诚有之者与诚无之者，若白黑然，可诎邪哉[14]！故伯乐不可欺以马，而君子不可欺以人，此明王之道也。

举措：任用与废黜。《周书·萧詧传论》："赏罚得衷，举厝有方。""厝"通"措"。措有弃置、搁置义。《礼记·中庸》："有弗学，学之弗能，弗措也。"孔颖达疏："措，置也。言学不至于能，不措置休废，必待能之乃已也。"《新唐书·吴兢传》："当是时，有上书益于政者……终不以为忤。故外事必闻，刑戮几措，礼义大行。"

［注释］

[1]参：检验。 [2]禁：限制、约束。 [3]义：通"仪"，仪表。 [4]知：通"智"。下同。智虑：智谋。 [5]成：成效。 [6]日月积久：指日积月累的长期工作。 [7]校：考核。功：功绩。 [8]县：通"悬"字，衡量轻重。 [9]万举不过：一切举措都不会失误。 [10]错：通"措"。迁移：变迁、变化。此指上下调动。 [11]安燕：安适、安逸。燕，通"晏"，安。 [12]流慆（tāo）：慆淫，放荡。慆，慢也。 [13]离守：背离节操、操守。 [14]诎：萧旭以为通"汩"，亦作"滑"，混乱、混淆。《小尔雅·广言》："汩，乱也。"《广韵·没韵》："滑，乱也。"《议兵》《解蔽》杨倞注："滑，乱也。"朱骏声《说文通训定声·履部》："滑，叚借为汩，实为淈。"

人主欲得善射，射远中微者[1]，县贵爵重赏以招致之[2]，内不可以阿子弟[3]，外不可以隐远人[4]，能中是者取之，是岂不必得之之道也哉[5]！虽圣人不能易也。欲得善驭及速致远者，一日而千里，县贵爵重赏以招致之，内不可以阿子弟，外不可以隐远人，能致是者取之，是岂不必得之之道也哉！虽圣人不能易也。

及：通“急”。《札迻·管子尹知章注·八观第十三》：“则士不及行。案：及，即急之省。”《释名·释言语》“急，及也”王先谦疏证补：“毕沅曰：公羊隐公元年传：及犹汲汲也。则及亦有急意。”《群经平议·春秋左传一》：“先君之败德及可数乎（十五年）”，“及读为急”，“急又通作亟。《尔雅·释诂》：亟，疾也”，“谓先君之败德亟矣，不可胜数也”。《札迻·吕氏春秋高诱注·辩土》：“为其唯厚而及”孙诒让案：“及，当读为急。”及速：当读为“急速”，疾速、高速的意思。

［注释］

[1] 中微：射中微小的目标。 [2] 县：同“悬”，悬挂，指布告悬赏。下同。 [3] 阿：偏袒。 [4] 隐：埋没。远人：疏远的人。 [5] 是岂不必得之之道也哉：这难道不就是一定能求得善射者的办法吗？

欲治国驭民，调壹上下[1]，将内以固城，外以拒难。治则制人，人不能制也；乱则危辱灭亡可立而待也[2]。然而求卿相辅佐，则独不若是其公也[3]，案唯便嬖亲比己者之用也[4]，岂不过甚矣哉！故有社稷者莫不欲强，俄则弱矣[5]；莫不欲安，俄则危矣；莫不欲存，俄则亡矣。古有万国，今有数十焉[6]，是无它故，莫不失之是也[7]。故明主有私人以金石珠玉，无私人以官职事业[8]，是何也？曰：本不利于所私也[9]。彼不能而主使之，则是主暗也；臣不能而诬能[10]，则是臣诈也。主暗于上，臣诈于下，灭亡无日，俱害之道也。

［注释］

[1] 调壹：协调统一。 [2] 立而待：立刻到来、马上来到。 [3] 独不若是其公：独独不是那样地公正。 [4] 案：顺承连词，就。唯便嬖亲比己者之用：唯用便嬖亲比己者，只任用些宠爱的小臣与亲近依附自己的人。 [5] 俄：不久。 [6] 数十：当从《富国篇》作“十数”，十来个，十几个。 [7] 莫不失之是：没有不在这个问题上犯错的。之，介词，相当于“于”。《礼记·大学》：“人之其所亲爱而辟焉，之其所贱恶而辟焉。”朱熹集注：“之，犹于也。”刘向《说苑·权谋》：“防事之未萌，避难于无形。” [8] 私人：私自给人。 [9] 本不利于所私：根本就不利于那些被偏爱的人。 [10] 诬能：虚夸其才能，冒充有才能。诬，夸说、吹嘘。

夫文王非无贵戚也，非无子弟也，非无便嬖也，倜然乃举太公于州人而用之[1]，岂私之也哉！以为亲邪？则周姬姓也，而彼姜姓也。以为故邪？则未尝相识也。以为好丽邪？则夫人行年七十有二[2]，齫然而齿堕矣[3]。然而用之者，夫文王欲立贵道[4]，欲白贵名[5]，以惠天下[6]，而不可以独也[7]。非于是子莫足以举之[8]，故举是其下：指文王的后人。下，后人。《诗·大雅·下武》："下武维周，世有哲王。"毛传："武，继也。"郑玄笺："下，犹后也……后人能继先祖者维有周家最大。"

"故曰"犹"《传》曰"。故：疑通"古"，也就是"古语"。

子而用之。于是乎贵道果立，贵名果明，兼制天下[9]，立七十一国，姬姓独居五十三人，周之子孙苟不狂惑者[10]，莫不为天下之显诸侯。如是者[11]，能爱人也。故举天下之大道[12]，立天下之大功，然后隐其所怜所爱[13]，其下犹足以为天下之显诸侯。故曰："唯明主为能爱其所爱，暗主则必危其所爱。"此之谓也。

［注释］

[1] 倜（tì）然：突出、与众不同地。乃：竟。州人：指渔人。王先谦集解引俞樾曰："按'州人'当从《韩诗外传》作'舟人'。太公身为渔父而钓于渭滨，故言舟人也。" [2] 行年：经历的年岁，指当时年龄。 [3] 齫：据《韩诗外传》，当为"齳（yǔn）"字之误。齳然：无齿的样子。 [4] 贵道：良好的政治原则。 [5] 白：即下文之"明"，显扬。贵名：美好的名声。 [6] 惠：施惠、造福。 [7] 独：指一人办到。 [8] 是子：此子，指姜太公。 [9] 兼制：全面控制。 [10] 狂惑：发疯糊涂。 [11] 如是：像这样，指像文王这样。 [12] 举：行。 [13] 隐：庇护。

略知：通知、尽知。《淮南子·修务》："诵《诗》《书》者，期于通道略物，而不期于《洪范》《商颂》。"高诱注："略，达；物，事也。"

墙之外，目不见也；里之前[1]，耳不闻也；而人主之守司[2]，远者天下，近者境内，不可不略知也。天下之变，境内之事，有弛易齵差者矣[3]，而人主无由知之，则是拘胁蔽塞之端也[4]。耳目之明[5]，如是其狭也；人主之守司，如是其广也：其中不可以不知也，如是其危也[6]。然则人主将何以知之？曰：便嬖左右者，人主之所以窥远收众之门户牖向也[7]，不可不早具也。故人主必将有便嬖左右足信者然后可，其知惠足使规物、其端诚足使定物然后可[8]，夫是之谓国具[9]。

定物：安定人心。物，人、众人。《左传·昭公十一年》："晋荀吴谓韩宣子曰：'不能救陈，又不能救蔡，物以无亲。'"杨伯峻注引顾炎武曰："物，人也。"

［注释］

[1] 里之前：一里之前。 [2] 守司：职责，职守。 [3] 弛易：松弛怠慢。齵（óu）差：牙病，此指处理有差错。王先谦集解："齿不正曰齵。齵差，参差不齐。" [4] 拘胁：被人胁制。蔽塞：闭塞。 [5] 明：辨识力。 [6] 其中不可以不知也，如是其危也：当作"如是其危也，其中不可以不知也"。是说"耳目之明，如是其狭也；人主之守司，如是其广也"，这种情况如此危险，其中的危险性不能不知道。 [7] 收：通"纠"，监督。门户牖（yǒu）向：这里比喻君主的耳目。牖，窗户。 [8] 知：通"智"。惠：当从宋浙本作"慧"。规物：谋事，谋划事情。物，事。 [9] 国具：治国的工具、治国的人材。

人主不能不有游观安燕之时[1]，则不得不有疾病物故之变焉[2]。如是国者，事物之至也如泉原[3]，一物不应[4]，乱之端也。故曰：人主不可以独也。卿相辅佐，人主之基、杖也[5]，不可不早具也。故人主必将有卿相辅佐足任者然后可，其德音足以填抚百姓、其知虑足以应待万变然后可[6]，夫是之谓国具。

[注释]

[1]安燕：安闲舒适。燕，通“宴”。 [2]物故：死亡。 [3]原：通“源”。 [4]应：及时处理。 [5]基：通“几”，用来靠身的案几。 [6]德音：道德声望、好名声。《诗·豳风·狼跋》：“公孙硕肤，德音不瑕。”朱熹集传：“德音，犹令闻也。”《诗·小雅·南山有台》：“乐只君子，德音不已。”填（zhèn）：通“镇”，安定。知：通“智”。

四邻诸侯之相与[1]，不可以不相接也[2]，然而不必相亲也[3]。故人主必将有足使喻志决疑于远方者然后可[4]。其辩说足以解烦、其知虑足以决疑、其齐断足以距难[5]，不还秩，不反君[6]，然而应薄扞患足以持社稷[7]，然后可，夫是之谓国具。

齐：当读为“齎”，敏捷，快速。《尔雅·释诂》：“齐，疾也。”《荀子·修身》：“齐给便利。”“齐”都读为“齎”，训为疾。齐断：即“齎断”，也就是疾断。在此意义上训为“果断”。

[注释]

[1]相与：相邻近。 [2]相接：相互往来。 [3]相亲：相互友好。 [4]喻志决疑于远方者：去四邻诸侯传达君主的意思，解决疑难问题的外交人员。 [5]齐断：果断。距：通“拒”。 [6]不

还秩，不反君：不谋私利，不背叛君主。还，通“营”。秩，王念孙以为是“私”字之讹。营私，谋私。《战国策·秦策三》：“夫公孙鞅事孝公，极身毋二，尽公不还私，信赏罚以致治。”反，背叛。 [7]薄：通“迫”，急迫。扞：同“捍”，抵御。持：守、保。

故人主无便嬖左右足信者谓之暗，无卿相辅佐足任者谓之独，所使于四邻诸侯者非其人谓之孤，孤独而晻谓之危[1]。国虽若存，古之人曰亡矣。《诗》曰：“济济多士，文王以宁[2]。”此之谓也。

［注释］

[1]晻：同“暗”。 [2]济济多士，文王以宁：人才济济多精英，文王因此得安宁。引诗见《诗·大雅·文王》。济济，众多的样子。多士，众多的贤士。

材人[1]：愿悫拘录[2]，计数纤啬而无敢遗丧[3]，是官人使吏之材也[4]。修饬端正，尊法敬分而无倾侧之心，守职循业[5]，不敢损益，可传世也，而不可使侵夺，是士大夫官师之材也[6]。知隆礼义之为尊君也，知好士之为美名也，知爱民之为安国也，知有常法之为一俗也[7]，知尚贤使能之为长功也，知务本禁末之为多材也[8]，知无与下争小利之为便于事也，知明制度、权物称用之为不泥也[9]，是卿相辅佐之材也，未及君道也。能论官此三材者而无失其次[10]，是谓人主之道也。若是，则身佚而国治，功大而名美，上可以王，下可以霸，是人主之要守也[11]。人主不能论此三材者，不知道此道[12]，安值将卑势出劳[13]，并耳目之乐[14]，而亲自贯日而治详[15]，一内而曲辨之[16]，虑与臣下争小察而綦偏能[17]。自古及今，未有如此而不乱者也，是所谓“视乎不可见，听乎不可闻，为乎不可成”，此之谓也。

此之谓也：此四字与上文“是所谓”为两种句式的杂糅，“此之谓”三字当属衍文。

［注释］

[1] 材人：量才用人。 [2] 愿悫：忠诚老实。拘（qú）录：通“劬碌”，勤劳。 [3] 计数纤啬（sè）：计算细致。啬，吝啬，这里指精打细算。 [4] 官人使吏：管理一般具体事务的官吏，此指低级官吏。 [5] 循业：与“守职”义同。循，守。业，事务、职业。《左传·昭公十三年》：“是故明王之制，使诸侯岁聘以志业。”杜预注：“岁聘以修其职业。”《国语·周语上》：“庶人、工、商各守其业，以共其上。”《韩非子·孤愤》：“百官不因则业不进，故群臣为之用。”陈奇猷集释：“业即职事。” [6] 官师：官长，此指中级官员。 [7] 一俗：齐一风俗。 [8] 材：通“财”。 [9] 权物称用：权衡事情以符合实用。 [10] 论官：评定，任用官员。 [11] 要守：重要的操守。 [12] 道此道：遵循此道。 [13] 安：顺承连

词，就。值：同“直”，只。卑势出劳：降低身份，竭力劳作。出，通“屈”，竭力。 [14] 并：通“屏”。 [15] 贯日：累日，连续几天。治详：把事情治理得周详完备。 [16] 内：据《王霸篇》“一日而曲列之”，“内”是“日”字之讹。辨（bàn）：通“辧（办）”，治理。 [17] 虑与臣下争小察而綦偏能：君主与臣下在一些小问题上纠缠，极力发挥偏能之才的作用。言外之意是君主当考虑大问题，使用多才之士。綦，通“极”，尽。偏能，某一方面的才能。

［点评］

君道，为君者之道也。本篇详细阐述了君主的治国方略。

开篇荀子就提出“有乱君，无乱国；有治人，无治法”，国家安危治乱的关键在于君主，在于有自觉治理国家的人才，而不在于具体的法律条文。为什么？荀子认为：“法不能独立，类不能自行”，没有人，法制不可能单独有所建树，律例不可能自动被实行。“法者，治之端也；君子者，法之原也”，法制，是治理国家的开端；而君子则是法制的本原。所以，“得其人则存，失其人则亡”，得到了善于治国的人才，那么法制才能保存；失去了善于治国的人才，那么法制也就灭亡了。因此，用人是君主治国的关键。

荀子认为好的君主在用人方面应当重用君子，这就是“尚贤使能”。而“尚贤使能”的实质是以礼治国。荀子主张为君、为臣、为父、为子、为兄、为弟、为夫、为妻都应循礼，不能偏废。尤其是为君者应该加强自身修养，做好表率。所谓“闻修身，未尝闻为国也”，就是要君主“以德治国”，以身作则，以自己的模范行为来带动百官，影响百姓。因为“君者，民之原也；原清则流清，原浊则流浊”，国家治乱的责任不在于老百姓，而在于君主。

荀子对君主的作用进行了精辟的分析。他认为君主的作用就在于“能群”，所谓“能群”，就是“善生养人”“善班治人”“善显设人”“善藩饰人”。“善生养人”的，人们就亲近他；“善班治人”的，人们就安心顺从他；“善显设人”的，人们就喜欢他；“善藩饰人”的，人们就赞美他。这四个要领具备了，天下的人就会归顺他，这就是“能群”的君主。不能“善生养人”的，人们就不会亲近他；不能“善班治人”的，人们就不会安心顺从他；不能“善显设人”的，人们就不会喜欢他；不能“善藩饰人”的，人们就不会赞扬他。四条都做不到，就只能叫独夫。荀子的这些论述，破除了君权神授的神话，体现了其强烈的民本思想。

对于君主的“善显设人”，也就是用人之道，荀子的主张是“论德而定次，量能而授官，皆使其人载其事而各得其宜”，审察德行来确定等级，衡量才能来授予官职，使他们每人都承担他们的工作而各人都能得到和他的才能相适合的职务。具体而言，“尚贤使能”就是“上贤使之为三公，次贤使之为诸侯，下贤使之为士大夫”。其中，又特别强调了“慎取相”的问题。指出君主不能独裁，不能在小事上纠缠，要有卿相的辅佐，治国尤其要重视“国具”。

荀子本篇所谓“君道”，其用人要“尚贤使能”说今天得到了充分的肯定，但其“有治人，无治法”的观点却颇有争议，人们往往将其视为“人治高于法治”论。两者之间的异同，是很值得辨析的。

臣道篇第十三

人臣之论[1]：有态臣者[2]，有篡臣者[3]，有功臣者，有圣臣者[4]。内不足使一民，外不足使距难[5]；百姓不亲，诸侯不信；然而巧敏佞说[6]，善取宠乎上：是态臣者也。上不忠乎君，下善取誉乎民；不恤公道通义[7]，朋党比周[8]，以环主图私为务[9]：是篡臣者也。内足使以一民，外足使以距难；民亲之，士信之；上忠乎君，下爱百姓而不倦：是功臣者也。上则能尊君，下则能爱民；政令教化，刑下如影[10]；应卒遇变[11]，齐给如响[12]；推类接誉[13]，以待无方[14]，曲成制象[15]：是圣臣者也。故用圣臣者王，用功臣者强，用篡臣者危，用态臣者亡。态臣用

《逸周书·文传》："令行禁止王始也……出三曰无适异；出四曰无适与。"刘师培补正："异当作'翼'，适训专主，翼、与对文。翼即《书·益稷》'汝翼'之翼。犹言无专辅也。""异"能作"与"，"誉"自然能通"异"。

则必死；篡臣用则必危；功臣用则必荣；圣臣用则必尊。故齐之苏秦、楚之州侯、秦之张仪[16]，可谓态臣者也。韩之张去疾、赵之奉阳、齐之孟尝[17]，可谓篡臣也。齐之管仲、晋之咎犯、楚之孙叔敖[18]，可谓功臣矣。殷之伊尹、周之太公[19]，可谓圣臣矣。是人臣之论也，吉凶贤不肖之极也，必谨志之而慎自为择取焉[20]，足以稽矣[21]。

“张仪”杨倞注云“或作禄”，极是。张禄即范雎，范雎后期嫉贤妒能，任用私党，逼杀白起，所重用之王稽“与诸侯通”，所荐之郑安平又率部降赵，一再误秦。云梦秦简《编年记》说：秦昭王“五十二年，王稽、张禄死”。黄盛璋认为范雎死必与王稽犯法诛有关。所以，列其为“态臣”，是再适合不过的了。

［注释］

[1] 论：通“伦”，类别。　[2] 态臣：奸诈之臣。态，通“慝”，邪恶、欺诈。《荀子·成相》：“谗夫多进，反复言语生诈态。”王念孙《读书杂志·荀子八》：“态，读为奸慝之慝，言言语反复，则诈慝从此生也。以态为慝者，古声不分去、入也。”《史记·范雎蔡泽列传》：“足下上畏太后之严，下惑于奸臣之态，居深宫之中，不离阿保之手。”司马贞索隐：“态谓奸臣谄诈之志也。”　[3] 篡臣：篡夺君权之臣。　[4] 圣臣：德行智能超群出众之臣。杨倞注：“圣者，无所不通之谓也。”　[5] 距：通“拒”。下同。　[6] 说：通“锐”，指嘴舌伶俐。　[7] 公道通义：公家的原则和普遍适用的道义。　[8] 朋党比周：结党营私，排斥异己。　[9] 环：依王念孙说，通“营”，迷惑。　[10] 刑下：即下型，百姓效法。刑，通“型”，模仿。如影：如影随形。　[11] 卒：通“猝”，突然。遇：对待、应付。　[12] 齐（jì）给：迅速敏捷。齐，通“齌”，炊火猛烈。　[13] 推类：推比同类。接誉：打通异

类。接，通、达。《墨子·修身》："畅之四支，接之肌肤，华发隳颠，而犹弗舍者其唯圣人乎。"孙诒让间诂："《小尔雅·广诂》云：'接，达也。'"《庄子·胠箧》："足迹接乎诸侯之境，车轨结乎千里之外。"誉：通"异"。 [14] 待：应付。无方：变化无穷的情况。 [15] 曲成制象：用尽办法制成法典规范。 [16] 苏秦：战国时魏人，曾游说燕、赵、韩、魏、齐、楚六国，联合抗秦，后在齐国被人刺死。州侯：楚顷襄王的宠臣。张仪：战国时魏人，秦惠王时任秦国宰相，善于游说，曾使六国各自和秦国结成联盟，打破了苏秦六国抗秦的和约。 [17] 张去疾：一说是韩国韩僖王时的宰相。奉阳：即奉阳君，赵国赵肃侯的弟弟。孟尝：即孟尝君，姓田，名文，战国时齐人，曾任齐相，后奔魏，魏昭王用他为相，合秦、赵、燕之兵共伐齐。 [18] 管仲：名夷吾，春秋时齐国人，曾辅佐齐桓公成就霸业。咎犯：春秋时晋国人，晋文公之舅，名狐偃，字犯，曾辅助晋文公称霸。孙叔敖：春秋时楚人，楚庄王时任楚国宰相。 [19] 伊尹：名挚，商汤王的大臣。太公：即姜子牙，因封于吕，又叫吕尚，周文王的大臣，周文王死后，辅佐周武王。 [20] 志（誌）：通"識"，记住。 [21] 稽：借鉴。

从命而利君谓之顺，从命而不利君谓之谄；逆命而利君谓之忠，逆命而不利君谓之篡。不恤君之荣辱，不恤国之臧否，偷合苟容[1]，以持禄养交而已耳[2]，谓之国贼[3]。君有过谋过事，将危国家、殒社稷之惧也[4]，大臣、父兄有能进言于君，用则可，不用则去，谓之谏；

有能进言于君[5]，用则可，不用则死，谓之争[6]；有能比知同力[7]，率群臣百吏而相与强君挢君[8]，君虽不安[9]，不能不听，遂以解国之大患，除国之大害，成于尊君安国[10]，谓之辅；有能抗君之命，窃君之重，反君之事，以安国之危，除君之辱，功伐足以成国之大利，谓之拂[11]。故谏、争、辅、拂之人，社稷之臣也，国君之宝也，明君所尊厚也，而暗主惑君以为己贼也。故明君之所赏，暗君之所罚也；暗君之所赏，明君之所杀也。伊尹、箕子可谓谏矣[12]；比干、子胥可谓争矣[13]；平原君之于赵[14]，可谓辅矣；信陵君之于魏[15]，可谓拂矣。《传》曰："从道不从君。"[16]此之谓也。

基于"从道不从君"的原则，强调谏、争、辅、拂的重要。

［注释］

[1] 偷合苟容：苟且迎合以取悦于人。　[2] 持禄养交：保住自己的俸禄、去豢养结交的党羽。　[3] 国贼：危害国家或出卖国家主权的败类。　[4] 殒：毁灭。之惧：此二字当为衍文。《皇王大纪》卷七十九引无"之惧也"三字，《说苑·臣术》："君有过不谏诤，将危国、殒社稷也，有能尽言于君，用则留，不用则去之，谓之谏；用则可生，不用则死，谓之诤。""将危国家、殒社稷之惧也"作"将危国家、殒社稷也"，无"之惧"二字。　[5] 进

言：当从《说苑·臣术》读作“尽言”。尽言：《吕氏春秋·先识》篇“极言”高诱注：“极，尽。”就是规劝诤谏，毫无保留，毫不顾忌，言无不尽，有什么就说什么。 [6] 争（zhèng）：通“诤”，劝谏。 [7] 比知同力：联合有智慧的人同心协力。比，合。知，当从《群书治要》卷三十八引文作“智”。 [8] 强：强迫、勉强。《左传·昭公元年》：“郑徐吾犯之妹美，公孙楚聘之矣；公孙黑又使强委禽焉。”《史记·汲郑列传》：“黯伏谢不受印，诏数强予，然后奉诏。” 挢：同“矫”，纠正。 [9] 安：乐、高兴。《淮南子·泛论》：“圣人乃作，为之筑土构木，以为宫室；上栋下宇，以蔽风雨，以避寒暑，而百姓安之。”高诱注：“安，乐也。” [10] 成：达成、达到。 [11] 拂：通“咈”，违逆。《史记·老子韩非列传》“大忠无所拂悟，辞言无所击排”张守节正义：“拂悟当为‘咈忤’，古字假借耳。咈，违也；忤，逆也。” [12] 箕子：商朝末期人，贵族，曾多次劝谏纣王，被降为奴隶。 [13] 比干：商朝末期人，贵族，曾多次劝谏纣王，被处死。子胥：即伍子胥，春秋时楚国人，为吴国大夫。越王勾践被吴王夫差打败后向夫差求和，伍子胥多次劝说夫差拒绝，但夫差不听，反逼伍子胥自尽。后吴国终于被越国所灭。 [14] 平原君：赵惠文王的弟弟，曾任赵相。赵孝成王七年，秦围邯郸，他曾组织抵抗，对外向楚、魏求救，最终保全赵国。 [15] 信陵君：魏安釐王的弟弟。公元前 257 年，秦国围困邯郸，赵国求救于魏国，魏国惧怕秦国，不敢出兵。信陵君借魏王姬妾如姬之手窃得兵符，夺取了魏国兵权，成功击败秦军。 [16] 从道不从君：《子道》：“从道不从君，从义不从父。”

故正义之臣设[1]，则朝廷不颇[2]；谏、争、辅、拂之人信[3]，则君过不远；爪牙之士施[4]，则仇雠不作；边境之臣处[5]，则疆垂不丧[6]。故明主好同而暗主好独；明主尚贤使能而飨其盛[7]，暗主妬贤畏能而灭其功。罚其忠，赏其贼，夫是之谓至暗，桀、纣所以灭也。

境：通“竞”，强盛。《尔雅·释言》：“竞，强也。”《增韵·敬韵》：“竞，盛也。”《左传·僖公七年》：“心则不竞，何惮于病。”杜预注：“竞，强也。”《后汉书·卢植传》：“又比世祚不竞，仍外求嗣，可谓危矣。”李贤注：“竞，强也。”《诗·周颂·执竞》：“执竞武王，无竞维烈。”朱熹集传：“竞，强也。”边境之臣：即竞边之臣、强边之臣。

［注释］

[1] 设：用，施用、任用。 [2] 颇：偏邪。 [3] 信：被君主所信。 [4] 施：用。 [5] 处：委任、任用。《史记·乐毅列传》：“臣闻贤圣之君不以禄私亲，其功多者赏之，其能当者处之。”韩愈《上张仆射书》：“下之事上，不一其事，上之使下，不一其事，量力而任之，度才而处之。” [6] 垂：同“陲”，边疆。 [7] 飨（xiǎng）：通“享”，享受。盛：通“成”，成就。

事圣君者，有听从，无谏争[1]；事中君者，有谏争，无谄谀；事暴君者，有补削[2]，无挢拂[3]。迫胁于乱时，穷居于暴国，而无所避之，则崇其美，扬其善，违其恶[4]，隐其败，言其所长，不称其所短，以为成俗[5]。《诗》曰：“国有大命[6]，不可以告人，妨其躬身。”此之谓也。

［注释］

[1] 圣君没过失，所以“事圣君者”，只“有听从”，用不上“谏争”。 [2] 补削：弥补。王先谦集解引王引之曰：“听从、谏争、

谄谀、补削、挢拂皆两字同义。补削，谓弥缝其阙也。削者，缝也。” [3] 挢：同“矫”，纠正。拂：通“咈”，违逆。 [4] 违：通“讳”，回避。 [5] 成俗：固有的习惯。 [6]“国有大命”以下三句：国家发生了大事故，不可把它告诉别人，否则就会危害自身。逸诗，不见今本《诗经》。大命，大事、要事。贾谊《新书·无蓄》：“禹有十年之蓄，故免九年之水；汤有十年之积，故胜七岁之旱。夫蓄积者，天下之大命也。”路温舒《上德缓刑书》：“夫狱者，天下之大命也。”妨，妨害。躬身，自身。

恭敬而逊，听从而敏，不敢有以私决择也[1]，不敢有以私取与也[2]，以顺上为志，是事圣君之义也。忠信而不谀，谏争而不谄，挢然刚折[3]，端志而无倾侧之心[4]，是案曰是[5]，非案曰非，是事中君之义也。调而不流[6]，柔而不屈，宽容而不乱，晓然以至道而无不调和也[7]，而能化易[8]，时关内之[9]，是事暴君之义也。若驭朴马[10]，若养赤子，若食餧人[11]，故因其惧也，而改其过，因其忧也，而辨其故[12]，因其喜也，而入其道[13]，因其怒也，而除其怨，曲得所谓焉[14]。《书》曰：“从命而不拂[15]，微谏而不倦；为上则明，为下则逊。”此之谓也。

[注释]

[1] 不敢有以私决择也：不敢私自决断选择。 [2] 以私取与：私自授予或剥夺官职。 [3] 挢然：坚强的样子。刚折：刚直不阿，敢于当面指摘人的过失。杨倞注："刚折，刚直面折也。"折，责难，指出别人的错误或缺点。《史记·吕太后本纪》："陈平、绛侯曰：'于今面折廷争，臣不如君。'"《后汉书·李育传》："〔李育〕尝读《左氏传》，虽乐文采，然谓不得圣人深意，以为前世陈元、范升之徒更相非折，而多引图谶，不据理体，于是作《难左氏义》四十一事。"李贤注："折，难也。"刘禹锡《天论》："柳子厚作《天说》以折韩退之之言。" [4] 端志：正直的志趣。杨倞注："端志，不邪曲也。" [5] 案：连词，相当于"乃"。 [6] 调而不流：有所调和，但不随波逐流。 [7] 晓然以至道：以至道晓然，用最正确的原则去启发。晓然，明白的样子。 [8] 化易：感化、改变。 [9] 关：繁体作"關"，杨倞以为是"開"字之讹。内：通"纳"。开纳：使开悟接受。《荀子·荣辱》："人之生固小人，无师无法则唯利见之耳……君子非得势以临之，则无由得开内焉。"刘向《列女传·鲁季敬姜》："推而往引而来者，综也。综可以为开内之师主。"《新唐书·段平仲传》："群臣畏帝苛察，无敢言。平仲常曰：'上聪明神武，但臣下畏怯，自为循默尔。使我一日得召见，宜大有开纳。'" [10] 朴马：未经驯化的马。 [11] 食：通"饲"，喂。餧：同"馁"，饥饿。 [12] 因其忧也，而辨其故：就着他的忧虑，而去分析导致忧虑的原因。因，顺应。 [13] 因其喜也，而入其道：就着他的欢喜，而将他引入正道。 [14] 谓：通"为"。所为：所要达到的目的。 [15]"从命而不拂"以下四句：服从命令而不违背，暗暗规劝而不懈怠；做君主要明智，做臣子要谦逊。引文不见于今本《尚书》。

事人而不顺者，不疾者也[1]；疾而不顺者，不敬者也；敬而不顺者，不忠者也；忠而不顺者，无功者也；有功而不顺者，无德者也。故无德之为道也[2]，伤疾、堕功、灭苦[3]，故君子不为也。

［注释］

[1] 疾：尽力、努力。《荀子・荣辱》：“小人也者，疾为诞而欲人之信己也，疾为诈而欲人之亲己也。”《墨子・尚贤下》：“有力者疾以助人，有财者勉以分人。”《吕氏春秋・尊师》：“疾讽诵，谨司闻。” [2] 无德之为道：即“以无德为道”，以无德为原则。 [3] 伤疾：努力而成为弊病。堕：同“隳（huī）”，毁坏。灭：埋没。苦：劳苦。

有大忠者，有次忠者，有下忠者，有国贼者。以道覆君而化之[1]，大忠也；以德调君而补之[2]，次忠也；以是谏非而怒之，下忠也；不恤君之荣辱，不恤国之臧否，偷合苟容，以之持禄养交而已耳，国贼也。若周公之于成王也[3]，可谓大忠矣；若管仲之于桓公[4]，可谓次忠矣；若子胥之于夫差[5]，可谓下忠矣；若曹触龙之于纣者[6]，可谓国贼矣。

[注释]

[1] 覆：覆盖，引申为抚育。 [2] 调：调养、调理。补：据《韩诗外传》卷四第三章，当改为“辅”。 [3] 周公：姓姬，名旦，周成王的叔父，曾辅佐成王治理国家。《荀子·儒效篇》对其事迹有介绍。成王：即周成王，名诵，周武王的儿子。 [4] 桓公：即齐桓公，春秋五霸之一。 [5] 夫差（chāi）：春秋末年吴国的国君。 [6] 曹触龙：商纣王的大臣，生平不详。

仁者必敬人。凡人，非贤，则案不肖也[1]。人贤而不敬，则是禽兽也；人不肖而不敬，则是狎虎也[2]。禽兽则乱，狎虎则危，灾及其身矣。《诗》曰：“不敢暴虎[3]，不敢冯河。人知其一，莫知其它。战战兢兢，如临深渊，如履薄冰。”此之谓也。故仁者必敬人。

莫知其它：疑读作“莫折其它”。“人知其一，莫折其它”，意思是懂得小心谨慎的道理，就不会有别的折败，就不会有别的损失。

[注释]

[1] 案：乃，与“则”义同。 [2] 狎：戏弄。 [3]“不敢暴虎”以下七句：不敢徒步去打老虎，不敢无舟把河渡。人们只知这一点，不知其他有害处。要谨慎啊要小心，要像面临深渊那样，要像脚踩薄冰那样。引诗见《诗·小雅·小旻》。暴：通“虣”，不乘田车徒步搏虎。冯，通“淜”，无舟渡河。河，黄河。战战兢兢，畏惧谨慎的样子。毛传：“战战，恐也。兢兢，戒也。”履，踩。

敬人有道：贤者则贵而敬之，不肖者则畏而

敬之；贤者则亲而敬之，不肖者则疏而敬之。其敬一也[1]，其情二也[2]。若夫忠信端悫而不害伤[3]，则无接而不然[4]，是仁人之质也。忠信以为质[5]，端悫以为统[6]，礼义以为文[7]，伦类以为理[8]，喘而言[9]，臑而动[10]，而一可以为法则[11]。《诗》曰："不僭不贼，鲜不为则[12]。"此之谓也。

"喘而言"以下三句也见于《劝学篇》，文字稍有出入。

[注释]

[1] 一：相同。情：实，实质。 [2] 二：两样。 [3] 若夫：至于。端悫：正直诚实。害伤：伤害。 [4] 无接而不然：即"接无而不然"，对所接交的人无不如此，对接交的所有人都没有不这样的。 [5] 质：本质。 [6] 统：纲纪、法则。 [7] 文：文饰，此指规范。 [8] 伦类：人与物之间的条理次序。理：原则。 [9] 喘而言：小声地说话。喘，小声。 [10] 臑而动：细微的动作。臑，通"蠕"，像虫子一样慢慢爬动。 [11] 法则：效法的榜样。 [12] 不僭（zèn）不贼，鲜不为则：不毁谤人也不残害人，很少有不成为学习的榜样。引诗见《诗·大雅·抑》。僭，通"谮"，毁谤、诬陷。贼，残害。

恭敬，礼也；调和，乐也；谨慎，利也；斗怒，害也。故君子安礼乐利[1]，谨慎而无斗怒，是以百举不过也[2]。小人反是。

［注释］

[1] 安礼乐利：一般解为“安于礼、乐、利”。王念孙以为“乐利”本作“乐乐”，与“安礼”相对。乐乐：喜欢和乐。 [2] 百举不过：一切行动都不会有过错。

通忠之顺[1]，权险之平[2]，祸乱之从声[3]，三者，非明主莫之能知也。争然后善；戾然后功[4]；出死无私，致忠而公[5]：夫是之谓通忠之顺，信陵君似之矣。夺然后义；杀然后仁；上下易位然后贞[6]；功参天地[7]，泽被生民：夫是之谓权险之平，汤、武是也[8]。过而通情[9]，和而无经[10]，不恤是非，不论曲直，偷合苟容，迷乱狂生[11]：夫是之谓祸乱之从声，飞廉、恶来是也[12]。《传》曰：“斩而齐[13]，枉而顺，不同而壹。”《诗》曰：“受小球大球，为下国缀旒[14]。”此之谓也。

［注释］

[1] 通忠：犹通诚、输诚，指表达忠心、献纳诚心。 [2] 权险之平：改变危险局面的安定。权，变，改变。 [3] 从声：随声附和。 [4] 戾：背离、违背。 [5] 致：通“至”，极。 [6] 贞：定，安定。《释名》：“贞，定也。” [7] 参：三，指与天地并列为三。 [8] 汤：即商汤王，商朝的第一个君主。武：即周武王，周

通：全。《淮南子·精神》：“病疵瘕者，捧心抑腹，膝上叩头，蜷局而谛，通夕不寐。”通忠：全忠，整个儿都是忠。

祸乱：败坏治理。乱，治。《尔雅·释诂下》：“乱，治也。”《尚书·顾命》：“其能而乱四方。”蔡沈注：“乱，治也。”《庄子·逍遥游》：“之人也，之德也，将旁礴万物以为一世蕲乎乱。”崔骃《官箴·司徒箴》：“乃立司徒，乱兹黎烝。”

迷：疑当读为“弭”，弭乱即止治，也就是使治理止息的意思。

顺：疑读为“循”。

朝的第一个君主。 [9] 过而通情：君主有过，却同情附和。通，通“同”，世德堂本即作“同”。 [10] 和而无经：附和而不讲原则。经，纲常，原则。 [11] 迷乱：使迷惑错乱。杨倞注：“迷乱其君使生狂也。” [12] 飞廉、恶来：商朝末年人，都是商纣王的大臣。 [13]“斩而齐”以下三句：有了参差就有整齐，有了不直就有直，有了不同就有同一。这三句话也见于《荣辱篇》。斩，通“儳（chán）”，不整齐。齐，和谐的社会秩序。枉，不直。 [14] 受小球大球，为下国缀旒（liú）：汤王接受玉圭有大有小，成为各国诸侯的表率。引诗见《诗·商颂·长发》。球，玉圭，朝聘、祭祀、丧葬时用的礼器。缀旒，旗帜边缘连结的饰物，这里指表率的意思。缀，连结。旒，旗帜上悬垂的饰物。

[点评]

本篇与《君道篇》为姊妹篇，论述重点虽然一是为君之道，一是为臣之道，但又互为补充，互相印证，应该是荀子同一时期所作。其云“平原君之于赵，可谓辅矣；信陵君之于魏，可谓拂矣”，指的是公元前257年信陵君窃符救赵，击败秦军事。《臣道篇》提到了这些历史人物和事件，说明其写成肯定会在公元前257、255年之后。所以，应该是荀子晚年居兰陵之作。

《臣道篇》认为“人臣”有四种，“有态臣者，有篡臣者，有功臣者，有圣臣者”，人君“必谨志之而慎自为择取焉”，为什么？因为“用圣臣者王，用功臣者强，用篡臣者危，用态臣者亡。态臣用则必死；篡臣用则必危；功臣用则必荣；圣臣用则必尊”，具体而言，“正义之臣设，则朝廷不颇；谏、争、辅、拂之人信，则君过不远；

爪牙之士施，则仇雠不作；边境之臣处，则疆垂不丧”，人君“择取”“人臣”怎能不“慎”？

本篇也论述了臣子侍奉各类君主时应遵循的准则。荀子认为人君有三：一是“圣君”，二是“中君”，三是“暴君”。对待不同的人君当有不同准则。“事圣君者，有听从，无谏争”，“恭敬而逊，听从而敏，不敢有以私决择也，不敢有以私取与也，以顺上为志，是事圣君之义也”；“事中君者，有谏争，无谄谀”，“忠信而不谀，谏争而不谄，挢然刚折，端志而无倾侧之心，是案曰是，非案曰非，是事中君之义也”；“事暴君者，有补削，无挢拂”，“调而不流，柔而不屈，宽容而不乱，晓然以至道而无不调和也，而能化易，时关内之，是事暴君之义也”。

君臣关系是一种“君为臣纲”绝对服从关系，还是一种基于道义的相互关系？也就是说，荀子是一个君本主义者，还是一个民本主义者？是法家，还是儒家？我们从荀子的这些论述中应该看得很清楚。

一般认为“臣事君以忠”，但荀子认为“臣事君”“有大忠者，有次忠者，有下忠者，有国贼者”。“以道覆君而化之，大忠也；以德调君而补之，次忠也；以是谏非而怒之，下忠也；不恤君之荣辱，不恤国之臧否，偷合苟容，以之持禄养交而已耳，国贼也”。这里的“大忠者”“次忠者”“下忠者”都是“从道不从君”的，而“国贼”则不问是非，一切惟君是从。可见，从道义与君主的关系看，荀子并非君主“专制的一尊主义”。君主的权势和道义孰高孰低？荀子的回答是道义高于君权。

从“从道不从君”，道义高于君权的认识出发，荀子肯定臣子对绝对君权的反抗,“谏、争、辅、拂之人,社稷之臣也,国君之宝也,明君所尊厚也,而暗主惑君以为己贼也”。甚至肯定“汤武革命”,说:“夺然后义;杀然后仁;上下易位然后贞;功参天地,泽被生民:夫是之谓权险之平,汤、武是也。”可见,在荀子的眼里,“臣事君以忠”,“忠”虽然是“臣道”的固有要求,但不是“臣道”的最高原则,“臣道”的最高原则是“从道不从君”。这是荀子政治思想的本质,也是先秦儒家一以贯之的传统。今天仍有强烈的现实意义。

天论篇第十七

天行有常[1]，不为尧存，不为桀亡[2]。应之以治则吉[3]，应之以乱则凶。强本而节用，则天不能贫；养备而动时[4]，则天不能病；修道而不忒[5]，则天不能祸。故水旱不能使之饥渴[6]，寒暑不能使之疾，袄怪不能使之凶[7]。本荒而用侈[8]，则天不能使之富；养略而动罕[9]，则天不能使之全[10]；倍道而妄行[11]，则天不能使之吉。故水旱未至而饥，寒暑未薄而疾[12]，袄怪未至而凶。受时与治世同[13]，而殃祸与治世异，不可以怨天，其道然也[14]。故明于天人之分[15]，则可谓至人矣[16]。

规律性的存在是不以人的意愿、好恶为转移的，它具有永恒性、客观性、必然性。

荀子“天人之分”的思想，把人与自然的区别剖分得清清楚楚，将人与天之间的一切感情的纽带、情绪的关联截然割断，这在天人关系上确实是一次空前的革命，就是说它在科学的观点上具有划时代的意义也不为过。

［注释］

[1] 行：道。常：恒常不变的规律。自然界有其本身所固有的规律。 [2] 这两句大意是说天道运行不因人事的变迁而变化。 [3] 之：指首句的“天行”。 [4] 养备而动时：给养完备，耕作适时。 [5] 修：据《群书治要》卷三十八引文，当作“循”。忒：差错。 [6] 饥渴：据《群书治要》卷三十八引文，当作“饥”，“渴”是衍文。 [7] 祆：同“妖”。妖怪：此指反常奇异现象。 [8] 本荒而用侈：农业荒芜但用度过奢。 [9] 养略而动罕：衣食不足，劳作稀少。 [10] 全：保全，不受损失。 [11] 倍：通“背”。 [12] 薄：通“迫”，迫近、逼近。 [13] 受时：遭遇的天时。 [14] 道：取道，选择的道路。 [15] 天人之分：自然与人事的区别。 [16] 至人：思想或道德修养最高超的人。

不为而成，不求而得，夫是之谓天职。如是者，虽深，其人不加虑焉[1]；虽大，不加能焉[2]；虽精，不加察焉[3]；夫是之谓不与天争职。天有其时，地有其财[4]，人有其治，夫是之谓能参[5]。舍其所以参而愿其所参[6]，则惑矣！

［注释］

[1] 其：而。加：通“嘉”，美、褒奖。下同。虑：思考水平。 [2] 能：有才能，有能力，有本领。 [3] 察：明察。 [4] 财：通“材”，物、材料。 [5] 能参：指人与天地配合。 [6] 舍其所以参而愿其所参：放弃与天地协调配合，而追求与天地争职。所以参，用来与天地相配合的能力。所参，相配合的对象。

列星随旋[1]，日月递炤[2]，四时代御[3]，阴阳大化[4]，风雨博施，万物各得其和以生[5]，各得其养以成，不见其事而见其功，夫是之谓神[6]。皆知其所以成[7]，莫知其无形[8]，夫是之谓天[9]。唯圣人为不求知天[10]。

《论语·公冶长》："子贡曰：……夫子之言性与天道，不可得而闻也！"此说显然本于孔子这一思想。

[注释]

[1] 随旋：相随旋转。 [2] 炤：同"照"，照耀。 [3] 御：通"谢"。代谢：新旧更迭、交替。《文子·自然》："〔道〕轮转无穷，象日月之运行，若春秋之代谢。"《文选·干宝〈晋纪论晋武帝革命〉》："帝王之兴，必俟天命，苟有代谢，非人事也。"李善注："《淮南子》曰：'二者代谢舛驰。'高诱曰：'代，更也；谢，次也。'" [4] 大化：化育万物。 [5] 其：指"阴阳"。和：和气，它是我国古代的哲学概念，是阴阳二气达到某种和谐程度后生成的一种具有相对稳定性的基因，它是构成各种具体事物的物质性的东西。 [6] 神：神妙。 [7] 所以成：所已成，指有成的表象。 [8] 无形：犹"无成"，"所以成"的反面，指看不见的万物生成的原理。 [9] 是：代词，这。天：指没有人为参与的自然。天就是客观现实的自然界，就是唯一实在的物质世界。 [10] 圣人为不求知天：圣人是不追求去探究没有人为参与的自然。为，是，判断动词。

"形具而神生"这一命题，明确肯定了形体和精神的主从关系，即精神对形体的依赖关系。这也就是说，先有形体而后有精神；形体是第一性的，而精神是第二性的；人的精神不能先于形体，也不能离开形体而独自存在，只能在具备形体的基础上才能产生，只有依赖于形体才能存在。

天职既立，天功既成，形具而神生[1]，好恶、喜怒、哀乐臧焉[2]，夫是之谓天情[3]。耳目鼻口形[4]，能各有接而不相能也[5]，夫是之谓天官[6]。心居中虚以治五官，夫是之谓天君。财非其类[7]，以养其类，夫是之谓天养[8]。顺其类者谓之福[9]，逆其类者谓之祸，夫是之谓天政[10]。暗其天君[11]，乱其天官[12]，弃其天养[13]，逆其天政，背其天情，以丧天功，夫是之谓大凶。圣人清其天君，正其天官，备其天养，顺其天政，养其天情，以全其天功。如是，则知其所为、知其所不为矣，则天地官而万物役矣[14]。其行曲治[15]，其养曲适，其生不伤，夫是之谓知天。

[注释]

[1] 形具而神生：形体具备了，精神活动相应产生。 [2] 臧：通“藏”。 [3] 天情：天然的情感。 [4] 形：身、形体。 [5] 能各有接：指耳目鼻形各有各的感知功能。不相能：不具有相互替代的功能。 [6] 天官：天然的官能，器官天然的功能。 [7] 财非其类：利用人类以外之物。财，通“裁”，裁制，利用。 [8] 天养：利用自然万物来养育人类。 [9] 类：道、理。 [10] 天政：自然法则。自然的制约犹如政令、律令。 [11] 暗其天君：使自己的思想昏乱糊涂。 [12] 乱其天官：指纵情于声色，不受自然法则的制约。 [13] 弃其天养：荒废生产。 [14] 官：通“管”，管理。役：受役使。 [15] 曲治：犹“曲辨”，周详地治理。

故大巧在所不为[1]，大智在所不虑。所志于天者[2]，已其见象之可以期者矣[3]；所志于地者，已其见宜之可以息者矣[4]；所志于四时者，已其见数之可以事者矣[5]；所志于阴阳者，已其见和之可以治者矣[6]。官人守天而自为守道也[7]。

君子是治人的，君子道即人道。所以《儒效篇》说："道者，非天之道，非地之道，人之所以道也，君子之所道也。"

[注释]

[1]所不为：有所不为，不做违反自然规律的事。 [2]志：期望。 [3]已：停止。其：于。下同。见（xiàn）：通"现"，显现。下同。期：预期，预测。 [4]宜：适宜的条件。息：繁殖。 [5]数：季节变化的规律。事：从事农事。 [6]和：当从别本作"知"，通"智"，智慧、知识。 [7]官人：任用人。守天：负责自然之事。守道：负责人事，掌握人道。

治乱天邪？曰：日月、星辰、瑞历[1]，是禹、桀之所同也，禹以治，桀以乱，治乱非天也。时邪？曰：繁启蕃长于春夏[2]，畜积收臧于秋冬[3]，是又禹、桀之所同也，禹以治，桀以乱，治乱非时也。地邪？曰：得地则生，失地则死，是又禹、桀之所同也，禹以治，桀以乱，治乱非地也。《诗》曰："天作高山[4]，大王荒之，彼作矣，文王康之。"此之谓也。

社会的治乱主要不取决于自然界的条件，因为相同的自然条件不能成为社会治乱的原因。在这里，荀子实际上已经把社会治安治乱的根源由"天命"转移到人事上来了。

[注释]

[1] 瑞历：历象，天体运行的现象。王先谦集解引郝懿行曰："神其器，故言瑞。" [2] 繁启：当依梁立勇说读为"萌启"，萌生、萌发的意思。蓄：茂盛。 [3] 臧：通"藏"。 [4] "天作高山"以下四句：天生高大的岐山，太王据有了它；太王开始了开发，文王又继续治理它。引诗见《诗经·周颂·天作》。荒，据有。《诗·鲁颂·閟宫》："奄有龟蒙，遂荒大东。"毛传："荒，有也。"康，通"庚"，赓续、继续。陈子展直解："古文康、庚字形相似，音相近，故得通假也。"

天不为人之恶寒也辍冬[1]，地不为人之恶辽远也辍广，君子不为小人匈匈也辍行[2]。天有常道矣，地有常数矣，君子有常体矣。君子道其常而小人计其功[3]。《诗》曰："礼义之不愆，何恤人之言兮[4]？"此之谓也。

"礼义之不愆"一句，诸宋本、集解本无，据《正名篇》引而补。

[注释]

[1] 辍（chuò）：停止。 [2] 匈匈：通"讻讻"，喧闹。 [3] 道：遵循。功：一时利益。 [4] 礼义之不愆（qiān），何恤人之言兮：礼义上不犯错，又何必害怕别人的批评！引诗不见于今本《诗经》。愆，过失。恤，忧虑、害怕。

节：此指制度的节制。《荣辱篇》："譬之越人安越，楚人安楚，君子安雅，是非知能材性然也，是注错习俗之节异也。"说与此近。

楚王后车千乘，非知也[1]；君子啜菽饮水[2]，非愚也；是节然也[3]。若夫心意修，德行厚，知虑明，生于今而志乎古，则是其在我者也。故君子敬其在己者，而不慕其在天者[4]；小人错其在己者[5]，而慕其在天者。君子敬其在己者，而不慕其在天者，是以日进也；小人错其在己者，而慕其在天者，是以日退也。故君子之所以日进与小人之所以日退，一也[6]。君子小人之所以相县者在此耳[7]。

［注释］

[1] 知：通“智”。 [2] 啜菽：吃粗粮。 [3] 节：一般以为时、时命。 [4] 在天者：自然所决定的事。 [5] 错：通“措”。 [6] 一：道理相同。 [7] 县：同“悬”，悬殊，差距远。

星队、木鸣[1]，国人皆恐。曰：是何也？曰：无何也，是天地之变，阴阳之化，物之罕至者也，怪之可也，而畏之非也。夫日月之有蚀，风雨之不时，怪星之党见[2]，是无世而不常有之[3]。上明而政平，则是虽并世起，无伤也；上暗而政险，则是虽无一至者，无益也。夫星之队，木之鸣，是天地之变，阴阳之化，物之罕至者也。怪之可也；而畏之非也。

［注释］

[1] 队（zhuì）：通“坠”。下同。木鸣：古代祭祀所用社树因风吹发出声音，人们以为怪异。 [2] 党：通“傥”，偶然。见（xiàn）：同“现”。 [3] 常：通“尝”，曾经。

物之已至者，人祆则可畏也[1]。楛耕伤稼[2]，耘耨失薉[3]，政险失民，田薉稼恶[4]，籴贵民饥，道路有死人，夫是之谓人祆。政令不明，举错不时[5]，本事不理，夫是之谓人祆。礼义不修，内外无别，男女淫乱，则父子相疑[6]，上下乖离，寇难并至，夫是之谓人祆。祆是生于乱。三者错[7]，无安国。其说甚尔[8]，其菑甚惨[9]。勉力不时，则牛马相生，六畜作祆[10]，可怪也，而不可畏也。《传》曰：“万物之怪，书不说。无用之辩，不急之察，弃而不治[11]。”若夫君臣之义，父子之亲，夫妇之别，则日切瑳而不舍也。

“子不语怪、力、乱、神。”（《论语·述而》）正本这一精神。

［注释］

[1] 祆：通“妖”，反常怪异的事。则：当为“冣（最）”字之讹。《韩诗外传》卷二即作“最”。 [2] 楛（gǔ）耕：粗耕乱作。 [3] 耘耨失薉：据《韩诗外传》卷二第六章，当改作“枯耘伤岁”。指因为除草粗糙，导致收成不好。 [4] 薉：通“秽”，《韩诗外传》卷二正作“秽”，荒芜、杂草丛生。《富国》：“民贫则田瘠以秽，田瘠

以秽则出实不半。”《管子·八观》:“其耕之不深，芸之不谨，地宜不任，草田多秽。” [5] 举错：政策措施。错，通“措”。 [6] 则父子相疑：“则”字为衍文，《群书治要》《韩诗外传》卷二引皆无“则”字。 [7] 错：交错。 [8] 尔：通“迩”，浅近。 [9] 菑(zāi)：通“灾”。 [10] 依前后文意，“勉力不时……六畜作祆”十三字可能本在上文“本事不理”之下。 [11] 无用之辩，不急之察，弃而不治：无用的辩说，不切实际的究察，抛弃而不用。

雩而雨[1]，何也？曰：无何也，犹不雩而雨也[2]。日月食而救之[3]，天旱而雩，卜筮然后决大事[4]，非以为得求也，以文之也[5]。故君子以为文，而百姓以为神。以为文则吉，以为神则凶也。

这是儒家对待卜筮的最好的、最为经典的解释。

[注释]

[1] 雩而雨：求雨而下雨。 [2] 无何也，犹不雩而雨也：求雨而下雨，和不求雨而下雨，没什么不同。 [3] 日月食而救之：古人迷信，以为日食、月食是“天狗”食日食月，敲盆击鼓吓“天狗”以抢救日月。 [4] 卜筮(shì)：龟甲占吉凶叫卜，用蓍草占吉凶叫筮。 [5] 文：文饰。

在天者莫明于日月，在地者莫明于水火，在物者莫明于珠玉，在人者莫明于礼义。故日月不高，则光晖不赫[1]；水火不积，则晖润不博[2]；

珠玉不睹乎外[3]，则王公不以为宝；礼义不加于国家[4]，则功名不白。故人之命在天，国之命在礼。君人者隆礼尊贤而王，重法爱民而霸，好利多诈而危，权谋、倾覆、幽险而尽亡矣[5]。

制：生产、制作。此是培育、造就的意思。天命：天生，此指天生之物、自然之物。说详见廖名春《〈荀子·天论〉篇“大天而思之”章新诠》一文。下同。

［注释］

[1]赫：显耀。 [2]晖润不博：光泽不多。 [3]睹：当作“睹”，著，显露的意思。 [4]加：施加、实施。 [5]多：喜好、称赞。《韩非子·五蠹》：“以其不收也外之，而高其轻世也；以其犯禁也罪之，而多其有勇也。”《史记·管晏列传》：“天下不多管仲之贤而多鲍叔能知人也。”廖按：“故人之命在天”至“幽险而尽亡矣”几句又见于《强国篇》，当是荀子着力强调的主张。

物之：以之为神。以自然物产为神，对自然物产盲目地崇拜。此“物”当训为“神”。《汉书·武帝纪》：“朕巡荆扬，辑江淮物，会大海气，以合泰山。”颜师古注引如淳曰：“物，犹神也。”《郊祀志上》“有物曰：蛇，白帝子”颜师古注：“物，谓鬼神也。”

大天而思之，孰与物畜而制之[1]？从天而颂之[2]，孰与制天命而用之？望时而待之[3]，孰与应时而使之？因物而多之[4]，孰与骋能而化之？思物而物之[5]，孰与理物而勿失之也？愿于物之所以生[6]，孰与有物之所以成？故错人而思天[7]，则失万物之情。

［注释］

[1]大：推崇。这句话意思是推崇自然而寄望于自然，哪里比得上畜养自然物产而合理地安排施用。物畜：畜物，畜养自然物

产。制：从用韵看，当为“材”字之误。材：合理安排，因材施用。　[2]“从天而颂之”以下二句：听从自然而颂扬自然，哪里比得上培育造就自然物产而享用它。　[3]“望时而待之”以下二句：盼望好天时而消极地等待它，哪里比得上响应天时而使天时为我所用。　[4]“因物而多之”以下二句：依赖自然物产而赞美上天的恩赐，哪里比得上尽力施展人的才能来生产它。多，赞美。化，生，生产。　[5]“思物而物之”以下二句：思慕自然物产而以之为神，哪里比得上管理好自然物产而不失去它们。　[6]“愿于物之所以生”以下二句：寄希望于“生物”的天，哪里比得上专注于“成物”的人。愿：慕，思。物之所以生，即“物之以生者”，也就是“所以生物者”，也就是“天”。物之所以成，即“物之以成者”，也就是“所以成物者”，指的当是“人”。　[7]“故错人而思天”以下二句：放弃了人的努力而寄望于上天的恩赐，那就违背了天下万物“天生人成”的道理。错，通“措”，搁置，放弃。失，违背，这里指不解、无知。情，道理。

孟子提倡“天时不如地利，地利不如人和”（《孟子·公孙丑下》），将“人和”置于“天时”“地利”之首，这实际是过渡到荀子“制天命而用之”说的最重要的一环。

百王之无变，足以为道贯[1]。一废一起，应之以贯。理贯不乱[2]；不知贯，不知应变。贯之大体未尝亡也，乱生其差[3]，治尽其详[4]。故道之所善，中则可从[5]，畸则不可为[6]，匿则大惑[7]。水行者表深[8]，表不明则陷；治民者表道[9]，表不明则乱。礼者，表也。非礼，昏世也。昏世，大乱也。故道无不明，外内异表，隐显有常，民陷乃去[10]。

[注释]

[1] 道贯：道的一贯的原则。 [2] 理：顺应。 [3] 差：偏差。 [4] 详：通“祥”，善。 [5] 中：以为准的、标准。从：依从，实行。 [6] 畸：有偏向。 [7] 匿：通“慝（忒）”，变更。这里是违反的意思。 [8] 水行：当作“行水”，涉水。表深：用标志标明水深。 [9] 表道：以道为标志。 [10] 陷：陷阱，此指灾难。

万物为道一偏，一物为万物一偏[1]。愚者为一物一偏[2]，而自以为知道，无知也。慎子有见于后，无见于先[3]；老子有见于诎，无见于信[4]；墨子有见于齐，无见于畸[5]；宋子有见于少，无见于多[6]。有后而无先，则群众无门[7]；有诎而无信，则贵贱不分；有齐而无畸，则政令不施；有少而无多，则群众不化。《书》曰：“无有作好[8]，遵王之道；无有作恶，遵王之路。”此之谓也。

以批评诸子作结，可与《非十二子篇》参证。

[注释]

[1] 一偏：一部分。 [2] 愚者为一物一偏：愚昧之人只能看到事物的一部分（道理）。 [3] 有见于后，无见于先：慎子只知服从法律，“蔽于法而不知贤”。“上则取听于上，下则取从于俗”，不知道任用贤人来治理和引导。后，在后服从。先，在前引导。 [4] 有见于诎，无见于信（shēn）：老子主张虚静无为，所以说他“有见于诎，无见于信”。诎，同“屈”，忍让。信，通“伸”，伸直。 [5] 有见于齐，无见于畸（jī）：墨子提倡“尚同”“兼

爱”，反对等级差别，所以说他“有见于齐，无见于畸”。畸，不齐，指等级差别。 [6] 有见于少，无见于多：宋钘主张人的欲望少，但荀子认为人天生的欲望很多。 [7] 有后而无先，则群众无门：只讲服从，而无引导，那么群众迷失于前进的道路。 [8]“无有作好”以下四句：不要有自己的偏好，要遵循我王的正道；不要有个人的厌恶，要遵循我王的正路。引文见《尚书·洪范》。

［点评］

本篇荀子系统阐述了他对天人关系的看法。荀子所谓“天”，乃是自然之天。他针对当时社会存在的“天命观”，提出“天行有常，不为尧存，不为桀亡”，认为自然的周转运行有其自身的规律，不以人的意志为转移。它不会因为尧之伟大而为之存在，也不会因桀的残暴而消亡。决定社会治乱与人间祸福的是“人”而不是“天”，所以必须“明于天人之分”。

荀子指出，君子也像自然界一样，有一定的行为准则，要时刻遵循；小人只计功利，变化无常。事实证明，可怕的不是天，而是世人的种种违背礼义道德的举动（人祆）。因此，荀子反对那些祈求天神的迷信仪式，认为“君子以为文，而百姓以为神。以为文则吉，以为神则凶”。荀子称自然运动的内部规律为“神”，既然还无法完全了解，圣人就不去考虑这些事，只去做顺从自然的事。他列举日月星辰等自然现象，指明这些现象无论治世乱世都存在，世道的治乱只与人的行为有关。对于那些怪异的自然现象，没有什么好可怕的，真正可怕的是那些失政失民、礼义不修的“人祆”举动。对于国家政治来说，

“国之命在礼”，国君应当隆礼尊贤，才可以王天下。

荀子提出的“制天命而用之”的观点，影响很大。从胡适以来，一直认为是“勘天”主义，主张的是征服自然。其实这是完全错误的。荀子所谓“制天命而用之”，是说要培育造就自然物产而享用它。所谓“天命”，乃是天生之物。“制天命而用之”，就是“人成天生”。荀子主张的是人类在顺应自然规律的前提下，有效地发挥人的主观能动性的问题，而绝非是简单地征服自然。不然，荀子就不会讲“唯圣人为不求知天”了，就不会讲“明于天人之分，则可谓至人矣”。

解蔽篇第二十一

凡人之患，蔽于一曲而闇于大理[1]。治则复经[2]，两疑则惑矣[3]。天下无二道[4]，圣人无两心[5]。今诸侯异政，百家异说，则必或是或非，或治或乱[6]。乱国之君，乱家之人[7]，此其诚心莫不求正而以自为也[8]，妬缪于道而人诱其所迨也[9]。私其所积[10]，唯恐闻其恶也。倚其所私以观异术[11]，唯恐闻其美也。是以与治虽走而是己不辍也[12]。岂不蔽于一曲而失正求也哉[13]！心不使焉[14]，则白黑在前而目不见，雷鼓在侧而耳不闻，况于使者乎[15]！德道之人[16]，乱国之君非之上，乱家之人非之下，岂不哀哉？

此节指出“蔽”之危害性，“蔽于一曲而闇于大理”，“蔽于一曲而失正求”，“岂不哀哉？”为“解蔽”铺垫。

[注释]

[1] 一曲：片面、局部的道理。闇：通“暗”，不明白。 [2] 治：治“蔽于一曲而闇于大理”之患。经：常道，指常行的义理、准则。复经：回到常道、正确的原则上来。 [3] 两疑则惑：据下文“贰则疑惑”，此当作“两则疑惑”。两，三心二意。 [4] 二道：异道，两条根本原则相对立的正道。 [5] 两心：异心，根本原则相矛盾的思想。 [6] 或：有。下同。 [7] 家：与上文“国”并称，当指“大夫有家”之“家”，即大夫的采邑封邦。此“乱家”与“乱国”互文现义。乱家之人：指搞乱国家的百家诸子。下同。 [8] 自为：为自，为自己服务。 [9] 妬：读为“托”，寄托。缪（miù）：通“谬”，谬误。追：通“怡”，喜爱。 [10] 私其所积：偏爱自己的知识经验。 [11] 倚其所私以观异术：依据自己的偏见来看待与自己不同的学说。 [12] 是以与治虽走而是己不辍（chuò）也：背离正道而走，还自以为是，不能停止。治，正道。虽，“离”之形讹。与治离走，背道而行。是己，以为自己是正确的。辍，停止。 [13] 正求：对正道的追求。 [14] 使：读为“思”，思想。 [15] 使者：读为“思者”，指用心思想的智者，也就是下文的“德道之人”。 [16] 德：通“得”。

故为蔽[1]？欲为蔽[2]，恶为蔽[3]；始为蔽，终为蔽；远为蔽，近为蔽；博为蔽，浅为蔽；古为蔽，今为蔽。凡万物异[4]，则莫不相为蔽[5]，此心术之公患也[6]。

“凡万物异，则莫不相为蔽，此心术之公患也”，事物的差异性是认识上诸“蔽”产生的根源。

[注释]

[1] 故：通“胡”，何。一说相当于句首发语词“夫”。 [2] 欲：

喜好。 [3] 恶：厌恶。 [4] 异：相异，指各有其对立面。 [5] 相为蔽：指偏于一端，在另一方面就会被蒙蔽。 [6] 心术：思想方法。公患：通病，共同的毛病。

昔人君之蔽者，夏桀、殷纣是也。桀蔽于末喜、斯观[1]，而不知关龙逢[2]，以惑其心而乱其行；纣蔽于妲己、飞廉[3]，而不知微子启[4]，以惑其心而乱其行。故群臣去忠而事私，百姓怨非而不用[5]，贤良退处而隐逃[6]，此其所以丧九牧之地而虚宗庙之国也[7]。桀死于亭山[8]，纣县于赤旆[9]，身不先知，人又莫之谏，此蔽塞之祸也。

以夏桀、殷纣为例，论述"人君"的"蔽塞之祸"。

[注释]

[1] 末喜：夏桀的妃子。相传妺喜与伊尹勾结，促使夏亡。末，通"妺"。斯观：夏桀的大臣。 [2] 知：赏识。下同。关龙逢（páng）：夏的贤臣。 [3] 妲（dá）己：商纣王的宠妃。飞廉：商纣王的大臣。 [4] 微子启：商纣王的兄长。 [5] 非：通"诽"。不用：不为所用。 [6] 退处：退居、引退闲居。隐逃：隐匿逃避。 [7] 九牧：九州，这里指全国。虚：同"墟"，废墟，这里用作使动词。 [8] 亭：疑为"鬲"形讹。鬲山：又作"历山"，今安徽省和县西北。 [9] 县于赤旆（pèi）：周武王斩下纣王的头颅，悬挂于旗杆上。县，通"悬"字。旆，旗帜边缘的饰品。

成汤监于夏桀，故主其心而慎治之[1]，是以能长用伊尹而身不失道，此其所以代夏王而受九有也[2]。文王监于殷纣[3]，故主其心而慎治之，是以能长用吕望而身不失道[4]，此其所以代殷王而受九牧也。远方莫不致其珍，故目视备色[5]，耳听备声，口食备味，形居备宫[6]，名受备号，生则天下歌，死则四海哭，夫是之谓至盛。《诗》曰："凤凰秋秋[7]，其翼若干，其声若箫。有凤有凰，乐帝之心。"此不蔽之福也。

以成汤、文王为例，论述"人君"的"不蔽之福"。

[注释]

[1] 主其心：坚守理性，保持清醒的头脑。下同。主，守。[2] 九有：九州。有，通"国"。 [3] 监：通"鉴"，借鉴。鉴，镜子。 [4] 吕望：即姜太公。 [5] 备：完备、美好。下同。 [6] 形：身。 [7] "凤凰秋秋"以下五句：凤凰飞舞，翅膀就像大盾，叫声就像箫鸣。凤鸣凰舞，尧帝心中高兴。引诗不见于今本《诗经》。秋秋，通"跄跄"，飞舞的样子。干，盾。帝，此指尧帝。

昔人臣之蔽者，唐鞅、奚齐是也。唐鞅蔽于欲权而逐载子[1]，奚齐蔽于欲国而罪申生[2]。唐鞅戮于宋，奚齐戮于晋。逐贤相而罪孝兄，身为刑戮，然而不知，此蔽塞之祸也。故以贪鄙、背叛、争权而不危辱灭亡者，自古及今，未尝有之也。

以唐鞅、奚齐为例，论述"人臣"的"蔽塞之祸"。

[注释]

[1] 唐鞅：战国时宋康王的臣子，后被宋康王所杀。奚齐：晋献公宠妃骊姬的儿子。载子：通“戴子”，指戴驩（huān），曾任宋国太宰，后被唐鞅驱逐而逃往齐国。 [2] 欲国：获取国家权力。申生：晋献公的太子。骊姬为了使奚齐继位，在晋献公面前说申生的坏话，晋献公听信了她的话，迫使申生自杀，改立奚齐。

鲍叔、宁戚、隰朋仁知且不蔽[1]，故能持管仲而名利福禄与管仲齐[2]；召公、吕望仁知且不蔽，故能持周公而名利福禄与周公齐。《传》曰：“知贤之谓明，辅贤之谓能[3]。勉之强之，其福必长。”此之谓也。此不蔽之福也。

以鲍叔、宁戚、隰朋、召公、吕望为例，论述“人臣”的“不蔽之福”。

[注释]

[1] 鲍叔、宁戚、隰朋：齐桓公的大臣。知：通“智”。 [2] 持：扶持。齐：相同、齐肩、并肩。 [3] 能：当从宋本作“彊”，“强”的异体字，与“明”押韵。

昔宾孟之蔽者[1]，乱家是也[2]。墨子蔽于用而不知文[3]，宋子蔽于欲而不知得[4]，慎子蔽于法而不知贤[5]，申子蔽于势而不知知[6]，惠子蔽于辞而不知实[7]，庄子蔽于天而不知人[8]。故由用谓之道[9]，尽利矣；由俗谓之道[10]，尽

俗：疑通“谷”，读为“穀”，训为善。

嗛：读为“歉”，减损。

嗛矣[11]；由法谓之道，尽数矣[12]；由势谓之道，尽便矣[13]；由辞谓之道，尽论矣[14]；由天谓之道，尽因矣[15]。此数具者[16]，皆道之一隅也[17]。夫道者，体常而尽变[18]，一隅不足以举之[19]。曲知之人[20]，观于道之一隅而未之能识也，故以为足而饰之[21]。内以自乱，外以惑人，上以蔽下，下以蔽上。此蔽塞之祸也。

论墨子、宋子、慎子、申子、惠子、庄子各家之蔽，认为他们都是“曲知之人，观于道之一隅而未之能识也，故以为足而饰之”。

[注释]

[1] 孟：通“氓”，民。宾氓：客民，战国时期往来于各诸侯国之间的游士。 [2] 乱家：从上文“乱家之人”看，当脱“者”字。 [3] 墨子蔽于用而不知文：墨子受功用的蒙蔽，不懂得礼仪制度的重要性。 [4] 宋子：宋钘。蔽于欲而不知得：有疑作“蔽于得而不知欲”。得，读为“德”，指人的道德理性。欲，贪欲。廖按：欲，疑通“谷”，读为“穀”，训为善。得，贪得。《论语·季氏》：“及其老也，血气既衰，戒之在得。”何晏集解引孔安国曰：“得，贪得。”邢昺疏：“老谓五十以上。得谓贪得。血气既衰，多好聚敛，故戒之。”《后汉书·陈蕃传》：“顾惟陛下哀臣朽老，戒之在得。”“得”为下文“嗛（歉）”之反。《天论篇》有：“宋子有见于少，无见于多。”《正名篇》“情欲寡”也是宋钘的观点。 [5] 慎子蔽于法而不知贤：慎子受法的蒙蔽，而不知道贤才的重要。 [6] 申子蔽于势而不知知：申不害注重人的权势，而不懂得智慧的重要。后一“知”字通“智”。 [7] 惠子蔽于辞而不知实：惠施讲求不切实用的逻辑命题，而不懂实用。 [8] 庄子蔽

于天而不知人：庄子认为人在自然面前是无能为力的，只能顺乎自然。 [9] 此针对墨子说。由：从。用：功利。 [10] 俗：一般以为通“欲”。 [11] 此针对宋钘说。嗛：一般以为通“慊（qiè）”，满足。 [12] 此针对慎子说。数：制度规定。 [13] 此针对申子说。便：通“办”，治理。 [14] 此针对惠子说。论：通“伦”，辩论的规则。 [15] 此针对庄子说。因：顺从。 [16] 数具：上述几套说法。具，这里指说法。 [17] 隅：一角，一个局部。 [18] 体：本体、本身。常：不变。尽：穷尽。 [19] 举：概括。 [20] 曲知：认识不全面，一知半解。 [21] 饰：表现、炫耀。

孔子仁知且不蔽，故学乱术足以为先王者也[1]。一家得周道[2]，举而用之[3]，不蔽于成积也[4]。故德与周公齐，名与三王并[5]，此不蔽之福也。

论孔子的“不蔽之福”。

[注释]

[1] 故学乱术足以为先王者也：故学足以为先王之乱术也。“足以为先王”乃“乱术”之后置定语。乱术，治理国家之术。乱，治。 [2] 一家：独家。周道：不蔽之道、周全之道。 [3] 举而用之：推崇而实施之。 [4] 成积：旧习成规。 [5] 三王：三代开国之王，即夏禹、商汤及周文王、武王。

圣人知心术之患，见蔽塞之祸，故无欲无恶，无始无终，无近无远，无博无浅，无古无今，兼陈万物而中县衡焉[1]。是故众异不得相蔽[2]，以乱其伦也[3]。

圣人为什么“众异不得相蔽”？答案是因为“兼陈万物而中县衡焉”。

[注释]

[1] 兼陈万物：把所有的情况都罗列出来。中：公正。县衡：设立衡量的标准。县，同“悬”，挂。衡，秤，指标准。 [2] 众异：即上文所谓“万物异”，万物各自不同的特点。 [3] 乱：扰乱。伦：条理、事理。

何谓衡？曰：道。故心不可以不知道。心不知道，则不可道而可非道[1]。人孰欲得恣而守其所不可，以禁其所可[2]？以其不可道之心取人，则必合于不道人，而不知合于道人[3]。以其不可道之心，与不道人论道人[4]，乱之本也。夫何以知[5]！曰：心知道，然后可道；可道，然后能守道以禁非道。以其可道之心取人，则合于道人而不合于不道之人矣。以其可道之心，与道人论非道，治之要也。何患不知[6]！故治之要在于知道。

“何谓衡？曰：道”，“故治之要在于知道”。

[注释]

[1] 可：明白，认同。 [2] 人孰欲得恣而守其所不可，以禁其所可：人在肆意妄为的情况下，谁还能去做自己不乐意的事，而不去做自己喜欢的事。孰，谁。欲，将。得，能。守，坚持、遵

守。[3]而不知合于道人：据文意，“知”是衍文。道人，守道之人、有极高道德的人。[4]论：衡量、评定。[5]夫何以知：这怎能说是有智。这是对“以其不可道之心，与不道人论道人”的评论。知，通“智”。[6]何患不知：还担心什么不智。这是对“以其可道之心，与道人论非道”的评论。因此，“知”也当读为“智”。

人何以知道？曰：心。心何以知？曰：虚壹而静。心未尝不臧也[1]，然而有所谓虚[2]。心未尝不满也[3]，然而有所谓一[4]。心未尝不动也，然而有所谓静[5]。人生而有知[6]，知而有志[7]。志也者，臧也。然而有所谓虚，不以所已臧害所将受谓之虚。心生而有知，知而有异。异也者，同时兼知之。同时兼知之，两也。然而有所谓一，不以夫一害此一谓之壹。心，卧则梦，偷则自行[8]，使之则谋。故心未尝不动也，然而有所谓静，不以梦剧乱知谓之静[9]。未得道而求道者，谓之虚壹而静。作之则[10]：将须道者[11]，虚则入[12]；将事道者，壹则尽[13]；将思道者[14]，静则察[15]。知道察，知道行[16]，体道者也。虚壹而静，谓之大清明[17]。万物莫形而不见[18]，莫见而不论[19]，莫论而失位[20]。坐于室而见四海，

《荀子》原文当作“㒳（两）”，因形近而讹作“㒼”，又转写为“满”。两：分散、不确定。《吕氏春秋·执一》：“天子必执一，所以抟之也。一则治，两则乱。”这里是三心二意的意思。

体道：最善于道，对道把握得最好。《左传·襄公九年》“元，体之长也”，《文言传》作“元者，善之长也”，可见“体”可训“善”。

处于今而论久远，疏观万物而知其情[21]，参稽治乱而通其度[22]，经纬天地而材官万物[23]，制割大理而宇宙里矣[24]。恢恢广广[25]，孰知其极[26]！睪睪广广[27]，孰知其德[28]！涫涫纷纷[29]，孰知其形[30]！明参日月[31]，大满八极[32]，夫是之谓大人[33]。夫恶有蔽矣哉！

此节论“知道”的方法是“虚壹而静”，做到了“虚壹而静”，就能达到“大清明”，成为“恶有蔽”的“大人”。

［注释］

[1] 臧：通“藏”，这里指知识的记忆贮藏。下同。 [2] 虚：虚空，指对自己未有的知识持开放的态度，虚位以待。 [3] 满：当为“两”字之讹，故下文说“同时兼知之，两也。然而有所谓一，不以夫一害此一谓之壹”，是“两”与“壹”对，而非与“满”相对，杨倞注已看出来了。 [4] 一：专一。 [5] 静：定，此指有定性。 [6] 人生而有知：当作“心生而有知”，“人”当为“心”之讹。 [7] 志：记忆。 [8] 偷：通“愉”，安乐、愉悦。自行：放纵。 [9] 剧：绮思杂念。知：通“智”。 [10] 作之则：作为“虚壹而静”的标准。 [11] 须：需要。 [12] 入：收纳。别本作“人”，形近而讹。 [13] 尽：全，全心全意。 [14] 思道：研求妙理。 [15] 察：透彻。按：“作之则”以下几句，文字、标点、释读各家出入颇大，今暂作如此处理。 [16] 知道察，知道行：知察道，知行道。 [17] 大清明：指认识上全面透彻而无偏蔽的境界。 [18] 万物莫形而不见：即万物莫不见之形，万物的形状没有不能看见的。 [19] 莫见而不论：没有看见后不能论定性质的。论，论定性质。 [20] 莫论而失位：没有论定性质后不能排列等次的。失，错失。位，位次。 [21] 疏观：通观、洞察。疏，

通。[22]参稽：参酌稽考、对照查考。通其度：把握治乱的规律。[23]经纬：织物的纵线和横线。比喻条理、秩序。此指规划治理。材官：区别各物的特性而加以利用，使物尽其能。杨倞注："材谓当其分，官谓不失其任。"[24]制割：掌控。大理：大道。里，通"理"，治理，整理。杨倞注："里当为理。"[25]恢恢：宽广的样子。广广：通"旷旷"，辽阔的样子。[26]极：极限。[27]睪：通"皋"，高远。《大戴礼记·四代》："子曰：'群然戚然，颐然睪然。'"《孔子家语·困誓》："自望其广，则睪如也。"王肃注："睪，高貌。"[28]德：始生、开始。《庄子·天地》："物得以生谓之德。"《淮南子·天文》："日冬至，则斗北中绳，阴气极，阳气萌，故曰冬至为德。"高诱注："德，始生也。"[29]涫（guàn）涫：同"滚滚"，水沸腾的样子，形容变化万千。纷纷：纷繁的样子。[30]形：形状，指确切的样子。[31]明：光辉。参：配，相并列。[32]大：伟大。八极：八方。[33]大人：达到"大清明"境界的人。

心者，形之君也[1]，而神明之主也[2]，出令而无所受令[3]。自禁也[4]，自使也[5]；自夺也[6]，自取也[7]；自行也，自止也[8]。故口可劫而使墨云[9]，形可劫而使诎申[10]，心不可劫而使易意[11]，是之则受，非之则辞[12]。故曰：心容其择也[13]，无禁必自见[14]；其物也杂博[15]，其情之至也不贰[16]。《诗》云："采采卷耳[17]，不盈顷筐。嗟我怀人，寘彼周行。"顷筐易满也，卷身：疑通“穷”。穷尽：竭尽、极尽。班固《白虎通·三军》：“十二足以穷尽阴阳，备物成功。”《三国志·吴书·刘惇传》：“〔惇〕皆能推演其事，穷尽要妙。”

此节论“心者，形之君也，而神明之主也”，“知者”治心在“择一而壹”。

耳易得也，然而不可以贰周行[18]。故曰：心枝则无知[19]，倾则不精[20]，贰则疑惑[21]。以赞稽之[22]，万物可兼知也。身尽其故则美[23]！类不可两也[24]，故知者择一而壹焉[25]。

［注释］

[1] 形：此指耳、口、鼻、舌、身。君：君主。 [2] 神明：人的精神、心思。主：主宰。 [3] 出令而无所受令：只有发出指令而没有接受耳、口、鼻、舌、身指令的。 [4] 自禁：自己决定不做什么。 [5] 自使：自己决定做什么。 [6] 自夺：自己决定放弃什么。夺，通“脱”，放弃、失去。 [7] 自取：自己决定取得什么。 [8] 自行也，自止也：自己决定自己的行止。行，行步，犹言动。止，息，犹言定。 [9] 劫：威逼、胁迫。墨云：或默或云。墨，通“默”。云，说话。 [10] 诎申：通“屈伸”。 [11] 易意：改变意志。 [12] 辞：拒绝。 [13] 容：法则、规律。《广雅·释诂一》：“容，法也。”《韩非子·喻老》：“夫物有常容，因乘以导之，因随物之容。” [14] 禁：禁止、限制。见：主见。 [15] 物：心所接触的外物。 [16] 情：通“精”，专一。至：极至。贰：三心二意。 [17] “采采卷耳”以下四句：采卷耳啊采呀采，总是装不满斜口筐。可叹我怀念远行的人，总是把工夫耽误在大路上。引诗见《诗·周南·卷耳》。卷耳，俗称“苍耳子”，可食用。顷筐，形如畚箕的斜口筐。不盈顷筐，指女子其心不在焉，总是装不满筐。寘，同“置”，废置，耽误。周行，大路。 [18] 不可以贰周行：不可以贰以周行，即不可以因顾念大路上的行人而三心二意，耽误专心采摘卷耳。贰，不专一，有异心。 [19] 心枝：心

绪分散。知：通“智”。无知：没有智慧，不聪明。 [20]倾：偏斜。精：精密完善。 [21]贰：三心二意。 [22]赞稽：参稽，对照查考。从下文看，此句“以”前当脱“壹于道”三字。 [23]故：规律。 [24]类不可两：事物的原理不能有对立的两种，也就是上文“天下无二道”之意。类，法，指事物的原理。 [25]知：通“智”。壹：专心、专一。

农精于田而不可以为田师[1]，贾精于市而不可以为市师[2]，工精于器而不可以为器师[3]。有人也，不能此三技而可使治三官[4]。曰：精于道者也，精于物者也。精于物者以物物[5]，精于道者兼物物[6]。故君子壹于道而以赞稽物。壹于道则正，以赞稽物则察。以正志行察论[7]，则万物官矣[8]。

“君子”要“精于道”“兼物物”，“壹于道而以赞稽物”。

［注释］

[1]田师：掌管农事的官员。 [2]市师：“司市”的别称，掌市场管理。市，别本作“贾”。 [3]器师：掌管百工的官吏。 [4]官：职事。 [5]以物物：以物的具体道理来制役具体事物。 [6]兼物物：以万物之理尽制万物。 [7]正志：正确的思想。行：做出。论：衡量。《商君书·禁使》：“赏随功，罚随罪，故论功察罪，不可不审也。”《吕氏春秋·论人》：“此贤主之所以论人也。”高诱注：“论，犹论量也。”《礼记·王制》：“凡官民材，必先论之。”郑玄注：“论，谓考其德行道艺。” [8]官：通“管”，

理、治。

昔者舜之治天下也，不以事诏而万物成[1]。处一危之[2]，其荣满侧[3]；养一之微[4]，荣矣而未知。故《道经》曰[5]："人心之危，道心之微[6]。"危微之幾[7]，惟明君子而后能知之[8]。故人心譬如槃水[9]，正错而勿动[10]，则湛浊在下而清明在上[11]，则足以见须眉而察理矣[12]。微风过之，湛浊动乎下，清明乱于上，则不可以得大形之正也。心亦如是矣。故导之以理，养之以清，物莫之倾，则足以定是非，决嫌疑矣。小物引之，则其正外易[13]，其心内倾，则不足以决庶理矣[14]。

［注释］

[1] 不以事诏：廖按：从《荀子·大略篇》"主道知人，臣道知事。故舜之治天下，不以事诏而万物成。农精于田而不可以为田师，工贾亦然"说可知，"事诏"即"知事"，也就是管事。《管子·戒篇》："于国有所不知政，于家有所不知事，必则朋乎。"尹知章注："若皆知之，则事钟于己，将不胜任而败。朋能有所不知，故可以移政。"如此，"诏"可读为"招"，训为羁绊、束缚。《孟子·尽心下》："今之与杨墨辩者，如追放豚，既入其苙，又从而招之。"赵岐注："譬如追放逸之豕豚，追而还之入兰则可，又复从而罥之。"朱熹集注："招，罥也，羁其足也。""不以事诏"即"不

"危"，当训为正直、端正。《广雅·释诂一》："危，正也。""危之"，即"正之"，端正自己，严格要求自己。

人心之危，道心之微：是说一般人的思想要自我端正，要严格要求；而掌握了道的"至人"的思想则"无为"，不需要道德的约束、纪律的束缚。

大：遍、全。《慧琳音义》卷二十五"大者"注引《仓颉篇》云："大，遍也。"《礼记·郊特牲》："大报天而主日也。"郑玄注："大犹遍也。"大形之正：全身的正确形象。

为事招”，也就是不为事所羁绊，不陷于具体事务中。 [2] 处一：立足于正确的选择。 [3] 满侧：塞满。侧，读为“塞”。 [4] 养一之微：就是坚持正确的选择而达到“无为”，也就是“何强，何忍，何危”的境界。养一，坚持正确的选择。“微”，这里应该训为无。《小尔雅·广诂》：“微，无也。”《论语·宪问》：“微管仲，吾其被发左衽矣。”何晏集解：“马曰：微，无也。无管仲则君不君、臣不臣，皆为夷狄。”《国语·周语中》：“微我，晋不战矣！”韦昭注：“微，无也。”《老子》第十四章：“视之不见名曰夷，听之不闻名曰希，搏之不得名曰微。”河上公注：“无形曰微。”此指无为，具体而言，就是下文“空石之中有人焉”段的“何强，何忍，何危”。 [5]《道经》：应是讲治道的典籍。 [6] 人心之危，道心之微：《伪古文尚书·大禹谟》作：“人心惟危，道心惟微。”人心，一般人的思想。道心，得道之人的思想。 [7] 幾（jī）：征兆、苗头，此指隐秘关系。 [8] 明君子：通晓事理的君子。 [9] 槃水：盘中的水。 [10] 错：通“措”，放置。正措：平正地放置。 [11] 湛浊：沉淀的渣滓。湛，通“沉”。清明：物之轻清者。此指清澈明朗之水。 [12] 须眉：胡须眉毛。理：肌肤的纹理。 [13] 正：公正。外易：向外移动。易，移。 [14] 庶理：粗浅的道理。

故好书者众矣，而仓颉独传者[1]，壹也；好稼者众矣，而后稷独传者[2]，壹也；好乐者众矣，而夔独传者[3]，壹也；好义者众矣，而舜独传者，壹也。倕作弓[4]，浮游作矢[5]，而羿精于射；奚仲作车[6]，乘杜作乘马[7]，而造父精于御。自古及今，未尝有两而能精者也。曾子曰：“是其庭以仓颉、后稷、夔、舜、倕、浮游、羿、奚仲、乘杜、造父等历史人物为例，说明成功在专一，"自古及今，未尝有两而能精者也"。

可以搏鼠，恶能与我歌矣[8]！"

［注释］

[1] 仓颉（jié）：黄帝时的史官，相传是汉字的创制者。　[2] 后稷：周族的始祖。　[3] 夔（kuí）：尧、舜时的乐官。　[4] 倕（chuí）：通"挥"，黄帝时人。《玉篇·人部》："倕，黄帝时巧人名也。"一说尧、舜时人。　[5] 浮游：黄帝时人。杨倞注："《世本》云'夷牟作矢'……或者浮游，夷牟之别名，或声相近而误耳。"　廖按：《周易·谦》："抙谦。"《音训》："抙，晁氏曰：'京作挥。'"《世本·作》："挥作弓，夷牟作矢。"宋衷注："挥、夷牟，黄帝臣。"　[6] 奚仲：大禹时人，善于造车。　[7] 乘杜：商朝祖先契的孙子，相传他发明了"乘马"。乘马：用马拉车。　[8] 是其庭可以搏鼠，恶能与我歌矣：唱歌时三心二意，看着庭上的老鼠，只想着如何去打，这样的人怎么能和我一起唱歌呢！是，通"视"。

思仁：事仁、为仁。思：通"事"。

微：即"无为"，指得道的"至人""何强，何忍，何危"，不需要约束，不需要纪律，不需要强制。

危：即"自危"，自我端正，对自己严格要求。微：即"无为"，也就是不需"自危"，不需严格要求自己。

空石之中有人焉，其名曰觙[1]。其为人也，善射以好思[2]。耳目之欲接则败其思[3]，蚊虻之声闻则挫其精[4]，是以辟耳目之欲[5]，而远蚊虻之声，闲居静思则通。思仁若是，可谓微乎？孟子恶败而出妻[6]，可谓能自强矣[7]；有子恶卧而焠掌[8]，可谓能自忍矣[9]，未及好也[10]。辟耳目之欲，可谓能自强矣，未及思也[11]。蚊虻之声闻则挫其精，可谓危矣，未可谓微也。夫微者，至人也。至人也，何强，何忍，何危？故浊明外景[12]，清明内景[13]。圣人纵其欲，兼其情[14]，而制焉者理矣[15]。夫何强，何忍，何危？故仁者之行道也，无为也；圣人之行道也，无强也。仁者之思也恭，圣人之思也乐。此治心之道也。

无为：指不“强”、不“忍”、不“危”，不刻意而为。

思：通“事”。恭：疑读为“拱”，指垂拱、拱己，无为而治，也就是不要费什么力气。

[注释]

[1] 空石：山洞、岩洞。觙（jí）：同“伋”，指子思。说参朱骏声《说文通训定声·临部》。杨倞注则认为：“觙，字及事并未详所出，或假设喻耳。” [2] 射：射覆游戏，此指猜测。 [3] 欲：爱好、喜爱。接：达到、实现。败：败坏、干扰。 [4] 虻：一种危害牲畜的虫类。以口尖利器刺入牛马等皮肤，使之流血，并产卵其中。挫：妨碍。精：精神。《庄子·在宥》：“必静必清，无劳女形，无摇女精，乃可以长生。” [5] 辟：通“避”。 [6] 孟子：即孟轲。恶败：厌恶干扰。出妻：休妻。 [7] 自强：自己努力图强。 [8] 有子恶卧而焠（cuì）掌：有子担心读书时打瞌睡，就刺破手掌以警醒之。有子，即有若，孔子的学生。焠，读为“碎”，刺碎。 [9] 自忍：自我克制。 [10] 好：内心的喜好。《论语·雍也》：“子曰：知之者不如好之者。” [11] “可谓能自强矣，未及思也”因错简而导致衍文。“未及思也”当在上文“孟子恶败而出妻，可谓能自强矣”之后。廖按：思：疑为“恭”之讹。恭：疑读为“拱”，指垂拱、拱己，无为而治，也就是不要费什么力气就能治理。 [12] 浊明外景：浊者外形明亮。景，通“影”，形象。下同。 [13] 清明内景：清者内形都光明。 [14] 兼：全，尽。 [15] 制：节制。理：治、顺。

吾虑：思虑。吾：通“虞”，想。《尔雅·释言》：“虞，度也。”《诗·大雅·抑》：“谨尔侯度，用戒不虞。”毛传：“不虞，非度也。”

按：疑此句当作“听哅哅而以为漠漠”。

“观物”心要“定”，不能“以疑决疑”，这还是强调“虚壹而静”之“静”。

凡观物有疑，中心不定[1]，则外物不清；吾虑不清，则未可定然否也[2]。冥冥而行者[3]，见寝石以为伏虎也[4]，见植林以为后人也[5]：冥冥蔽其明也。醉者越百步之沟，以为跬步之浍也[6]；俯而出城门，以为小之闺也[7]：酒乱其神也。厌目而视者[8]，视一以为两；掩耳而听者，听漠漠而以为哅哅[9]：势乱其官也。故从山上望牛者若羊，而求羊者不下牵也：远蔽其大也。从山下望木者，十仞之木若箸[10]，而求箸者不上折也：高蔽其长也。水动而景摇[11]，人不以定美恶：水势玄也[12]。瞽者仰视而不见星，人不以定有无：用精惑也[13]。有人焉，以此时定物，则世之愚者也。彼愚者之定物，以疑决疑，决必不当。夫苟不当，安能无过乎？

［注释］

[1] 中心：衷心、内心。 [2] 然否：是否。 [3] 冥冥：黑夜、晚上。 [4] 寝石：地上横卧的石头。 [5] 植林：直立的树木。后人：候人，即斥候，军中侦伺敌情者。后，通“候”。《管子·侈靡》：“候人不可重也。”郭沫若等集校：“重，亦‘动’字，古金文以童、重为‘动’。‘候人不可动’者，言斥候之人不可擅离其岗位。”此指敌人的探子。 [6] 浍（kuài）：小沟。 [7] 闺：上圆下方的小

门。 [8] 厌：通“擪（yè）”，用手按。 [9] 漠漠：通“寞寞”，无声。啕（xiōng）啕：喧闹声。 [10] 仞：古代长度单位。箸（zhù）：筷子。 [11] 景（yǐng）：同“影”。 [12] 玄：通“眩”，眼花，迷乱。 [13] 用：以、因为。精：通“睛”，眼珠。惑：昏、不明。

夏首之南有人焉[1]，曰涓蜀梁。其为人也，愚而善畏。明月而宵行[2]，俯见其影，以为伏鬼也；卬视其发[3]，以为立魅也。背而走，比至其家[4]，失气而死[5]。岂不哀哉！凡人之有鬼也，必以其感忽之间、疑玄之时正之[6]。此人之所以无有而有无之时也[7]，而己以正事[8]。故伤于湿而击鼓鼓痹，则必有敝鼓丧豚之费矣[9]，而未有俞疾之福也[10]。故虽不在夏首之南，则无以异矣[11]。

以涓蜀梁为例，说明心不能“静”之害。

击鼓鼓痹：疑当读作“击鼓祛痹”。“鼓”“祛”音近。祛：祭神以求去祸除灾。《集韵·鱼韵》：“祛，禳却也。”《字汇·示部》：“祛，禳也。”

［注释］

[1] 夏首：夏水口，夏水分长江的口子，在今湖北沙市东南。 [2] 宵行：夜间出行。 [3] 卬：同“仰”，抬头。 [4] 比至：及至、到。 [5] 失气：断气、停止呼吸。 [6] 感忽：恍惚，不可捉摸。玄：通“眩”，迷惑，迷乱。正：通“定”，认定，确定。 [7] 无有：以有为无。有无：以无为有。 [8] 正事：定事、认定事实。 [9] 敝鼓丧豚之费：鼓破猪失的花费。 [10] 俞：通“愈”，治愈。 [11] 无以异：与涓蜀梁没有什么不同。

凡以知[1]，人之性也；可以知[2]，物之理也。以可以知人之性，求可以知物之理而无所疑止之[3]，则没世穷年不能遍也[4]。其所以贯理焉虽亿万[5]，已不足以浃万物之变[6]，与愚者若一。学，老身长子而与愚者若一[7]，犹不知错[8]，夫是之谓妄人[9]。故学也者，固学止之也。恶乎止之？曰：止诸至足。曷谓至足？曰：圣也[10]。圣也者，尽伦者也[11]；王也者，尽制者也[12]。两尽者，足以为天下极矣[13]。故学者，以圣王为师，案以圣王之制为法[14]。法其法，以求其统类[15]，以务象效其人[16]。向是而务[17]，士也；类是而几[18]，君子也；知之[19]，圣人也。

案："圣"字繁体作"聖"，出土文献常写作"耶"，后人将其与下文"王"字合为一字，"耶王"就变成了"聖"，脱掉了"王"字。

"学"要"止诸"圣王，"以圣王为师，案以圣王之制为法"；不能无所不学。这也是其"壹于道"而"静"，"择于一"然后"无为"的一贯思想。

[注释]

[1] 凡以知：当作"凡所以知"，脱"所"字。 [2] 知：被知。廖按：可，相当于"所"。《礼记·中庸》："子曰：'鬼神之为德，其盛矣乎！视之而弗见，听之而弗闻，体物而不可遗。'"郑玄注："可，犹所也。"《大戴礼记·武王践阼》："席前左端之铭曰：'安乐必敬'；前右端之铭曰：'无行可悔'。"《说苑·敬慎》作"无行所悔"。 [3] 疑：通"凝"，定。凝止：停止。《荀子·王制》有"无所凝止"。 [4] 没世穷年：犹终生，一辈子。 [5] 贯：习。 [6] 已：终。浃（jiá）：通"挟"，通晓、掌握。 [7] 老身长子：身体衰老，儿女长大。 [8] 错：通"措"，搁置，放弃。 [9] 妄人：无知妄

为之人。 [10]圣：据前后文意，“圣”下当补“王”字。 [11]伦：人伦事理。 [12]制：礼制、法度。 [13]极：极致，此指最高准则。 [14]案：乃，就。 [15]统类：纲纪和条例。 [16]象效：仿效。 [17]向：向往。务：努力。 [18]类：效法。几：接近。 [19]知之：廖按：知，犹得、得到。《吕氏春秋·审应》：“‘夫聚粟也将以为民也，其自藏之与在于上奚择？’薄疑曰：‘不然，其在于民，而君弗知，其不如在上也。其在于上，而民弗知，其不如在民也。’”高诱注：“知，犹得也。”

故有知[1]，非以虑是[2]，则谓之惧[3]；有勇，非以持是，则谓之贼[4]；察孰[5]，非以分是[6]，则谓之篡[7]；多能，非以修荡是[8]，则谓之知[9]；辩利，非以言是，则谓之詍[10]。《传》曰：“天下有二：非察是，是察非。”谓合王制与不合王制也。天下有不以是为隆正也[11]，然而犹有能分是非、治曲直者邪？若夫非分是非，非治曲直，非辨治乱，非治人道，虽能之，无益于人；不能，无损于人。案直将治怪说[12]，玩奇辞，以相挠滑也[13]。案强钳而利口[14]，厚颜而忍诟，无正而恣睢[15]，妄辨而几利[16]；不好辞让，不敬礼节，而好相推挤：此乱世奸人之说也，则天下之治说者方多然矣[17]。《传》曰：“析辞而为察[18]，言

言：诉讼。《集韵·愿韵》：“言，讼也。”《后汉书·循吏·许荆传》：“兄弟争财，互相言讼。”柳宗元《段太尉逸事状》：“谌盛怒，召农者曰：‘我畏段某耶？何敢言我！’”

物而为辨[19]，君子贱之；博闻强志[20]，不合王制，君子贱之。”此之谓也。

知、勇、察、能、辩都要以“王制”为标准；“不合王制，君子贱之”。这是其“虚壹而静”说的深化。

[注释]

[1] 知：通“智”。 [2] 是：正确的，此指圣王之道。 [3] 惧：病。《方言》第十三：“惧，病也。”《汉书·张安世传》：“安世瘦惧，形于颜色。” [4] 贼：祸害。《荀子·大略》：“能除患则为福，不能除患则为贼。”《韩诗外传》卷七：“为善者天报之以福，为不善者天报之以贼。”《史记·龟策列传》：“谏者福也，谀者贼也。” [5] 孰：通“熟”，详。 [6] 分：辨，明。 [7] 篡：篡改、篡易，此指用错了地方。 [8] 修荡：涤荡使之清洁。修，读为“涤”。 [9] 知：通“智”，巧诈。 [10] 詍（yì）：多言、说废话。 [11] 隆正：最高准则。 [12] 案：句首语助词。直：只。 [13] 挠滑（gǔ）：扰乱、惑乱。 [14] 强钳：强制压迫他人。利口：逞口舌之利、能言善辩。 [15] 正：读为“定”。恣睢：放纵暴戾。 [16] 几：通“冀”，企求。 [17] 方：正。 [18] 析辞：玩弄词句。 [19] 言物：在名物上兴讼，挑起事端。 [20] 博闻强志：见闻广博，记忆力强。

为之无益于成也，求之无益于得也，忧戚之无益于几也[1]，则广焉能弃之矣[2]。不以自妨也，不少顷干之胸中[3]。不慕往，不闵来[4]，无邑怜之心[5]。当时则动，物至而应，事起而辨[6]。治乱可否，昭然明矣！

这是做到“虚壹而静”“解蔽”后的效果，也是理论上的“不蔽之福”。

[注释]

[1] 几：通"冀"，企求。 [2] 广：通"旷"，远。能：通"而"。《尚书·吕刑》："狱成而孚，输而孚。"孙星衍疏："上'而'犹能也，下'而'犹汝也。"《墨子·尚同中》："故古者圣王，唯而审以尚同。"毕沅校注："而读与'能'同。"《吕氏春秋·士容》："士不偏不党，柔而坚，虚而实。"高诱注："而，能也。" [3] 干：犯、干扰。 [4] 闵：担忧。 [5] 邑：通"悒（yì）"，不快、忧愁。怜：通"吝"，惋惜。 [6] 辨：治理。

周而成[1]，泄而败[2]，明君无之有也；宣而成[3]，隐而败[4]，暗君无之有也[5]。故君人者周则谗言至矣，直言反矣[6]，小人迩而君子远矣。《诗》云："墨以为明，狐狸而苍[7]。"此言上幽而下险也。君人者宣则直言至矣，而谗言反矣，君子迩而小人远矣。《诗》曰："明明在下，赫赫在上[8]。"此言上明而下化也[9]。

苍：疑读为"跄"，起舞的样子。《伪古文尚书·益稷》："笙镛以间，鸟兽跄跄。"孔传："鸟兽化德，相率而舞跄跄然。"陆德明释文："跄，舞貌。"《法言·问明》："凤鸟跄跄，匪尧之庭。"李轨注："跄跄者，步趾之威仪也。言其降步于尧之庭，非尧之庭则不降步也。"单用义同。《集韵·阳韵》："跄，舞貌。"南朝宋鲍照《舞鹤赋》："始连轩以凤跄，终宛转而龙跃。"

以进言为例，比较说明"蔽"与"不蔽"的不同后果。

[注释]

[1] 成：成全。《论语·颜渊》："子曰：'君子成人之美，不成人之恶。小人反是。'"下同。廖按：周：闭，固。《荀子·王制》："凡听：威严猛厉而不好假道人，则下畏恐而不亲，周闭而不竭。""周闭"连言，"周"义与"闭"同。《左传·哀公十二年》："盟，所以周信也。"杜预注："周，固。"此指闭塞言路。而：助词，作为宾语前置的标志，作用与"之""是"同。《左传·定

公十三年》："富而不骄者鲜，吾唯子之见。"《韩诗外传》卷十："使吾君固寿，金玉之贱，人民是宝。"下同。周而成：犹"周之成""周是成"，也就是"唯周之成""唯周是成"，指赞成闭塞言路。 [2]泄而败：犹"泄之败""泄是败"，也就是"唯泄之败""唯泄是败"。指反对开通言路。廖按：泄：通，达。《淮南子·本经》："精泄于目，则其视明；在于耳，则其听聪；留于口，则其言当；集于心，则其虑通。"高诱注："泄犹通也。"此指开通言路。败，败坏，此指反对。下同。 [3]宣而成：犹"宣之成""宣是成"，也就是"唯宣之成""唯宣是成"，指赞成开通言路。宣，通，疏通。《广韵·仙韵》："宣，通也。"《左传·昭公元年》："宣汾、洮，障大泽。"杜预注："宣，犹通也。"《国语·周语上》："川壅而溃，伤人必多，民亦如之。是故为川者决之使导，为民者宣之使言。"此指疏通言路。 [4]隐而败：犹"堰之败""堰是败"，也就是"唯堰之败""唯堰是败"。指反对堵塞言路。廖按：隐，读为"堰"，塞、堵塞。《管子·轻重甲》："越人果至，隐曲蔷以水齐。"王念孙《读书杂志》："蔷，亦当为菑。曲菑，菑水之曲处也……隐，塞也，谓塞曲菑以灌齐都也。"《管子·轻重甲》："请以令隐三川，立员都，立大舟之都。"马非百《新诠》："谓下令筑堤壅三川之水而立为员都也。"《诗·小雅·鱼丽》"鱼丽于罶，鲿鲨"毛亨传："士不隐塞。"陆德明释文："隐，如字。本又作偃，亦如字。"孔颖达疏："'士不隐塞'者，为梁止可为防于两边，不得当中皆隐塞。"阮元校勘记："其'本又作偃'者，即今之堰字。"此指堵塞言路。 [5]暗君：昏君。 [6]反：通"返"，返回、退回。 [7]墨以为明，狐狸而苍：引诗不见于今本《诗经》，当属逸诗。杨倞注："墨，谓蔽塞也。"明：圣明。《周易·井》："王明，并受其福。"诸葛亮《前出师表》："恐托付不效，以伤先帝之明。" [8]明明在下，赫赫在上：下面明亮，是因为上面的辉煌。引诗见《诗·大雅·大明》。 [9] 化：感化。

[点评]

解蔽，顾名思义，解除思想所受的蒙蔽。荀子开门见山，指出“凡人之患，蔽于一曲，而闇于大理”。人们对事物认识的不足之处，往往在于其片面性。荀子列举了各种“蔽”。分别为“欲，恶，始，终，远，近，博，浅，古，今”。接着他借助古今历史人物的一些事例来分别阐述“人君之蔽”“人臣之蔽”和“宾孟之蔽”。认为圣人只有看清了思想片面的问题根源，才能做到公正地对待各种事物，即“兼陈万物而中县衡焉”。

那么什么是“衡”？荀子的答案是“道”。如何知“道”？荀子说要依靠心。心怎么才能知“道”呢？荀子答道“虚壹而静”。

何谓“虚”？就是“不以所已藏害所将受”，“不因已有的认识去妨碍将要接受的认识”。为什么呢？因为“所已藏”既非全为正确的认识，亦非穷尽了所有的正确的认识。而“所将受”也不能排除没有正确的认识。不“虚”，“所将受”就会少，“所将受”少，就很有可能将正确的认识排除在外，认识不到真理。所以，“虚”就是不满足已有的知识，就是要敞开大门学习，敞开大门接受真理，以保证真理不会失之交臂，以确保不会有遗珠之憾。

何谓“壹”？就是“不以夫一害此一”，表面上看来，这是讲“不因对那一种事物的认识而妨碍对这一种事物的认识”，但实际上，这是讲选择的问题，讲要“贞夫一”，定于道。在“兼知”中、在“两”中，选择而专一于正确的认识。“夫一”与“此一”并非泛指，而是有确定内涵的。“夫一”当指非正确的认识，“此一”当指正确的认识。在“兼知”中，不因非正确的认识而妨碍对正确认识的接受。也就是说，在“兼知”中，要有鉴别，要有选择，要鉴别出真知，要善于选择真理。这才是荀子“壹”的真意。

何谓“静”？就是“不以梦剧乱知（智）谓之静”，“静”并非简单的“静止”，而是有其特殊的涵义，指的是不让“择一而壹”的成果——“智”不被“梦剧”所“乱”。也就是说，要坚持“择一而壹”的成果，保持“择一而壹”的成果到底。“虚壹而静”的“壹”，是一时的选择；“静”却是长时间的坚持。我们做出了正确的选择，就是“壹”；将这一正确的选择长时间坚持下去，不让其被“梦剧”所破坏，这就是“静”。人生在世，往往不乏正确的选择，而难的是坚持。正确的选择往往容易被各种绮思杂念所破坏。所以荀子“虚壹而静”的“壹”，是“择一而壹”“壹于道”，而“静”则是坚持“择一而壹”的成果，保持“择一而壹”的成果到底。所以，“静”，也就是坚持不变，尤其重要。这就是“静”的确诂，这才是《荀子》“静”的真正涵义。

正名篇第二十二

后王之成名[1]：刑名从商[2]，爵名从周[3]，文名从《礼》[4]，散名之加于万物者则从诸夏之成俗曲期[5]，远方异俗之乡则因之而为通[6]。

后王：周文王、周武王为开创之君，故称"先王"；成王等西周盛世之贤王，后于周文王、周武王，故称"后王"。

［注释］

[1]成名：定名、制名。 [2]刑名：刑罚的名称。从：依从。商：商朝。 [3]爵名：爵位的名称。 [4]文名：礼仪的名称。《礼》：《礼经》。 [5]散名：各种事物的名称。加：施加。成俗：固有的习惯、风俗。曲期：共同的约定。曲，周遍、多方面、详尽。《逸周书·官人》："曲省其行，以观其备。"朱右曾校释："曲，委曲；备，细也。"《荀子·非相》："曲得所谓，焉然而不折伤。"梁启雄释："荀卿书'曲'字多有周遍之义。"期：要约。 [6]之：指华夏共同的风俗和名称。通：通用。

荀子认为人性是以人的生物组织和肉体结构作为其物质基础的。他之所以在阐述“不事而自然”之性时，要先定义“生之所以然者”之性，目的就是要揭示人性的客观物质性，揭示人性与人的生理条件的联系。

人性是天官和天君的综合作用而产生的。

节：法度、法则、制度。《礼记·乐记》：“好恶无节于内，知诱于外，不能反躬，天理灭矣。”郑玄注：“节，法度也。”《荀子·儒效》：“变势次序节然。”《荀子·天论》：“楚王后车千乘，非知也；君子啜菽饮水，非愚也；是节然也。”引申为必定。

散名之在人者：生之所以然者谓之性[1]。性之和所生精合感应[2]，不事而自然谓之性[3]。性之好、恶、喜、怒、哀、乐谓之情[4]。情然而心为之择谓之虑[5]。心虑而能为之动谓之伪[6]。虑积焉、能习焉而后成谓之伪[7]。正利而为谓之事[8]。正义而为谓之行[9]。所以知之在人者谓之知[10]。知有所合谓之智[11]。智所以能之在人者谓之能[12]。能有所合谓之能[13]。性伤谓之病[14]。节遇谓之命[15]。是散名之在人者也，是后王之成名也[16]。

[注释]

[1] 生之所以然者谓之性：生来所以这样的谓之性。此性，犹“身”或“体”，指的是人的形体器官，包括目、耳、口、鼻、身等。这是“生理学上的性”。 [2] 性之和所生精合感应：即“生之所以然者之和所生之精合感应”，也就是说人身各器官综合产生的官能与外物遇合而引起的反应。精，犹如官能。合，与外物遇合。感应，受影响而引起反应。 [3] 不事而自然：不经人为就能自然产生。性：此指人的天赋本能。这是“心理学上的性”。 [4] 情：天生的欲望。孔颖达：“情者，性之欲也。” [5] 情然：认为哪一种天生的欲望合适。然，宜，合适。《淮南子·原道》：“所谓无不治者，因物之相然也。”高诱注：“然，犹宜也。”择：选择。虑：思虑。 [6] 能：官能。伪：人为。此指个别的人为，倾向于正面

义。 [7] 伪：人为。此指集合的人为，也就是常规，倾向于正面义。 [8] 正：当、符合。下同。利：功利。 [9] 正义：符合正义。行：德行。 [10] 所以知之在人者谓之知：人先天具有的认识能力叫作知觉。 [11] 知有所合谓之智：先天的知觉在后天的遇合叫作智慧。 [12] “智”字为衍文。所以能之在人者谓之能：人先天具有的能力叫作本能。 [13] 能有所合谓之能：先天的本能在后天的实践中产生的东西叫作才能。 [14] 性伤谓之病：身体受到伤害叫作病。性，与“生之所以然者谓之性”之“性”同，指人的身体。 [15] 节遇谓之命：人生必定遭遇的叫作命运。遇，遭受、遇到。命，命运。 [16] 成名：既定的名称。

故王者之制名，名定而实辨，道行而志通，则慎率民而一焉[1]。故析辞擅作名以乱正名[2]，使民疑惑，人多辨讼[3]，则谓之大奸，其罪犹为符节、度量之罪也[4]。故其民莫敢托为奇辞以乱正名[5]，故其民悫。悫则易使，易使则公[6]。其民莫敢托为奇辞以乱正名，故壹于道法而谨于循令矣[7]。如是，则其迹长矣[8]。迹长功成，治之极也，是谨于守名约之功也[9]。

慎：读为“顺”，顺利。

[**注释**]

[1] 一：统一。 [2] 析辞：玩弄词句。 [3] 辨：通“辩”。讼：争辩。 [4] 为：通“伪”，伪造。 [5] 托：借。 [6] 悫则易使，易使则公：老百姓诚实，诚实就方便使唤，方便使唤治理就能见

效。使，使役。公，通“功”。　[7] 壹：专一。道法：遵守法制。《管子·任法》：“圣君亦明其法而固守之；群臣修通辐辏，以事其主；百姓辑睦，听令道法，以从其事。”又：“法不一，则有国者不祥。民不道法，则不祥。”尹知章注：“道，从也。”　[8] 迹：通“绩”。　[9] 名约：名称的界说。

今圣王没，名守慢[1]，奇辞起，名实乱，是非之形不明[2]。则虽守法之吏，诵数之儒[3]，亦皆乱也。若有王者起，必将有循于旧名，有作于新名。然则所为有名[4]，与所缘以同异，与制名之枢要，不可不察也。

[注释]

[1] 名守：对名分的遵守。　[2] 形：通“型”，型范，引申为标准。　[3] 诵：习。数：指礼制。　[4]“然则所为有名”以下四句：这样的话，之所以要制定名称的原因、区分同异的标准和制定名称的关键，不能不弄清楚。所以，表示行为动作发生的原因。《公羊传·隐公三年》：“先君之所为不与臣国而纳国乎君者，以君可以为社稷宗庙主也。”王引之《经传释词》卷二：“〔所为〕言‘所以’也。”董仲舒《春秋繁露·服制象》：“天地之生万物也以养人，故其可食者以养身体，其可威者以为容服，礼之所为兴也。”缘，依照，根据。以，通“有”。《战国策·楚策四》：“今楚国虽小，绝长续短，犹以数千里，岂特百里哉？”赵晔《吴越春秋·王僚使公子光传》：“苟前君无废，社稷以奉，君也。吾谁怨乎？”“社稷以奉”，《史记·吴太伯世家》作“社稷有奉”。枢要：关键、纲领。

异形离心交喻[1]，异物名实玄纽[2]，贵贱不明，同异不别。如是则志必有不喻之患，而事必有困废之祸[3]。故知者为之分别[4]，制名以指实，上以明贵贱，下以辨同异。贵贱明，同异别，如是则志无不喻之患，事无困废之祸，此所为有名也。

之所以要“有名”，就是为了“贵贱明，同异别”，以达到“志无不喻之患，事无困废之祸”的目的。

[注释]

[1] 异形：不同的身体。此指不同的人。离心：异心，理念不同。交喻：相互晓谕、互相交流。 [2] 异物名实玄纽：不同的事物名实不同，混乱地交织在一起。玄，通“眩”，迷乱。纽，系结，联系在一起。 [3] 困废：困顿而废滞。《管子·明法解》：“士上通而莫之能妬，不肖者困废而莫之能举。” [4] 知：通“智”。

然则何缘而以同异[1]？曰：缘天官[2]。凡同类、同情者，其天官之意物也同[3]，故比方之疑似而通[4]，是所以共其约名以相期也[5]。形体、色、理以目异[6]；声音清浊、调竽奇声以耳异[7]；甘、苦、咸、淡、辛、酸、奇味以口异[8]；香、臭、芬、郁、腥、臊、洒、酸，奇臭以鼻异[9]；疾、养、沧、热、滑、铍、轻、重，以形体异[10]；说、故、喜、怒、哀、乐、爱、恶、欲以心异[11]。

欲以心异：疑“欲”前脱“奇”字，当作“奇欲以心异”，与上文“奇声以耳异”“奇味以口异”“奇臭以鼻异”同。“说、故、喜、怒、哀、乐、爱恶”都属于“欲”。

“心有征知”与“凡以知，人之性也”说同，都是肯定人天生就具有认知的本能。

心有征知[12]。征知则缘耳而知声可也，缘目而知形可也。然而征知必将待天官之当簿其类然后可也[13]。五官簿之而不知，心征之而无说，则人莫不然谓之不知。此所缘而以同异也。

［**注释**］

[1] 以：通“有”。　[2] 天官：指耳、目、鼻、口、身等天生的感官。　[3] 意物：感官对事物的知觉。　[4] 比方：比拟。疑似：大致相似。　[5] 约名：共同制定的名称。期：交流。　[6] 理：纹理。　[7] 调竽：通“窕槬”，指声音细小与宏大。梁启雄简释：“刘师培曰：‘调竽，即“窕槬”之异文。《左・昭二十一年》：“小者不窕，大者不槬。”……’音细不满是窕，音巨不容是槬。”奇声：各种不同的声音。　[8] 奇味：各种不同的味道。　[9] 臭（xiù）：气味。芬、郁：芳香和腐臭。杨倞注：“芬，花草之香气也；郁，腐臭也。”洒、酸：当作“漏庮”。漏：通“蝼”，像蝼蛄一样的肉臭味。《礼记・内则》：“马黑脊而般臂，漏。”郑玄注：“漏当为蝼，如蝼蛄臭也。”庮（yǒu）：朽木散发的臭气。《周礼・天官・内饔》：“牛夜鸣则庮。”郑玄注引郑司农云：“庮，朽木臭也。”奇臭：各种不同的气味。　[10] 疾、养：痛痒。养，通“痒”。沧（cāng）：寒冷，凉。铍：“铍”字之误，“铍”通“涩”，干涩。　[11] 故：于鬯以为通“苦”。欲：欲望。　[12] 征知：对感觉进行分辨，判断。征，验，验证。　[13] 当：值，遇。簿：通“迫”，迫近，接近。类：事物。《荀子・劝学》：“物类之起，必有所始。”类即物。

然后随而命之：同则同之，异则异之，单足

以喻则单，单不足以喻则兼[1]，单与兼无所相避则共[2]，虽共，不为害矣。知异实者之异名也，故使异实者莫不异名也，不可乱也，犹使异实者莫不同名也[3]。故万物虽众，有时而欲遍举之，故谓之物。物也者，大共名也[4]。推而共之，共则有共，至于无共然后止。有时而欲遍举之，故谓之鸟兽。鸟兽也者，大别名也[5]。推而别之，别则有别，至于无别然后止。名无固宜，约之以命，约定俗成谓之宜[6]，异于约则谓之不宜。名无固实，约之以命实，约定俗成谓之实名。名有固善，径易而不拂[7]，谓之善名。物有同状而异所者[8]，有异状而同所者，可别也。状同而为异所者，虽可合，谓之二实[9]。状变而实无别而为异者，谓之化[10]。有化而无别[11]，谓之一实。此事之所以稽实定数也[12]，此制名之枢要也。后王之成名，不可不察也。

“名无固宜，约之以命，约定俗成谓之宜”，“名有固善，径易而不拂，谓之善名”，这是“制名”要注意的两面。但前者是本质性的，后者是非本质性的。

[注释]

[1] 单：单名，指单音词的名称。兼：复名，指复音词的名称。 [2] 共：指共名，更高一级的类名。 [3] 犹使异实者莫不同名也：“异实”当作“同实”。 [4] 大共名：反映普遍性最高的

类的概念。 [5] 大别名：反映普遍性较低的类的概念。 [6] 约定俗成：事物的名称，初由人相约命定，习用既久，遂为社会公认。 [7] 径易而不拂：简单明了而且不矛盾。拂，逆，违背。《诗·大雅·皇矣》："四方以无拂。"毛传："拂，犹佹也，言无复佹戾文王者。"陆德明释文："佹，戾也。"《汉书·于定国传》："时陈万年为御史大夫，与定国并位八年，论议无所拂。"颜师古注："言不相违戾也。" [8] 同状而异所：外形相同，但实质意思不同。所，意。《汉书·董贤传》："上有酒所，从容视贤笑，曰：'吾欲法尧禅舜，何如？'"王先谦补注："酒所，犹酒意。"《汉书·周亚夫传》："此非不足君所乎？"杨树达《古书疑义举例续补》卷二："所者，意也；不足君所者，于君意有不足者也。" [9] 二实：二个实物。 [10] 状变而实无别而为异者，谓之化：当作"状变而实别而为异者，谓之化"，"无"为衍文。意思是：形状变了实质也有了分别而成为另一种东西的，叫作变化。 [11] 有化而无别：外形有变化，但实质无差别。 [12] 此事之所以稽实定数也：即"此所以稽实定数之事也"，"所以稽实定数"为定语后置，"之"为定语后置的标志。意思是：这是考察实质核定数目方法之事。

"见侮不辱"[1]，"圣人不爱己"[2]，"杀盗非杀人也"[3]，此惑于用名以乱名者也[4]。验之所以为有名而观其孰行[5]，则能禁之矣。"山渊平"[6]，"情欲寡"[7]，"刍豢不加甘，大钟不加乐"[8]，此惑于用实以乱名者也[9]。验之所缘无以同异而观其孰调[10]，则能禁之矣。"非而谒"[11]，

"楹有牛"[12]，"马非马也"[13]，此惑于用名以乱实者也[14]。验之名约[15]，以其所受悖其所辞[16]，则能禁之矣。凡邪说辟言之离正道而擅作者[17]，无不类于三惑者矣[18]。故明君知其分而不与辨也[19]。

[注释]

[1] 见侮不辱：宋钘的观点，参见《正论篇》。 [2] 圣人不爱己：《墨子·大取》有"非为爱己之人也"说。 [3] 杀盗非杀人也：《墨子·小取》有"杀盗人，非杀人也"说。 [4] 用名以乱名：利用名称的表面相同来搞乱名称的实质。 [5] 验之所以为有名：即以"所以为有名""验之"，用之所以要这样制定名称的道理去检验。观其孰行：观察它们谁能行得通。 [6] 山渊平：惠施的说法，见《庄子·天下》篇，意思是高山和深渊一样平。 [7] 情欲寡：宋钘的说法，见《庄子·天下》篇。 [8] 刍豢不加甘，大钟不加乐：墨家的说法。 [9] 用实以乱名：利用名称现实中的特殊情况来否定名称的实质差异。低势的高山与高势的深渊可能相平，但一般事实是山与渊不平。人的本性是追求情欲、食欲和美声。 [10] 验之所缘无以同异：即以"所缘有同异""验之"，"无"是衍文。调：吻合。 [11] 非而谒：责难便是劝告。杨柳桥《荀子诂译·正名》注："《尔雅》：'谒，告也。'非而谒，盖谓非之即所以告之也，谓非与谒同。" [12] 楹有牛：柱子上有牛。杨柳桥《荀子诂译·正名》注："《说文》：'楹，柱也。'盖谓楹上有牛，乃绘画之牛也。如以'楹有牛'与'栏有牛'相混同，则惑也。" [13] 马非马也：疑脱"白"字，当作"白马非马也"。"白

马非马”为公孙龙的著名论点。 [14] 用名以乱实：用名称的相同来搞乱事物的实质，也就是偷换概念。 [15] 名约：名称的界说。 [16] 以其所受悖其所辞：相当于“以子之矛击子之盾”。所受，所能接受的观点。受，接受。悖，违逆、违背。这里是反驳的意思。辞，推辞，这里是反对的意思。 [17] 辟：通“僻”，邪僻。离：背离。擅作：擅自制作。凡邪说辟言之离正道而擅作者：即“凡离正道而擅作之邪说僻言”。 [18] 三惑：指上文所谓“惑于用名以乱名者”“惑于用实以乱名者”“惑于用名以乱实者”。 [19] 分：分界、区别。辨：通“辩”，争辩。

势：通“设”。辨势：即“设辩”，运用辩说之辞。《文选·班固〈答宾戏〉》：“韩设辨以激君，吕行诈以贾国。《说难》既遒，其身乃囚；秦货既贵，厥宗亦坠。”李周翰注：“韩非设辩说以激发秦始皇之意也。”

夫民易一以道而不可与共故[1]，故明君临之以势，道之以道[2]，申之以命[3]，章之以论[4]，禁之以刑。故其民之化道也如神[5]，辨势恶用矣哉[6]！今圣王没，天下乱，奸言起，君子无势以临之，无刑以禁之，故辨说也。实不喻然后命[7]，命不喻然后期[8]，期不喻然后说[9]，说不喻然后辨[10]。故期、命、辨、说也者，用之大文也[11]，而王业之始也。名闻而实喻，名之用也。累而成文[12]，名之丽也[13]。用、丽俱得，谓之知名[14]。名也者，所以期累实也[15]。辞也者，兼异实之名以论一意也[16]。辨说也者，不异实名以喻动静之道也[17]。期命也者，辨说之用也。

辨说也者，心之象道也[18]。心也者，道之工宰也[19]。道也者，治之经理也[20]。心合于道，说合于心，辞合于说。正名而期[21]，质请而喻[22]。辨异而不过，推类而不悖。听则合文[23]，辨则尽故[24]。以正道而辨奸，犹引绳以持曲直[25]，是故邪说不能乱，百家无所窜[26]。有兼听之明而无奋矜之容[27]，有兼覆之厚而无伐德之色[28]。说行则天下正，说不行则白道而冥穷[29]。是圣人之辨说也。《诗》曰："颙颙卬卬[30]，如珪如璋，令闻令望。岂弟君子，四方为纲。"此之谓也。

［注释］

[1] 易一以道：易以道一，容易用道统辖。共：同。故：使诈。《荀子·王霸》："大国之主也，不隆本行，不敬旧法，而好诈故。"王先谦集解引王念孙曰："故亦诈也。"《淮南子·主术》："上多故则下多诈。"高诱注："故，诈。" [2] 道之以道：前一"道"字通"导"。 [3] 申：申诫、训诫、告诫。 [4] 章：同"彰"，彰明、晓谕。 [5] 化道：受道的教化，彻悟于道。 [6] 辨：通"辩"。恶用：哪里还用得着？ [7] 实不喻然后命：事物不让人明白，就给它命名。 [8] 期：约定。《诗·鄘风·桑中》："期我乎桑中，要我乎上宫。"《史记·留侯世家》："与老人期，后，何也？" [9] 说：解说。 [10] 辨：通"辩"，辩论。 [11] 大文：最重要的文饰。 [12] 累：积累。 [13] 丽：光采焕发。《楚

辞·招魂》："被文服纤，丽而不奇些。"王逸注："丽，美好也。"司空图《释怨》："而物尤则妖，美极则丽。"此指发挥。　[14] 知名：正确而全面了解事物的名称。杨倞注："浅与深俱不失其所。"　[15] 名也者，所以期累实也：名称，是用来约定各种同类事物的。　[16] 辞也者，兼异实之名以论一意也：言辞，是兼用不同事物的名称来阐述一个意思的。　[17] 辨说也者，不异实名以喻动静之道也：辩论与解说，是名实一致来说明变化之理的。动静：运动与静止、行动与止息，此指变化。　[18] 象道：对道的表现、反映。象，想象。《韩非子·解老》："人希见生象也，而得死象之骨，案其图以想其生也。故诸人之所以意想者，皆谓之象也。"　[19] 工宰：犹言主宰。工，官，管。《尚书·尧典》："允厘百工。"孔传："工，官。"《尚书·皋陶谟》："无旷庶官，天工人其代之。"蔡沈注："庶官所治，无非天事，苟一职之或旷，则天工废矣。"《后汉书·袁绍刘表传赞》："既云天工，亦资人亮。"李贤注："工者，官也。"　[20] 经理：常理。杨倞注："经，常也；理，条贯也。言道为理国之常法条贯也。"　[21] 正名：辨正名称，使名实相符。　[22] 质请：根据实际情况，从实际情况出发。王先谦集解引王念孙曰："质，本也。请，读为情；情，实也。言本其实而晓喻之也。"　[23] 听：审察。《周礼·秋官·小司寇》："以五声听狱讼，求民情：一曰辞听，二曰色听，三曰气听，四曰耳听，五曰目听。"文：礼法。　[24] 尽：全。故：道理、规律。《周易·系辞上》："仰以观于天文，俯以察于地理，是故知幽明之故。"《孟子·离娄下》："天之高也，星辰之远也，苟求其故，千岁之日至，可坐而致也。"　[25] 持：治。《吕氏春秋·察今》："故治国无法则乱，守法而弗变则悖，悖乱不可以持国。"　[26] 窜：措置、行使。《荀子·大略》："贫窭者有所窜其手。"王先谦集解："犹言有所措手也。"《吕氏春秋·审分》："夫人主亦有居车，无去车，则众善皆尽力竭能矣，谄谀诐贼巧佞之人无所窜其奸矣。”《文选·王褒〈洞箫赋〉》：“师襄严春不敢窜其巧兮，浸淫叔子远其类。”张铣注：“窜，措也。”百家无所窜：犹言诸子百家无用武之地，没有施展其主张的机会。 [27] 兼听：广泛听取意见。奋矜：骄傲自大。 [28] 兼覆：广覆，无所遗漏。厚：宽宏。伐德：自夸其德。 [29] 白道：明道。冥穷：暗暗地揭穿、识破邪说。与“天下正”相反。冥，暗。穷，揭穿、识破。沈括《梦溪笔谈·故事二》：“(刁约)归而思之，恐事穷且得罪，乃再诣相府。” [30]“颙(yóng)颙卬(áng)卬”以下五句：恭敬温和，志气高昂，就像珪璋一样，有好的声誉与名望。和颜悦色、平易近人的君子，四方人民都以他为典范。引诗见《诗·大雅·卷阿》。颙颙，恭敬温和的样子。卬卬，志气高昂的样子。岂弟(kǎi tì)，同“恺悌”，和乐平易。

辞让之节得矣，长少之理顺矣，忌讳不称，祆辞不出[1]，以仁心说，以学心听，以公心辨。不动乎众人之非誉[2]，不治观者之耳目[3]，不赂贵者之权势[4]，不利传辟者之辞[5]。故能处道而不贰[6]，吐而不夺[7]，利而不流[8]，贵公正而贱鄙争，是士君子之辨说也。《诗》曰：“长夜漫兮[9]，永思骞兮。大古之不慢兮，礼义之不愆兮，何恤人之言兮！”此之谓也。

此节论“士君子之辨说”，要求做到“以仁心说，以学心听，以公心辨。不动乎众人之非誉，不治观者之耳目，不赂贵者之权势，不利传辟者之辞”。

［注释］

[1] 祆辞：奇谈怪论。祆：同“妖”，反常怪异的事物。 [2] 非：

非难。 [3] 治：当为“冶”字形讹，“冶”通“蛊”，取媚，讨好。 [4] 赂：贿赂、收买。 [5] 不利传辟者之辞：当作“不利传者之僻辞”。利，喜爱。辟，通“僻”，邪僻。 [6] 处道：居道、守道。不贰：没有二心。 [7] 吐：吐露、抒发心思。夺：读为“脱”，脱漏。 [8] 利：口齿流利。流：放纵、泛滥。 [9]“长夜漫兮”以下五句：长夜漫漫啊，我经常反思自己的过错。上古的传统不敢怠慢，礼义的错误我不犯，何必担心别人的闲话！不见于今本《诗经》。永，长，经常。骞（qiān），通“愆”，过错。大，通“太”。太古，上古，此指上古的传统。

君子之言，涉然而精[1]，俛然而类[2]，差差然而齐[3]。彼正其名，当其辞，以务白其志义者也[4]。彼名辞也者，志义之使也，足以相通，则舍之矣[5]；苟之[6]，奸也[7]。故名足以指实[8]，辞足以见极[9]，则舍之矣。外是者谓之讱[10]，是君子之所弃，而愚者拾以为己宝。故愚者之言，芴然而粗[11]，啧然而不类[12]，諎諎然而沸[13]。彼诱其名[14]，眩其辞[15]，而无深于其志义者也[16]。故穷藉而无极[17]，甚劳而无功，贪而无名[18]。故知者之言也，虑之易知也，行之易安也[19]，持之易立也[20]，成则必得其所好而不遇其所恶焉。而愚者反是。《诗》曰：“为鬼为蜮[21]，则不可得，有靦面目，视人罔极。作此好歌，以极反侧。”此之谓也。

罔极：疑当读作“无恒”“无常”。极：通“恒”。好：通“小”。《说文·女部》朱骏声《通训定声》：“好，叚借为小。”

对比“君子之言”与“愚者之言”。

［注释］

[1] 涉：接近，不深入。精：精微、精深。 [2] 俛：戾，乖戾、违逆。类：类同。 [3] 差（cī）差：参差不齐。齐：主旨一致。 [4] 志义：思想。 [5] 舍：止。 [6] 苟：尚且，随便将就。 [7] 奸：奸邪、罪恶。 [8] 指实：核实。指，通“稽”。于省吾《双剑誃诸子新证·荀子三》：“指应读作稽……指实亦稽实也。”一说为指明事物的实际，见杨倞注。 [9] 见（xiàn）：同“现”，表现。极：根本，主要思想。 [10] 外：越出，超出。《荀子·礼论》：“步骤驰骋厉骛不外是矣，是君子之坛宇宫廷也。”王先谦集解：“言虽驰骋，不出于隆杀之间。”讱：语言艰难费解。 [11] 芴（hū）然而粗：轻浮而又粗鲁。 [12] 啧然：争吵的样子。 [13] 誻（tà）誻然：多话的样子。沸：沸腾，形容嘈杂。 [14] 诱：欺诳，诱骗。 [15] 眩：迷惑、迷乱，引申为欺骗。 [16] 深：关涉。 [17] 穷藉：反复蹂躏、践踏。无极：无止，没有尽头。 [18] 贪而无名：当作“甚贪而无名”，“贪”前脱一“甚”字。 [19] 安：妥当、稳当。 [20] 立：站得住。 [21]“为鬼为蜮”以下六句：你究竟是鬼是短狐，无法看清真面目。你有脸有眼，人看起来却变化无常没有定准。我作这首小歌，揭露你反复无常的面目。诗见《诗·小雅·何人斯》。蜮，短狐。靦（tiǎn），面貌。以极，“极”通“殛”，惩罚。反侧，反复无常。

凡语治而待去欲者[1]，无以道欲而困于有欲者也[2]。凡语治而待寡欲者[3]，无以节欲而困于多欲者也。有欲无欲[4]，异类也，生死也，非治乱也。欲之多寡，异类也，情之数也[5]，非治乱也。欲不待可得[6]，而求者从所可。欲不待可得，所受乎天也[7]；求者从所可，受乎心也。所受乎天之一欲[8]，制于所受乎心之多[9]，固难类所受乎天也[10]。人之所欲生，甚矣[11]；人之所恶死，甚矣。然而人有从生成死者[12]，非不欲生而欲死也，不可以生而可以死也。故欲过之而动不及，心止之也。心之所可中理，则欲虽多，奚伤于治！欲不及而动过之，心使之也。心之所可失理，则欲虽寡，奚止于乱[13]！故治乱在于心之所可，亡于情之所欲[14]。不求之其所在[15]，而求之其所亡[16]，虽曰我得之，失之矣。

“心之所可”，即人有知性；“情之所欲”，即人有恶性。

［注释］

[1] 语治：论治道。去欲：道家主张去除人的欲望。 [2] 道：通“导”。 [3] 寡欲：孟子、宋钘的观点。孟子主张“养心莫善于寡欲”。宋钘主张“情欲固寡”。 [4] “有欲无欲”以下三句：人活着才有欲望，死了就没有欲望，有欲无欲有生死不同的区别。异类，不同的类别，不同的性质。生死，生死的区别。 [5] 数：数量。 [6] “欲不待可得”以下二句：人的欲望并不是等待有可能得到时才产生，而追求欲望的人总是从他认为合适的情况下去

努力的。 [7] 所受乎天：所禀受于天，指人的欲望从自然中禀受而来。 [8] 一欲：单纯的欲望。 [9] 心之多：当补“计”字，作“心之多计”，心多方面的考虑。 [10] 固难类所受乎天也：当作“固难类也”，“所受乎天”四字为衍文。 [11] 甚：极。《国语·晋语一》：“吾闻申生甚好仁而强，甚宽惠而慈于民。”《史记·孙子吴起列传》：“吴起为西河守，甚有声名。” [12] 从（zòng）：通“纵”，舍弃。成死：成就死，成全死。此指选择死。 [13] 止：阻止。 [14] 亡于情之所欲：不在于欲望的多少。亡，同“无”，不在。情之所欲，即上文“欲之多寡”“情之数”。 [15] 其：指代上文“治乱”。 [16] 亡：同“无”。

性者，天之就也[1]；情者，性之质也[2]；欲者，情之应也[3]。以所欲为可得而求之，情之所必不免也；以为可而道之[4]，知所必出也[5]。故虽为守门，欲不可去，性之具也[6]。虽为天子，欲不可尽。欲虽不可尽，可以近尽也[7]；欲虽不可去，求可节也。所欲虽不可尽，求者犹近尽；欲虽不可去，所求不得，虑者欲节求也。道者[8]，进则近尽[9]，退则节求[10]，天下莫之若也[11]。

情属于性，是性的实质内容。

[注释]

[1] 就：造就。 [2] 质：实质，实际内容。 [3] 应：对外界事物的反应。 [4] 道：实行。 [5] 知：通“智”。出：发生、产生。 [6] 性之具也：此四字疑为衍文，系注释混入。 [7] 近尽：

接近满足。 [8] 道者：指对待欲求的方法。 [9] 进：犹可，指在条件允许的情况下。 [10] 退：犹不可，指在条件不允许的情况下。 [11] 莫之若：莫若之，没有比这更好的方法。

凡人莫不从其所可[1]，而去其所不可[2]。知道之莫之若也[3]，而不从道者，无之有也。假之有人而欲南无多[4]，而恶北无寡[5]，岂为夫南者之不可尽也[6]，离南行而北走也哉？今人所欲无多，所恶无寡[7]，岂为夫所欲之不可尽也，离得欲之道而取所恶也哉？故可道而从之[8]，奚以损之而乱[9]？不可道而离之[10]，奚以益之而治[11]！故知者论道而已矣[12]，小家珍说之所愿皆衰矣[13]。

“欲”“恶”不在多寡，关键在要“可道”，针对孟子“养心莫善于寡欲”、宋钘“情欲固寡”说而来。

[**注释**]

[1] 从：依从。 [2] 去：背弃。 [3] 知道之莫之若：明白没有比道更好的。 [4] 假之：假如。欲南：想到南方去。无多：无惧道路远。 [5] 恶北：不喜欢北方，不愿意去北方。无寡：不在乎路途近。 [6] “岂为夫南者之不可尽也”以下二句：难道会因为南边道路无止境，而离开向南的路，转而向北吗？行（háng），路。 [7] 所欲无多，所恶无寡：所想要的不怕多，不想要的不怕少。 [8] 可道：符合道。 [9] 损：当作“益”，增加。 [10] 离：背离、背弃。 [11] 益：当作“损”，减损。治：治理好。 [12] 知：通“智”。论道：以道来衡量、以道来决定。论，衡量、评定。 [13] 小家珍说：百家的异说怪谈。所愿：所追求的。衰：衰微。

凡人之取也，所欲未尝粹而来也[1]；其去也，所恶未尝粹而往也。故人无动而不可以不与权俱[2]。衡不正，则重县于仰而人以为轻；轻县于俛而人以为重[3]。此人所以惑于轻重也。权不正，则祸托于欲而人以为福[4]，福托于恶而人以为祸[5]；此亦人所以惑于祸福也。道者，古今之正权也；离道而内自择[6]，则不知祸福之所托[7]。

［注释］

[1] 粹：纯粹，引申指完全。 [2] 故人无动而不可以不与权俱：人没有举动不可用准则来衡量的。动，行为举动。权，这里指衡量行为的准则，即“道”。俱，同。与权俱，指用准则来衡量。人无动而不可以不与权俱，当作“人无动而不可以与权俱”，后一“不”字当为衍文。 [3] 衡：秤杆，这里指秤。县：同“悬”，挂。于：转折连词，却。仰：抬高。俛：同“俯”，屈身、低头，此指降低。 [4] 祸托于欲：指欲望中包含着祸端。托，寄托，包含。 [5] 福托于恶：人所厌恶的事物中包含着福。 [6] 内：内心。 [7] 祸福之所托：祸福寄托的地方。

易者以一易一，人曰无得亦无丧也[1]；以一易两，人曰无丧而有得也；以两易一，人曰无得而有丧也。计者取所多，谋者从所可[2]。以两易一，人莫之为，明其数也。从道而出，犹以一易两也，奚丧！离道而内自择，是犹以两易一也，奚得！其累百年之欲[3]，易一时之嫌[4]，然且为之，不明其数也。

[注释]

[1] 丧：损失。 [2] 计者取所多，谋者从所可：善于计算的人愿意以少换多，善于谋略的人遵从他认为正确的方式去获取。 [3] 累百年：数百年。《汉书·公孙弘传》："臣闻揉曲木者不累日，销金石者不累月，夫人之于利害好恶，岂比禽兽木石之类哉？"欲：求，追求。 [4] 嫌：通"慊（qiè）"，满足。

有尝试深观其隐而难其察者[1]，志轻理而不重物者[2]，无之有也；外重物而不内忧者，无之有也；行离理而不外危者，无之有也；外危而不内恐者，无之有也。心忧恐则口衔刍豢而不知其味[3]，耳听钟鼓而不知其声，目视黼黻而不知其状[4]，轻暖平簟而体不知其安[5]。故向万物之美而不能嗛也[6]，假而得问而嗛之[7]，则不能离也[8]。故向万物之美而盛忧[9]，兼万物之利而盛害。如此者，其求物也，养生也？粥寿也[10]？故欲养其欲而纵其情[11]，欲养其性而危其形，欲养其乐而攻其心[12]，欲养其名而乱其行。如此者，虽封侯称君，其与夫盗无以异；乘轩戴绕[13]，其与无足无以异[14]。夫是之谓以己为物役矣[15]。

批评“以己为物役”的异化现象。

［注释］

[1]其：介词，犹“于”。《礼记·祭义》：“夏后氏祭其闇，殷人祭其阳，周人祭日，以朝及闇。”《庄子·达生》：“不厌其天，不忽于人。”《史记·滑稽列传》：“齐赵陪位于前，韩魏翼卫其后。”《荀子·议兵》：“故汤之放桀也，非其逐之鸣条之时也。”这句话意思是：有曾深入观察一个隐晦难于明察的道理的。 [2]志轻理而不重物：从下文看，“重”前脱“外”字，当作“志轻理而不外重物”，即心里轻视道义而不重视外在的物质利益的。 [3]刍豢：牛羊犬豕之类的家畜，此指肉类美食。 [4]黼黻（fǔ fú）：礼服上所绣的华美花纹，此指华丽的衣服。 [5]平簟（diàn）：床席。平：通“枰”，独坐的板床。《初学记》卷二五引服虔《通俗文》：“床三尺五曰榻板，独坐曰枰，八尺曰床。”《释名·释床帐》：“枰，平也，以板作之，其体平正也。” [6]向：通“享”。嗛：通“慊（qiè）”，满足。 [7]假：假使。问：“间（jiàn）”之形讹。间：一会儿。 [8]离：指脱离忧虑。 [9]盛：通“成”。 [10]粥（yù）：通“鬻”，出卖。鬻寿：卖寿、损寿、减寿。 [11]养其欲：疑当作“养其望”。 [12]攻：攻击，侵害。 [13]轩（xuān）：大夫以上所乘的一种有篷的车。绕（miǎn）：同“冕”，大夫以上的贵族所戴礼帽。 [14]无足：指没有下部腿状支撑物的物体。《诗·召南·采蘋》“维锜及釜”毛传：“有足曰锜，无足曰釜。”刘师服、侯喜《石鼎联句》：“或讶短尾铫，又似无足铛。” [15]为物役：为外物所奴役。

心平愉，则色不及佣而可以养目[1]，声不及佣而可以养耳，蔬食菜羹而可以养口[2]，粗布之衣、粗紃之履而可以养体[3]，屋室、庐庾、葭稾蓐、尚机筵而可以养形[4]。故无万物之美而可以养乐[5]，无势列之位而可以养名[6]。如是而加天下焉[7]，其为天下多，其和乐少矣[8]，夫是之谓重己役物。

“重己役物”，强调人的主体性。

[**注释**]

[1] 佣：通“庸”，平常。养目：满足眼睛观察欣赏美好事物的需要。 [2] 蔬食：同“疏食”，粗食。 [3] 粗紃（xún）之履：粗麻绳编制的鞋子。 [4] 屋：当作“局”，局促，狭窄。庐：当作“芦”。庾：当作“帘”。芦帘：芦苇做的帘子。葭（jiā）稾（gǎo）蓐：草垫子。尚：“敞”字之误，破旧。机：通“几”，几案。筵：垫席。养形：保养形体。 [5] 养乐：获得快乐。 [6] 势：读为“设”，任官。养名：获得美名。 [7] 加天下：以天下加之，把天下交给他。 [8] 和：“私”字之讹。

无稽之言[1]，不见之行，不闻之谋，君子慎之。

[**注释**]

[1] 无稽之言：难以查考的言论。

［点评］

作为先秦诸子思想的集大成者，荀子也是先秦最有成就的逻辑学家之一，其代表作就是本篇。荀子逻辑的特点是用儒家思想综合先秦各家之说，他继承了孔子的正名思想，构造成以正名为目的，也是以正名为中心的逻辑体系，因此，他的逻辑学说可称之为正名论。对于概念，荀子发挥最多，贡献最大。他揭示了名反映实的共性与本质，客观辩证地解释了名实关系，从客观基础、主观认识、社会因素等多方面探讨了名的形成原因。他创造了共名、别名、大共名、大别名的概念体系，制定了关于名的划分和推演的理论；阐述了制名的一系列原则。在“邪说辟言”盛行的战国末期，他坚持名实相符，名以指实的原理，系统地清算了种种名实相背的诡辩，捍卫了逻辑的一些原则。他又揭示了命题的本质，特别是在直言判断方面的定义上超越了前人。对于推理，他认为推理是概念的运动，进一步点明了概念是思维细胞的性质，并且提出了推理的一些逻辑规则，给后人以宝贵的启迪。

荀子说“心有征知”，就是说人有理性认识，有思维活动。那么，人的思维活动形态有哪些呢？荀子告诉我们，当人们对某事物“不喻”即说不清的时候，就要给它命个名，用名去称呼它。有了名还说不清，就要下个判断，用一句话去表达。如果下判断还不能说清楚，就要从不同方面对事物加以解说，进行推理。如果解说、推理还是说不清楚，或者认为有分歧，就要进行辩论。荀子认为，命、期、说、辨是实际运用中的四种重要思维活动，是成就王业的起点。

与这四种思维活动相联系，荀子明确提出名、辞、辨说三种思维形式。“名”是“命”所产生的直接结果。名的本质是什么呢？荀子给它下了一个定义：“名也者，所以期累实也。”认为概念是抽象反映一类事物共同属性的思维形式。

荀子对概念的逻辑要求是“名以指实”，名实相符，也就是要“正”。荀子的逻辑学主要是概念论，所以，其逻辑的主要特点就是“正名”。

荀子认为，“辞”这种思维形式是“期”这种思维活动形态所产生的直接结果。判断是连缀不同的概念以表达一个思想的思维形式。强调了辞是在名的基础上形成的，是由表示不同事物之名连结而成的。辞的作用，与名不同，它不是简单地指称事物，而是表示一个思想。这不仅揭示了辞的本质，而且从思维形式的结构和作用上说出了辞和名的区别和联系。

荀子认为，名是思维的细胞，有了名才能下判断，才有辞；有了名和辞，才能进行推理和论证，才有辩说。名、辞、辩说各以前面的思维形式为前提，越来越趋于复杂。从思维作用上说，无论名、辞，还是辩说，都是为了喻实的，其中名更为根本。“命不喻”然后才有期，“期不喻”然后才有说，“说不喻”然后才有辩。可见，辞和辩说都是为名服务的。

名既然如此重要，那么，制定正确的名的要领和方法是什么呢？荀子提出了五条。

第一是“同则同之，异则异之”。事物相同，其名也同；事物相异，其名也异。就是说，名的同异要依实的同异而转移，做到“异实者莫不异名”，“同实者莫不同名”。

第二是“单足以喻则单，单不足以喻则兼”。这是说名的语词表现形式。单、兼指表达名的单词和复词、词组。荀子认为，如果用一个字就可以把某种实表达清楚，就只用一个字去表达，如马、牛、石等等，这些都是单名；如果用单名不足以表达，就用一个字以上的复名（即兼名），如白马、骊牛、坚白石等。

第三是遍举用“共名”，偏举用“别名”。如果单名和兼名同属于一个大类，那么就可以共用这一大类的名，即共名。按照推论，一步步往上推，共名之上还有更高的共名，可以一直推到无法再推的共名时为止。有时想要把它们从一个方面列举出来，就将它们细分为“大别名”。按照推论，一步步往下推，别名之下还有更小的别名，可以一直推到无法再推的别名时为止。

第四是“约定俗成”和“径易不拂”。荀子认为名称没有本来就合适的，而是由人们共同约定来给某种事物命名的，约定了，习惯了，就是合适的名称，而与约定的名称不同的就是不合适的名称。名称也没有本来就代表的某种事物，而是由人们共同约定用某个名称来称呼某种事物，约定了，习惯了，就是某种事物的名称了。命名有它固有的规律，简单明了而又不自相矛盾，就叫作好的名称。

第五是制名要“稽实定数”，要通过考察事物的多少来制定数量之名。

荀子出入诸子，非难百家，对“析辞擅作名以乱正名”的诡辩攻之尤力，“三惑”之辨就是他逻辑辩谬的具体内容。所谓“三惑”，就是“用名以乱名者”，“用实以乱名者”，“用名以乱实者”。荀子对此一一举例，剖析其实质，提出了破斥之法。

荀子逻辑辩谬的积极面就是从“名实相符”，“以实指实”的名实观出发，突出地坚持了名的确定性，反对各种形式的混淆名、偷换名和歪曲名的诡辩，在逻辑史上提出前人所未能提出的几个重要问题。其消极面就是对诡辩的批判只限于概念论，没有从更广泛的方面，例如从判断、推理的具体形式和规律等方面去辩惑，这是由他的正名主义的逻辑观所决定了的。当然，他对一些命题的批评也还存在着一些片面性，这也毋庸忌言。

性恶篇第二十三

人之性恶[1]，其善者伪也[2]。今人之性，生而有好利焉，顺是，故争夺生而辞让亡焉；生而有疾恶焉，顺是，故残贼生而忠信亡焉；生而有耳目之欲，有好声色焉，顺是，故淫乱生而礼义文理亡焉。然则从人之性[3]，顺人之情，必出于争夺，合于犯分乱理而归于暴。故必将有师法之化[4]，礼义之道[5]，然后出于辞让[6]，合于文理[7]，而归于治[8]。用此观之[9]，然则人之性恶明矣，其善者伪也。

将“人之性恶”这一命题理解成“人之性便全部是恶”，就是说这一判断的主词“人之性”是周延的，恶是人性的全部内容，除了恶，人性就没有其他东西了。这一理解并不符合荀子的原意。

荀子将“好利”“疾恶”“好声色”这些人的社会属性归之于人的自然本能，蔽于恶与人的生理机制有联系的一面，因而得出了性恶的结论，这是完全错误的。

［注释］

[1]性：生性、本性。 [2]伪：后天的人为。 [3]从：通“纵”，

放纵。 [4] 师法：君师法制。化：教化。 [5] 道：同“导”，引导。 [6] 出：产生、发生。《周易·说卦》：“万物出乎震。” [7] 合：同、认同。文理：礼仪。 [8] 归：最终达到。 [9] 用此观之：据此看来。用，以。

故枸木必将待檃栝、烝、矫然后直[1]，钝金必将待砻、厉然后利[2]。今人之性恶，必将待师法然后正，得礼义然后治。今人无师法则偏险而不正，无礼义则悖乱而不治。古者圣王以人之性恶，以为偏险而不正，悖乱而不治，是以为之起礼义，制法度，以矫饰人之情性而正之[3]，以扰化人之情性而导之也[4]。使皆出于治，合于道者也。今之人，化师法[5]，积文学[6]，道礼义者为君子[7]；纵性情安恣睢[8]，而违礼义者为小人[9]。用此观之，然则人之性恶明矣，其善者，伪也。

人之性恶，故要有“师法”“礼义”。

[注释]

[1] 枸（gōu）：弯曲。檃栝（yǐn kuò）：矫正弯曲竹木的工具。烝（zhēng）：同“蒸”，加热，以便矫正。疑为“揉”字之误。《记纂渊海》卷一引正作“枸木必待檃栝揉矫然后直”。《广雅·释诂》：“矫、揉，直也。” [2] 钝金：不够锋利的武器。砻（lóng）：磨。厉：同“砺”，磨。 [3] 矫饰：整饬、整改。饰，通“饬”，整治。 [4] 扰化：驯化。杨倞注：“扰，驯也。” [5] 化师法：为

君师法制所化，所改造。 [6] 积文学：积累经典知识。 [7] 道：行，实行。 [8] 安：表并列的连词，相当于“而”。“纵性情安恣睢”犹如《解蔽》篇的“无正而恣睢”。恣睢（suī）：放纵暴戾。 [9] 违：慢，怠慢。题注本、递修本正作“慢”。

孟子曰：“人之学者，其性善。”[1] 曰：是不然。是不及知人之性[2]，而不察乎人之性、伪之分者也[3]。凡性者，天之就也，不可学，不可事[4]。礼义者，圣人之所生也，人之所学而能，所事而成者也。不可学、不可事而在人者谓之性[5]；可学而能、可事而成之在人者谓之伪。是性、伪之分也。今人之性，目可以见，耳可以听。夫可以见之明不离目，可以听之聪不离耳。目明而耳聪，不可学明矣。

在荀子看来，人性是指人的自然属性，它是人的生理本能，与“可学”“可事”的后天人为完全是两回事。为了强调这一点，他在“性”前加一“凡”字，表示统括，这就排除了人性中有非天然属性的存在，肯定一切人性皆属天然。

[注释]

[1] 引语不见于今本《孟子》。 [2] 及：达到、到达。从下文“不察”看，疑为衍文。 [3] 人之性：原作“人人之性”，据别本改。 [4] 事：为，人为。 [5] 人：顾广圻认为当作“天”，说是。

孟子曰：“今人之性善，将皆失丧其性，故也[1]。”曰：若是，则过矣。今人之性，生而离其朴，离其资[2]，必失而丧之。用此观之，然则人之性恶明矣。所谓性善者，不离其朴而美之，不离其资而利之也。使夫资朴之于美[3]，心意之于善，若夫可以见之明不离目，可以听之聪不离耳，故曰目明而耳聪也。

此是以“目明而耳聪”论证“善性不离”、批驳“失丧其性，故恶”说。

[注释]

[1] 将：因为，连词，表示原因。故也：当作“故恶也”，“故”下脱“恶”字。 [2] 资：天生的资质。 [3] 使：假如，假使。

今人之性，饥而欲饱，寒而欲暖，劳而欲休，此人之情性也[1]。今人饥，见长而不敢先食者，将有所让也[2]；劳而不敢求息者，将有所代也。夫子之让乎父，弟之让乎兄，子之代乎父，弟之代乎兄，此二行者[3]，皆反于性而悖于情也[4]，然而孝子之道[5]，礼义之文理也[6]。故顺情性则不辞让矣，辞让则悖于情性矣。用此观之，然则人之性恶明矣[7]，其善者伪也。

[注释]

[1] 情性：本性。 [2] 将：因为。下一“将”字同。 [3] 二行：两种德行。 [4] 情：即性。 [5] 然而：不过却是，表转折。孝子：当作“孝悌”。 [6] 文理：犹条理、规定。 [7] 然则：那么，连词。

问者曰："人之性恶，则礼义恶生？"应之曰：凡礼义者，是生于圣人之伪，非故生于人之性也[1]。故陶人埏埴而为器[2]，然则器生于工人之伪，非故生于人之性也。故工人斲木而成器[3]，然则器生于工人之伪，非故生于人之性也。圣人积思虑，习伪故[4]，以生礼义而起法度，然则礼义法度者，是生于圣人之伪，非故生于人之性也。若夫目好色，耳好声，口好味，心好利，骨体肤理好愉佚[5]，是皆生于人之情性者也，感而自然[6]，不待事而后生之者也[7]。夫感而不能然，必且待事而后然者，谓之生于伪[8]。是性、伪之所生，其不同之征也[9]。

荀子认为"凡以知，人之性也"，肯定人除了恶的情欲之性外，还生而具有认识的能力，这就是知能之性。这种知能之性先天无所谓善，无所谓恶。但是，"知有所合谓之智"，"能有所合谓之能"，受后天"积""靡"的影响，从这种知能之性中就可以产生出善或礼义来。

［注释］

[1] 故：通"固"，本来。下面三句"非故"之"故"同。 [2] 埏埴（shān zhí）：以水和黏土。《老子》"埏埴以为器"河上公注："埏，和也；埴，土也。" [3] 斲（zhuó）：砍削。 [4] 习伪故：熟悉人事、熟悉人的行为。伪，人为。故，事。 [5] 骨体肤理：指人的身体。愉佚：安逸、快乐。 [6] 感：感觉、接触。自然：自行发生。 [7] 事：人为，指理性判断。 [8] 谓之生于伪：当作"谓之伪"，"生于"两字为衍文。 [9] 征：特征。

故圣人化性而起伪[1]，伪起而生礼义，礼义生而制法度。然则礼义法度者，是圣人之所生也。故圣人之所以同于众，其不异于众者[2]，性也；所以异而过众者，伪也。夫好利而欲得者，此人之情性也。假之人有弟兄资财而分者[3]，且顺情性[4]，好利而欲得，若是，则兄弟相拂夺矣[5]；且化礼义之文理，若是则让乎国人矣。故顺情性则弟兄争矣，化礼义则让乎国人矣。

"圣人"与"众"的区别不在先天之"性"，而在后天之"伪"。

［注释］

[1] 起：兴起。 [2] 疑"其不异于众"五字为衍文。 [3] 假：假设。 [4] 且：假如。下同。 [5] 拂：违戾，不顺。夺：争夺。

凡人之欲为善者，为性恶也。夫薄愿厚，恶愿美，狭愿广，贫愿富，贱愿贵。苟无之中者[1]，必求于外。故富而不愿财，贵而不愿势。苟有之中者，必不及于外[2]。用此观之，人之欲为善者，为性恶也。今人之性，固无礼义，故强学而求有之也；性不知礼义，故思虑而求知之也。然则生而已[3]，则人无礼义，不知礼义。人无礼义则乱，不知礼义则悖。然则生而已，则悖乱在己[4]。用

"苟无之中者，必求于外""苟有之中者，必不及于外"，也就是《围城》所谓"城里的人想出去，城外的人想进来"。

此观之，人之性恶明矣，其善者伪也。

［注释］

[1] 之：其。中：内。下同。 [2] 及：通“扱”，取。《广雅·释诂一》：“扱，取也。”王念孙疏证：“《士昏礼》记云：‘祭醴，始扱一祭，又扱再祭。’扱之为言挹取之也。”《仪礼·聘礼》：“祭醴再扱，始扱一祭，卒再祭。” [3] 生而已：仅就生性而言。下同。生，通“性”，别本正作“性”。而已，助词，表示仅止于此。 [4] 己：通“已”，语气词，表确定语气。悖乱在已：悖乱早就存在了。

孟子曰：“人之性善。”曰：是不然。凡古今天下之所谓善者，正理平治也[1]；所谓恶者，偏险悖乱也。是善恶之分也已。今诚以人之性固正理平治邪[2]？则有恶用圣王，恶用礼义矣哉[3]！虽有圣王礼义，将曷加于正理平治也哉！今不然，人之性恶。故古者圣人以人之性恶，以为偏险而不正，悖乱而不治，故为之立君上之势以临之[4]，明礼义以化之，起法正以治之[5]，重刑罚以禁之，使天下皆出于治，合于善也。是圣王之治，而礼义之化也。今当试去君上之势[6]，无礼义之化，去法正之治，无刑罚之禁，倚而观天下民人之相与也[7]。若是，则夫强者害弱而夺之，众者暴寡而哗之[8]，天下之悖乱而相亡不待顷矣。用此观之，然则人之性恶明矣，其善者伪也。

［注释］

[1] 正理平治：合乎正道的礼法规范，安定的社会秩序。[2] 固：本来，本然。[3] 恶（wū）：哪里。[4] 势：通“设”，官、职位。临：统治。[5] 法正：法政、法制。正，通“政”。[6] 当试：通“倘使”。势，通“设”，官、职位。[7] 倚：立。《周易·说卦》：“昔者圣人之作《易》也，幽赞于神明而生蓍，参天两地而倚数。”李鼎祚集解引虞翻曰：“倚，立也。”高亨注：“言《易经》以奇数为天之数，以偶数为地之数，而立其卦爻之数也。”《楚辞·九辩》：“澹容与而独倚兮，蟋蟀鸣此西堂。”汉王延寿《鲁灵光殿赋》：“万楹丛倚，磊砢相扶。”北魏郦道元《水经注·河水四》：“巨石临危，若坠复倚。”倚而观：立而观，站在一边旁观。相与：相处、相交往。[8] 哗：人声嘈杂，喧闹。此引申为侵扰。

从实证的角度批性善论。

故善言古者必有节于今[1]，善言天者必有征于人[2]。凡论者，贵其有辨合[3]，有符验。故坐而言之，起而可设[4]，张而可施行[5]。今孟子曰“人之性善”，无辨合符验，坐而言之，起而不可设，张而不可施行，岂不过甚矣哉！故性善则去圣王，息礼义矣；性恶则与圣王，贵礼义矣[6]。故檃栝之生，为枸木也；绳墨之起，为不直也；立君上，明礼义，为性恶也。用此观之，然则人之性恶明矣，其善者伪也。直木不待檃栝而直者，其性直也；枸木必将待檃括、烝、矫然后直者，以其性不直也。今人之性恶，必将待圣王之治，礼义之化，然后皆出于治，合于善也。用此观之，然则人之性恶明矣，其善者伪也。

［注释］

[1] 节：符合、验证。他书引“节”或作“验”，或作“合”。 [2] 征：证明、证验。 [3] 辨：通“别”，古代的一种凭证，将其一分为二，各持其一。验证时，两半相合。 [4] 设：设置、布置安排。 [5] 张：展开、推广。 [6] 性恶则与圣王，贵礼义矣：疑当作“性恶则贵圣王，兴礼义矣”。与，各本多作“兴”。兴，兴起，与“息”相反。

问者曰：“礼义积伪者[1]，是人之性，故圣人能生之也[2]。”应之曰：是不然。夫陶人埏埴而生瓦，然则瓦埴岂陶人之性也哉？工人斲木而生器，然则器木岂工人之性也哉？夫圣人之于礼义也，辟则陶埏而生之也[3]。然则礼义积伪者，岂人之本性也哉？凡人之性者，尧、舜之与桀、跖，其性一也；君子之与小人，其性一也。今将以礼义积伪为人之性邪？然则有曷贵尧、禹，曷

“凡人之性者，尧、舜之与桀、跖，其性一也；君子之与小人，其性一也”，出于孔子“性相近也”（《论语·阳货》）说。

贵君子矣哉？凡所贵尧、禹、君子者，能化性，能起伪，伪起而生礼义。然则圣人之于礼义积伪也，亦犹陶埏而生之也。用此观之，然则礼义积伪者，岂人之性也哉？所贱于桀、跖、小人者，从其性[4]，顺其情安恣睢[5]，以出乎贪利争夺[6]。故人之性恶明矣，其善者伪也。

［注释］

[1] 积伪：积累的人为。 [2] 生：产生，此指制定。 [3] 辟：通“譬”，比如。 [4] 从：通“纵”，放纵。 [5] 顺：服，为……降服。《礼记·月令》：“（孟秋之月）诘诛暴慢，以明好恶，顺彼远方。”郑玄注：“顺，犹服也。”情：犹性。 [6] 出：产生。

天非私曾、骞、孝已而外众人也[1]，然而曾、骞、孝已独厚于孝之实而全于孝之名者[2]，何也？以綦于礼义故也[3]。天非私齐、鲁之民而外秦人也[4]，然而于父子之义，夫妇之别，不如齐、鲁之孝具敬父者[5]，何也？以秦人之从情性安恣睢，慢于礼义故也。岂其性异矣哉？

［注释］

[1] 曾、骞：指孔子的门徒曾参（shēn）和闵子骞，以孝著称。孝已：殷高宗的长子，以孝著称。 [2] 独：特别。厚：充实、丰

富。实：内涵。全：成全、保全。　[3] 綦（jí）：通“极”，达到极致。　[4] 私：偏私、偏爱。外：以……为外，当成外人。　[5]“不如”前脱“秦人”两字。具：王念孙以为“具”是“共”字之讹。“共”通“恭”。“父”当为“文”字之误。

“涂之人可以为禹[1]。”曷谓也？曰：凡禹之所以为禹者，以其为仁义法正也[2]。然则仁义法正有可知可能之理[3]，然而涂之人也，皆有可以知仁义法正之质[4]，皆有可以能仁义法正之具[5]，然则其可以为禹明矣。今以仁义法正为固无可知可能之理邪[6]，然则唯禹不知仁义法正[7]，不能仁义法正也。将使涂之人固无可以知仁义法正之质[8]，而固无可以能仁义法正之具邪[9]，然则涂之人也，且内不可以知父子之义[10]，外不可以知君臣之正。不然。今涂之人者，皆内可以知父子之义，外可以知君臣之正，然则其可以知之质，可以能之具，其在涂之人明矣。今使涂之人者以其可以知之质，可以能之具，本夫仁义之可知之理、可能之具[11]，然则其可以为禹明矣。今使涂之人伏术为学[12]，专心一志，思索孰察[13]，加日县久[14]，积善而不息，则通于神明[15]，参于天地矣。故圣人者，人之所积而致也。

“涂之人可以为禹”说也见于《孟子·告子下》，“曹交问曰：‘人皆可以为尧舜，有诸？’孟子曰：‘然。’”

荀子所说的“涂之人可以为禹”“涂之人者，皆内可以知父子之义，外可以知君臣之正”，是指人有一种向善的可能性，而并非指人性中天然就具有现实性的善。这种向善的可能性之所以存在，就在于人生而“皆有可以知仁义法正之质，皆有可以能仁义法正之具”。将这种“质”“具”理解为性善，这是完全错误的。“质”是指人的思维本能，“具”是指人的实践本能，它们皆为人的天然素质。对于“仁义法正”来说，它们只是“可以知”“可以能”，并不是必然“知”、必然“能”。

[注释]

[1]涂之人：路人，指普通百姓。下同。 [2]以：因。为：实行。正：通“政”。 [3]可知可能之理：可以让人懂得、可以让人做到的道理。 [4]质：素质。 [5]能：做到。具：条件。 [6]邪：同“也”，表陈述语气。 [7]唯：通“虽”。 [8]将使：假使。 [9]邪：同“也”，表陈述语气。 [10]且：将。《诗·齐风·鸡鸣》：“会且归矣，无庶予子憎！”王充《论衡·变动》：“故天且风，巢居之虫动；且雨，穴处之物扰。” [11]本：探究、推原。《管子·正世》：“古之欲正世调天下者，必先观国政，料事务，察民俗，本治乱之所生，知得失之所在，然后从事。”此指把握、掌握。夫：那。可知之理、可能之具：当作“可知、可能之理”。 [12]伏术为学：学习践行仁义法正。伏，通“服”，事。 [13]孰：通“熟”。 [14]加日：假以时日。加，通“假”。县：通“悬”，远。加日县久：加悬久日，假以久远时日。指多一点时间，久一点时间。 [15]通于神明：指智慧达到神妙圣明的境界。

曰：“圣可积而致，然而皆不可积，何也？”曰：可以而不可使也[1]。故小人可以为君子而不肯为君子，君子可以为小人而不肯为小人。小人、君子者，未尝不可以相为也[2]，然而不相为者，可以而不可使也。故涂之人可以为禹则然[3]；涂之人能为禹[4]，未必然也。虽不能为禹，无害可以为禹[5]。足可以遍行天下[6]，然而未尝有能遍行天下者也。夫工匠、农、贾，未尝不可以相为

注意“可以为禹”与“能为禹”的区别。

事也[7]，然而未尝能相为事也。用此观之，然则可以为，未必能也；虽不能，无害可以为。然则能不能之与可不可，其不同远矣，其不可以相为明矣。

[注释]

[1] 可以：可以为，能为。不可使：不可以迫使为，不能迫使为。 [2] 相为：相互对换。下同。 [3] 则然：那是一定的。然，对。 [4] 能：能做到。 [5] 无害：不妨害。 [6] 遍行：走遍。 [7] 相为事：互相做事，指相互交换做事。

尧问于舜曰："人情何如？"舜对曰："人情甚不美，又何问焉？妻子具而孝衰于亲[1]，嗜欲得而信衰于友，爵禄盈而忠衰于君。人之情乎！人之情乎！甚不美，又何问焉？"唯贤者为不然。有圣人之知者[2]，有士君子之知者，有小人之知者，有役夫之知者[3]。多言则文而类[4]，终日议其所以[5]，言之千举万变[6]，其统类一也[7]，是圣人之知也。少言则径而省[8]，论而法[9]，若佚之以绳[10]，是士君子之知也。其言也谄[11]，其行也悖，其举事多悔，是小人之知也。齐给、便

"人之情乎！甚不美"，意思与"人之性恶"近。

敏而无类[12]，杂能、旁魄而无用[13]，析速、粹孰而不急[14]，不恤是非，不论曲直，以期胜人为意[15]，是役夫之知也。

［注释］

[1] 妻子：妻和子女。具：备，有。衰：衰减。亲：指父母。 [2] 知：通“智”。下同。 [3] 役夫：劳役之人。 [4] 文而类：言语有条理而且合乎礼义。文，纹理，这里指条理，有章法。 [5] 所以：所以如此的原因。 [6] 千举万变：千变万化，变化多端。 [7] 统类：原则纲领。 [8] 径而省：直接明了。 [9] 论而法：有条理守法度。论，通“伦”。 [10] 佚：通“引”。《孙子兵法·计篇》：“卑而骄之，佚而劳之。”银雀山汉简《孙膑兵法·威王问》作：“辟而骄之，引而劳之。”《史记·田敬仲完世家》“伏式结轶”，“轶”字《战国策》作“靷”。 [11] 谄：当作“谄”，谄谀。 [12] 齐给：敏捷。齐，通“齌”。给，敏捷。《荀子·修身》：“勇胆猛戾，则辅之以道顺；齐给便利，则节之以动止。”杨倞注：“齐、给、便、利，皆捷速也。”《汉书·东方朔传》：“上以朔口谐辞给，好作问之。”颜师古注：“给，捷也。”便敏：敏捷。杨倞注：“便，谓轻巧；敏，速也。” [13] 杂能：庞杂的技能。旁魄（bó）：通“磅礴”，形容多。 [14] 析速：分析敏捷。粹孰：纯熟。孰，通“熟”。不急：不关急用。 [15] 期：希望、期望。意：心愿。

有上勇者，有中勇者，有下勇者。天下有中[1]，敢直其身[2]；先王有道，敢行其意[3]；上不循于乱世之君[4]，下不俗于乱世之民[5]；仁之所在无贫穷[6]，仁之所亡无富贵；天下知之，则欲与天下同苦乐之，天下不知之，则傀然独立天地之间而不畏[7]：是上勇也。礼恭而意俭[8]，大齐信焉而轻货财[9]，贤者敢推而尚之[10]，不肖者敢援而废之：是中勇也。轻身而重货，恬祸而广解[11]，苟免，不恤是非、然不然之情，以期胜人为意：是下勇也。

援：通“爰”。怨恨。《大戴礼记·曾子立事》：“君子……己虽不能，亦不以援人。”俞樾《群经平议·大戴礼记一》：“《方言》曰：‘爰，恚也。’援与爰通。不以援人者，不以恚人也。小人耻己之不能因而忌人之能，君子不然，故己虽不能亦不以援人也。”

［注释］

[1]中：正，正道。此指礼义。 [2]直其身：挺身而出。 [3]行：推行，实行。 [4]循：顺从。 [5]俗：从俗、盲从。 [6]无贫穷：没有贫穷，指不把贫穷放在心上，不影响对仁的追求。 [7]傀（guī）然：同“岿然”，高大的样子。 [8]礼恭而意俭：体貌恭敬而心怀谦让。礼，通“体”。指外貌。俭，谦逊。《逸周书·官人》：“其气宽以柔，其色俭而不谄。”朱右曾校释：“俭，卑约也。” [9]大：看重。齐，通“剂”。剂信：盟约的信用。《周礼·春官·诅祝》：“作盟诅之载辞，以叙国之信用，以质邦国之剂信。” [10]尚：通“上”。 [11]恬（tián）祸而广解：安然面对祸乱，不急于解脱。恬，安适。广，宽缓。

繁弱、钜黍，古之良弓也，然而不得排檠则不能自正[1]。桓公之葱[2]，太公之阙[3]，文王之禄[4]，庄君之曶[5]，阖闾之干将、莫邪、钜阙、辟闾[6]，此皆古之良剑也，然而不加砥厉则不能利[7]，不得人力则不能断。骅骝、骐骥、纤离、绿耳，此皆古之良马也，然而前必有衔辔之制[8]，后有鞭策之威，加之以造父之驭，然后一日而致千里也。夫人虽有性质美而心辩知[9]，必将求贤师而事之，择良友而友之。得贤师而事之，则所闻者尧、舜、禹、汤之道也；得良友而友之，则所见者忠信敬让之行也。身日进于仁义而不自知也者，靡使然也[10]。今与不善人处，则所闻者欺诬诈伪也，所见者汙漫、淫邪、贪利之行也[11]，身且加于刑戮而不自知者[12]，靡使然也。《传》曰："不知其子视其友，不知其君视其左右。"靡而已矣，靡而已矣。

人"有性质美而心辩知"说明荀子所谓并不全部是恶的。

［注释］

[1] 排檠（qíng）：矫正弓弩的工具。 [2] 葱：齐桓公的良剑，因呈葱绿色，故名。 [3] 阙：姜太公良剑名。 [4] 禄：周文王良剑名。 [5] 庄君：楚庄王。曶（hū）：楚庄王良剑名。 [6] 干将、莫邪、钜阙、辟闾：吴王阖闾良剑名。 [7] 砥厉：亦作"砥砺"，在磨石上磨。 [8] 衔辔（pèi）：驾驭牲口的嚼子和缰绳。 [9] 辩知：聪明、有才智。知：通"智"。《群书治要》卷三十八引正作"智"。 [10] 靡：通"摩"，磨炼。引申为习染。 [11] 汙漫：亦

作“污漫”，污秽、卑污。 [12] 加于刑戮：遭受刑杀。

[点评]

本篇荀子阐述了其以性恶为特色的人性观，批评了孟子的性善论。荀子开篇就提出“人之性恶，其善者伪也”的基本论点，认为人生而好利、疾恶、好声色，如果放纵这些欲望，人与人争斗，必然陷入乱象。因此人们需要师法来矫正，需要礼义来约束。孟子认为人之所以要学习，是因为学习“适所以成其天性之善”（杨倞语）。荀子批评孟子不懂人之本性，不明白性与伪之别。天性为恶，但人可以为善，善也就是伪，是后天学习的结果。人性本恶，那么礼义缘何而生？荀子的答案是圣人化性起伪，制定礼义和法度。孟子认为人性本善，荀子认为善应当指“正理平治”，即是人们的行为符合礼义法度，遵守社会秩序。如果人性本善，还要圣王和礼义干什么？现实的情况是人性本非善，所以圣王才制定礼义，设置法度。荀子认为一种论点要满足“辨合”和“符验”两个条件，孟子之说并不符合。荀子认为陶工捏土成瓦，并非陶工的本性；木工削木生器，也并非木工的本性。人的本性都是一样的，君子与小人的区别在于后天行为的不同。人们之所以崇敬尧舜，是因为他们能够化性起伪，制定礼义；之所以鄙视盗跖之类的小人，是因为他们放纵本性。普通人都可以为禹，是因为普通人都具有“可以知仁义法正之质”“可以能仁义法正之具”。那些圣人就是常年积累仁义而成的。小人可以成为君子，但不肯去做，君子也可以成为小人，但不肯去做。人与人的差异不在本性，而在后天的选择和努力。人有圣人、士君子与小人的差别，勇有上勇、中勇和下勇，这些差异都是后天作为不同造成的，都不是人的天性决定的。

本篇荀子突出地论述了性恶问题，但它并不止于此，它还论述了另外的问题，即人性中有可以知善之质，可以能善之具。如果我们仔细地读完《性恶篇》，就会发现《性恶篇》实际上可以分成两个大部分。第一部分的内容是论述性恶、性伪之别，即从开篇到“以秦人之从情性，安恣睢，慢于礼义故也。岂其性异矣哉”；第二部分从“涂之人可以为禹”至结尾。它所讨论的再也不是性恶问题了，而是为什么“涂之人可以为禹”，为什么“涂之人”又没有皆成禹。荀子认为，“涂之人可以为禹”，是因为“涂之人”与禹一样，“皆有可以知仁义法正之质，皆有可以能仁义法正之具”；而“涂之人”没有皆成禹，则在于后天积、靡的不同。所以，全面地看《性恶篇》，显然它不仅仅只是“一篇系统地阐明‘性恶论’的基本观点，批判孟轲‘性善论’的重要论文”，它还包含了更广泛、更深刻的内容，也就是说，它还从人性的内在自然机制和后天的人为这两个方面论述了人性改造的深层原因。看不到这一点，我们对《性恶篇》的认识就有“蔽于一曲”之嫌。

主要参考文献

荀子　北京图书馆藏宋浙刻本影印本　北京　文物出版社 1974 年版

影宋台州本荀子《古逸丛书》本

荀子集解（清）王先谦撰　沈啸寰、王星贤点校　北京　中华书局 1988 年版

荀子简释　梁启雄著　北京　中华书局 1983 年版

荀子简注　章诗同注　上海　上海人民出版社 1974 年版

荀子新注　北京大学《荀子》注释组编　北京　中华书局 1979 年版

荀子集释　李涤生著　台北　学生书局 1979 年版

荀子译注　张觉撰　上海　上海古籍出版社 1995 年版

荀子校释　王天海著　上海　上海古籍出版社 2005 年版

名家讲解荀子　王天海著　长春　长春出版社 2009 年版

新编荀子　廖吉郎著　台北　编译馆 2002 年版

荀子研究　杨筠如著　上海　商务印书馆 1931 年版

荀子真伪考　张西堂著　台北　明文书局 1994 年版

荀学大略　牟宗三著　台北　“中央”文物供应社 1953 年版

论荀子的哲学思想　夏甄陶著　上海　上海人民出版社 1979 年版

荀子论集　龙宇纯著　台北　学生书局 1987 年版

荀子学说　陈大齐著　台北　中国文化大学出版部 1989 年版

荀子与古代哲学　韦政通著　台北　商务印书馆 1992 年版

荀子新探　廖名春著　台北　文津出版社 1994 年版；北京　中国人民大学出版社 2014 年版

荀子补正　骆瑞鹤撰　武汉　武汉大学出版社 1997 年版

荀子二十讲　廖名春选编　北京　华夏出版社 2008 年版

《荀子》版本源流考　高正著　北京　中国社会科学出版社 1992 年版

荀子校诂丛稿　李中生著　广州　广东高等教育出版社 2001 年版

《荀子》校补　萧旭著　新北　花木兰文化出版社 2016 年版

《荀子》与先秦两汉典籍重见资料汇编　何志华、朱周藩、樊善标编著　香港　香港中文大学出版社 2005 年版

荀子逐字索引　何志华编　香港　商务印书馆（香港）有限公司 1996 年版

荀子引得　哈佛燕京学社引得编纂处编　北京　哈佛燕京学社 1950 年版；上海　上海古籍出版社 1986 年版

《中华传统文化百部经典》已出版图书

书　名	解读人	出版时间
周易	余敦康	2017 年 9 月
尚书	钱宗武	2017 年 9 月
诗经（节选）	李　山	2017 年 9 月
论语	钱　逊	2017 年 9 月
孟子	梁　涛	2017 年 9 月
老子	王中江	2017 年 9 月
庄子	陈鼓应	2017 年 9 月
管子（节选）	孙中原	2017 年 9 月
孙子兵法	黄朴民	2017 年 9 月
史记（节选）	张大可	2017 年 9 月
传习录	吴　震	2018 年 11 月
墨子（节选）	姜宝昌	2018 年 12 月
韩非子（节选）	张　觉	2018 年 12 月
左传（节选）	郭　丹	2018 年 12 月
吕氏春秋（节选）	张双棣	2018 年 12 月
荀子（节选）	廖名春	2019 年 6 月
楚辞	赵逵夫	2019 年 6 月
论衡（节选）	邵毅平	2019 年 6 月
史通（节选）	王嘉川	2019 年 6 月
贞观政要	谢保成	2019 年 6 月
战国策（节选）	何　晋	2019 年 12 月
黄帝内经（节选）	柳长华	2019 年 12 月
春秋繁露（节选）	周桂钿	2019 年 12 月
九章算术	郭书春	2019 年 12 月
齐民要术（节选）	惠富平	2019 年 12 月
杜甫集（节选）	张忠纲	2019 年 12 月
韩愈集（节选）	孙昌武	2019 年 12 月
王安石集（节选）	刘成国	2019 年 12 月
西厢记	张燕瑾	2019 年 12 月

书　名	解读人	出版时间
聊斋志异（节选）	马瑞芳	2019年12月
礼记（节选）	郭齐勇	2020年12月
国语（节选）	沈长云	2020年12月
抱朴子（节选）	张松辉	2020年12月
陶渊明集	袁行霈	2020年12月
坛经	洪修平	2020年12月
李白集（节选）	郁贤皓	2020年12月
柳宗元集（节选）	尹占华	2020年12月
辛弃疾集（节选）	王兆鹏	2020年12月
本草纲目（节选）	张瑞贤	2020年12月
曲律	叶长海	2020年12月
孝经	汪受宽	2021年6月
淮南子（节选）	陈　静	2021年6月
太平经（节选）	罗　炽	2021年6月
曹操集	刘运好	2021年6月
世说新语（节选）	王能宪	2021年6月
欧阳修集（节选）	洪本健	2021年6月
梦溪笔谈（节选）	张富祥	2021年6月
牡丹亭	周育德	2021年6月
日知录（节选）	黄　珅	2021年6月
儒林外史（节选）	李汉秋	2021年6月
商君书	蒋重跃	2022年6月
新书	方向东	2022年6月
伤寒论	刘力红	2022年6月
水经注（节选）	李晓杰	2022年6月
王维集（节选）	陈铁民	2022年6月
元好问集（节选）	狄宝心	2022年6月
赵氏孤儿	董上德	2022年6月
王祯农书（节选）	孙显斌	2022年6月
三国演义（节选）	关四平	2022年6月
文史通义（节选）	陈其泰	2022年6月

书　　名	解读人	出版时间
汉书（节选）	许殿才	2022 年 12 月
周易略例	王锦民	2022 年 12 月
后汉书（节选）	王承略	2022 年 12 月
通典（节选）	杜文玉	2022 年 12 月
资治通鉴（节选）	张国刚	2022 年 12 月
张载集（节选）	林乐昌	2022 年 12 月
苏轼集（节选）	周裕锴	2022 年 12 月
陆游集（节选）	欧明俊	2022 年 12 月
徐霞客游记（节选）	赵伯陶	2022 年 12 月
桃花扇	谢雍君	2022 年 12 月
法言	韩敬、梁涛	2023 年 12 月
颜氏家训	杨世文	2023 年 12 月
大唐西域记（节选）	王邦维	2023 年 12 月
法书要录（节选）　历代名画记	祝　帅	2023 年 12 月
耶律楚材集（节选）	刘　晓	2023 年 12 月
水浒传（节选）	黄　霖	2023 年 12 月
西游记（节选）	刘勇强	2023 年 12 月
乐律全书（节选）	李　玫	2023 年 12 月
读通鉴论（节选）	向燕南	2023 年 12 月
孟子字义疏证	徐道彬	2023 年 12 月
嵇康集	崔富章	2024 年 12 月
白居易集（节选）	陈才智	2024 年 12 月
李清照集（节选）	诸葛忆兵	2024 年 12 月
近思录	查洪德	2024 年 12 月
林则徐集	杨国桢	2024 年 12 月